职业教育经济管理类新形态系列教材

ZHIYE JIAOYU JINGJIGUANLI LEI XINXINGTAI XILIE JIAOCAI

网店运营

实务（附微课）

Wangdian Yunying
Shiwu

白东蕊 ◎ 主编

成保梅 郭燕萍 ◎ 副主编

人民邮电出版社

北京

ZHIYE JIAOYU JINGJIGUANLI LEI XINXINGTAI XILIE JIAOCAI

图书在版编目（CIP）数据

网店运营实务：附微课 / 白东蕊主编. -- 北京：
人民邮电出版社，2023.11（2024.6重印）
职业教育经济管理类新形态系列教材
ISBN 978-7-115-62208-2

Ⅰ．①网… Ⅱ．①白… Ⅲ．①网店－运营管理－职业
教育－教材 Ⅳ．①F713.365.2

中国国家版本馆CIP数据核字(2023)第121658号

内 容 提 要

本书以淘宝平台为主要依托，以网店运营与管理为核心，系统、全面地介绍了开店、装修、推广等的基本方法和技巧，沿着"网上开店概述→商品发布与管理→网店管理→网店图片的拍摄与处理→网店装修→网店搜索引擎优化→网店营销和推广→网店内容运营→网店客服与客户运营→网店运营数据分析"这一线索展开分析与实践。

扫描书内的二维码可查看微课视频、操作视频、素材原图和其他拓展性学习资料，网课网址、例题素材等学习参考资料见人邮教育社区本书页面。

本书配有课程标准、电子教案、电子课件、习题参考答案、实训指导、模拟试卷及答案等教学资料（索取方式见"更新勘误表和配套资料索取示意图"，部分资料仅供用书教师下载，咨询QQ：602983359）。

本书为职业院校网店运营课程教科书，也可作为电子商务职业技能培训教科书。

◆ 主　编　白东蕊

　　副主编　成保梅　郭燕萍

　　责任编辑　万国清

　　责任印制　李　东　胡　南

◆ 人民邮电出版社出版发行　　北京市丰台区成寿寺路 11 号

　　邮编　100164　电子邮件　315@ptpress.com.cn

　　网址　https://www.ptpress.com.cn

　　大厂回族自治县聚鑫印刷有限责任公司印刷

◆ 开本：787×1092　1/16

　　印张：13.75　　　　　　　2023 年 11 月第 1 版

　　字数：335 千字　　　　　2024 年 6 月河北第 3 次印刷

定价：54.80 元

读者服务热线：(010)81055256　印装质量热线：(010)81055316
反盗版热线：(010)81055315
广告经营许可证：京东市监广登字 20170147 号

前　言

电子商务专业大学生在校期间一般都要学习网店运营课程，不少学习创业课程甚至选择在校创业的大学生多会涉足网店运营。借助淘宝平台熟悉网店运营相关知识、提升职业技能、促进就业创业，应该是当下相对较好的选择。

本书主要以淘宝平台为依托，以网店运营与管理为核心，按"网上开店概述→商品发布与管理→网店管理→网店图片的拍摄与处理→网店装修→网店搜索引擎优化→网店营销和推广→网店内容运营→网店客服与客户运营→网店运营数据分析"的线索展开分析与实践。

本书共 10 章，第 1 章重点介绍淘宝网开店流程和货源选择等；第 2 章重点介绍商品发布流程与商品管理等；第 3 章主要介绍网店基本管理和商品交易管理等；第 4 章重点介绍网店图片拍摄技巧和商品图片处理技巧等；第 5 章重点介绍手机端网店首页装修、电脑端网店首页装修和商品详情装修的技术等；第 6 章重点介绍影响商品排名的因素和搜索引擎优化的技巧等；第 7 章重点介绍网店营销、推广工具和站外推广的方法等；第 8 章重点介绍关注、直播和短视频运营等；第 9 章重点介绍网店客服的沟通技巧、客户接待工具和客户运营方法等；第 10 章重点介绍网店运营的核心数据和使用生意参谋分析网店数据的方法等。

本书针对职业教育的需求，引入大量案例和具体的操作流程，力求使读者在掌握基础知识的同时，学会大量的实用技能。本书图文并茂，贴近实际，实操性强。本书每一章的章末都设有课后习题、实训任务和视野拓展等栏目，课后习题可帮助读者巩固本章所学的知识，实训任务可帮助读者提高实际操作技能，视野拓展可帮助读者拓宽知识面。

本书配有课程标准、电子教案、电子课件、习题参考答案、实训指导、模拟试卷及答案等教学和学习资料（索取方式见"更新勘误表和配套资料索取示意图"，部分资料仅供用书教师下载，咨询 QQ：602983359）。

本书由白东蕊主编，负责全书统稿、修改、定稿，参与编写人员及分工如下：王永芳（第1 章），韩景灵（第 2 章），王梓芊（第 3 章、第 8 章），成保梅（第 4 章、第 5 章），白东蕊（第 6 章、第 7 章），李艳（第 9 章），郭燕萍（第 10 章）。王梓芊为交通银行邢台分行员工，其余均为山西工程科技职业大学老师。

鉴于编者水平有限，书中难免存在不妥之处，盼读者批评指正，以便在重印时完善和改进。

编　者

目　录

第1章　网上开店概述

【知识框架】

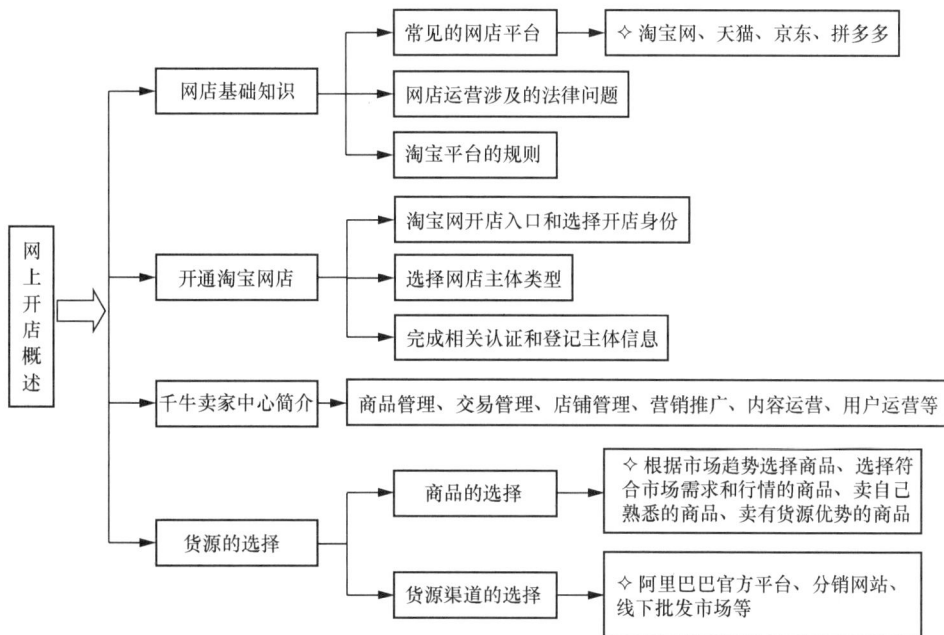

【学习目标】

1. 了解常见的网店平台及网店运营涉及的法律问题。
2. 掌握开通淘宝网店的流程。
3. 掌握千牛卖家中心的操作。
4. 了解商品的选择及常见的货源渠道的特点。

　　简单来说，网上开店就是卖家自己搭建或在相关网店平台（如淘宝网）上注册一个虚拟的网上商店（简称"网店"），然后将待售商品的信息发布到网络上。对其商品感兴趣的浏览者（潜在买家）通过浏览这些商品信息及买家评论信息等进行选择，然后通过线上支付方式向卖家付款，卖家通过物流将商品发送至买家，从而完成整个交易过程。

　　本章主要介绍网店基础知识、开通淘宝网店的流程、千牛卖家中心的操作及货源的选择等。

1.1　网店基础知识

网店是在互联网时代背景下诞生的新的销售方式，与传统实体店相比有很大的优势。对中小卖家来说，选择适合自己的网店平台对后期的推广和销售至关重要，这就需要了解常见网店平台的类型和特点。

1.1.1　常见的网店平台

目前，网店平台有很多，根据其经营性质的不同可以划分为不同类型，如 B2B、B2C 和 C2C 等。国内主流的网店平台包括淘宝网、天猫、京东和拼多多等，其中淘宝网和天猫都属于阿里巴巴集团创办的网店平台。个人用户适合在淘宝网、拼多多等支持 C2C 的平台开设网店，企业用户可以选择在天猫、京东等 B2C 平台开设网店。

1.　淘宝网

淘宝网成立于 2003 年 5 月，由阿里巴巴集团投资创办，是深受人们喜爱的网购零售平台。随着其规模的扩大和用户数量的增加，淘宝网也从单一的 C2C 网络集市变成了包括 C2C、团购、分销、拍卖、直播等多种电子商务模式在内的综合性零售商圈。

淘宝网的店铺类型有个人店铺和企业店铺两种。由于淘宝网开店具有门槛低、资金投入少的特点，很多个人创业者选择该平台开店。为了使广大读者能够实践操作，本书主要以淘宝网为例来介绍网店运营。

2.　天猫

天猫商城（简称"天猫"）原名淘宝商城，是中国最大的 B2C 购物网站。天猫在 2012 年 1 月与淘宝网分离，属于开放性的平台，主要由第三方商家入驻。天猫店铺主要有旗舰店、专卖店和专营店等三种类型。

（1）旗舰店：指商家以自有品牌（商标为 R 或 TM 状态），或获得权利人的授权，入驻天猫开设的店铺。旗舰店只能经营一个品牌（多品牌为邀约入驻），需要提供品牌商直接出具的独占授权书。

（2）专卖店：指商家持他人品牌（商标为 R 或 TM 状态）授权文件在天猫开设的店铺。专卖店只能经营一个品牌（多品牌为邀约入驻），需要品牌商直接授权。

（3）专营店：经营天猫同一经营大类下两个及以上他人授权或自有品牌（商标为 R 或 TM 状态）商品的店铺。专营店需要经营至少两个品牌，需要获得品牌商的授权。

天猫的入驻门槛较高，除了要求商家具备相关资质外，天猫还会对商家的运营能力进行考核，评估商家和品牌的实力是否能够开店，并且要求商家交纳店铺保证金、软件服务费等费用。

3.　京东

京东于 2004 年 1 月正式涉足电商领域，是 B2C 电子商务平台、自营式电子商务企业。2010 年 12 月，京东开放平台正式运营，开始接受第三方商家入驻，京东企业店包括旗舰店、专卖店和专营店三种类型。2023 年 1 月 1 日起，京东开始接受个人和新注册的个体工商户入驻开店。京东定位于

"以供应链为基础的技术与服务企业"，目前业务涉及零售、科技、物流、健康、保险、产发等领域。

（1）旗舰店：指商家以自有品牌，或由权利人出具的在京东开放平台开设品牌旗舰店的独占授权文件，入驻京东开放平台开设的店铺；可以多品牌经营，但品牌持有人为同一人。

（2）专卖店：指商家持自有或他人品牌授权文件在京东开放平台开设的店铺；可以多品牌经营，但品牌持有人为同一人。

（3）专营店：指经营京东开放平台相同一级类目下两个及以上他人授权品牌的店铺；可以多品牌经营，品牌持有人可不同。

商家如果想要在京东开放平台开设店铺，则需要具备相关资质，并交纳保证金、技术服务费和交易服务费等费用。

4. 拼多多

拼多多成立于 2015 年 9 月，是专注于 C2B（Consumer to Business，消费者对企业）拼团的第三方社交电商平台。用户通过发起和朋友、家人、邻居等的拼团，可以以更低的价格购买优质商品。拼多多通过沟通分享的社交理念，形成了独特的新社交电商思维。

拼多多店铺包括个人店铺和企业店铺两种类型。其中个人店铺包括个人店和个体工商户两种类型，企业店铺包括旗舰店、专卖店、专营店和普通企业店等四种类型。企业店铺中，申请开设普通企业店需要提交主体资质，申请开设其他三种店铺则需要提交主体资质和品牌资质。入驻拼多多需要交纳一定的保证金。

1.1.2　网店运营涉及的法律问题

电子商务相关法律法规能够为电子商务运营活动提供稳定的环境，保证交易活动的顺利进行，保障网店平台、商家与消费者的合法权益。网店运营涉及的法律问题主要有税收问题、消费者权益保障问题、知识产权问题、个人隐私问题等。

《中华人民共和国电子商务法》（以下简称《电子商务法》）自 2019 年 1 月 1 日起施行，这是我国第一部电子商务领域的综合性法律。《电子商务法》是一部调整消费者、平台、入驻经营者利益法律关系的民事法律。

《电子商务法》规定，电子商务经营者应当依法办理市场主体登记，应当依法履行纳税义务，并依法享受税收优惠。依照规定不需要办理市场主体登记的电子商务经营者在首次纳税义务发生后，应当依照税收征收管理法律、行政法规的规定申请办理税务登记，并如实申报纳税。个人卖家属于电子商务经营者，从 2019 年 1 月 1 日起应当依法办理市场主体登记，也应当依法履行纳税义务。但是，个人销售自产农副产品、家庭手工业产品，个人利用自己的技能从事依法无须取得许可的便民劳务活动和零星小额交易活动的无须进行登记。例如，个人在微信朋友圈内销售农家自产土鸡蛋、自制手工艺品就无须进行登记。

📖 小贴士

电子商务经营者

《电子商务法》所称电子商务经营者，是指通过互联网等信息网络从事销售商品或者提供服务的经营活动的自然人、法人和非法人组织，包括电子商务平台经营者、平台内经营者以及通过自建网站、其他网络服务销售商品或者提供服务的电子商务经营者。淘宝网、京东、拼多多等属于电子商务平台经营者，个人网店经营者属于平台内经营者，微商、直播销售者等属于其他电子商务经营者。

1.1.3 淘宝平台的规则

电子商务平台是电子商务活动的组织者、引导者，不仅要为他人搭建一个用于独立进行交易活动的网络交易空间，还要制定交易规则，对平台内经营者进行信用评价，解决平台内因交易而发生的纠纷，对平台内交易资源通过竞价排名、定向推送等广告方式进行分配。

淘宝平台制定了一系列规则和规范来约束和规范商家在平台上的行为，具体如下。

（1）《淘宝平台规则总则》。

（2）信息发布遵循《淘宝平台违禁信息管理规则》。

（3）交易遵循《淘宝平台争议处理规则》。

（4）评价遵循《淘宝网评价规范》。

（5）淘宝开店与退店遵循《淘宝网开店规范》《淘宝网店铺命名及信息规范》《淘宝网店铺经营主体变更规范》《淘宝网退店规范》。

（6）保证金遵循《淘宝网保证金管理规范》。

（7）信息及质量遵循《淘宝网商品发布规范》《淘宝网材质标准定义表》《淘宝网商品品质抽检规范》。

（8）交易履约与服务保障遵循《淘宝网发货管理规范》《淘宝网七天无理由退货规范》。

（9）营销遵循《淘宝网营销活动规范》。

（10）行业与特色市场遵循《淘宝网行业管理规范》《淘宝网特色市场管理规范》。

（11）供销平台用户遵循《供销平台管理规范》。

（12）服务市场用户遵循《服务市场管理规范》。

（13）阿里拍卖平台用户遵循《阿里拍卖平台管理规范》。

（14）淘宝直播平台用户遵循《内容创作者管理规则》《淘宝直播管理规则》《淘宝直播机构管理规范》《热浪引擎平台管理规则》《热浪引擎平台争议处理规则》。

（15）市场管理与违规处理遵循《淘宝网市场管理与违规处理规范》。

以上规则或规范在"淘宝规则"中都有详细说明。更多的规则需要商家在操作中不断地学习和积累，这样才能保证自己在运营网店时的行为合乎规则，免受处罚。

1.2 开通淘宝网店

个人开通淘宝网店的流程如下：①选择开店身份；②选择网店主体类型；③完成相关认证。

1.2.1 淘宝网开店入口和选择开店身份

1.淘宝网开店入口

如果是淘宝网的新用户，首先要进行会员注册，在淘宝网首页点击"免费注册"（见图1.1）[①]。如果作为买家已注册了会员，卖家可以用同一个会员账户。

---

① 本书插图多来自软件或网页操作界面截图，在文字或表述方面存在不少欠规范之处，除严重错误外，本书不再对此类问题一一纠正。

（1）电脑端淘宝网开店入口。直接点击淘宝网首页的"免费开店"或"千牛卖家中心"→"开店入驻"（见图1.1），进入"0元开店"页面，取好店铺名称。

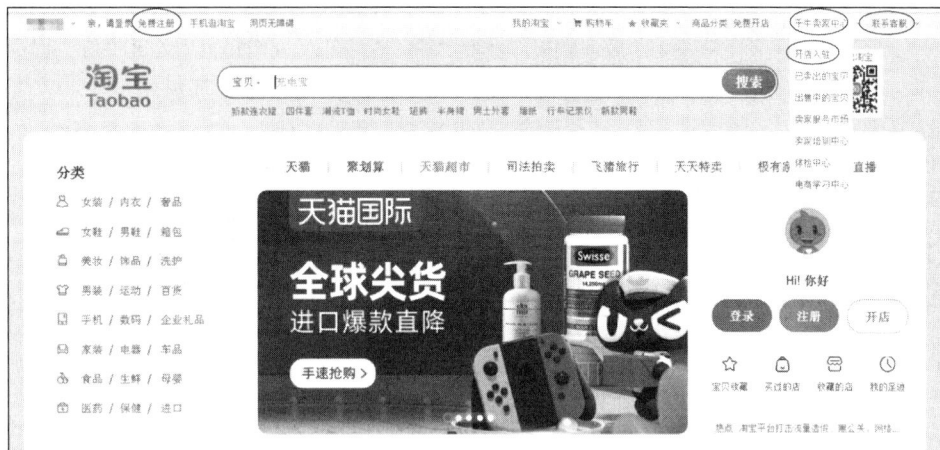

图1.1　电脑端淘宝网开店入口

（2）手机端淘宝网开店入口。登录手机端淘宝App，依次点击"我的淘宝"→"设置"→"商家入驻"→"淘宝开店"，或者搜索"开店"找到淘宝网开店入口。

2. 选择开店身份

淘宝网开店身份主要有普通商家、达人商家、品牌商家等。

（1）普通商家：适用于想创业、发展副业的企业或个人。

（2）达人商家：一般是抖音、快手、B站、微博等平台的主播、达人、明星、UP主（uploader，上传者），其有一定的粉丝基础，通过短视频、直播等内容带货。

> 📖 **小贴士**
>
> **淘宝网开店条件**
>
> 使用一张身份证只能开设一个网店。个人网店对应个人身份证，企业网店对应企业营业执照。企业法人可以在淘宝网使用个人身份证开设个人网店，也可以使用企业营业执照注册企业网店。

（3）品牌商家：适用于自有或独有品牌，有商标注册证；知名品牌推荐开天猫店，新创品牌推荐开淘宝店并进行品牌认证。

1.2.2　选择网店主体类型

淘宝普通商家的网店主体类型有个人商家、个体工商户商家、企业商家（见图1.2）。

图1.2　普通商家的网店主体类型

（1）个人商家：适用于个人，需提供个人身份证正/反面照片、已实名认证的个人支付宝账户。

（2）个体工商户商家：营业执照类型为"个体工商户"，需提供营业执照照片、法人身份证正/反面照片、已实名认证的个人支付宝或企业支付宝账户等材料。

（3）企业商家：营业执照类型为"公司/企业/农民专用合作社"等，需提供营业执照照片、法人身份证正/反面照片、已实名认证的企业支付宝账户等材料。

下面选择普通商家开店身份、个人商家网店主体类型来介绍如何开通淘宝网店。

1.2.3　完成相关认证和登记主体信息

1. 支付宝实名认证

（1）在电脑端登录"千牛卖家中心"，点击"支付宝认证"或"去绑定"，按照提示完成支付宝认证。

（2）在手机端支付宝 App 中依次点击"我的"→右上角的"设置"图标→"账号与安全"→"实名认证"，然后完善信息，信息完善后会提示"通过支付宝实名认证"。

2. 登记主体信息

需上传个人证件照片，登记经营地址、姓名、个人证件号等信息。

3. 实人认证

使用手机端淘宝 App 或千牛 App 扫实人认证页面出现的二维码进入人脸识别系统，由进行信息登记的证件持有人本人刷脸认证。登录的淘宝账号需要与申请开通网店的淘宝账号保持一致。

完成以上步骤，商家即可开通淘宝网店，并发布商品。开店成功后五周内没有发布商品的网店将自动释放（暂时退店或者屏蔽）。

1.3　千牛卖家中心简介

千牛卖家中心是淘宝网店的管理后台，图 1.3 所示为千牛卖家中心首页。千牛卖家中心的栏目主要有"首页""商品""交易""店铺""营销""推广""内容""用户""财务""数据""服务"等。

1. "首页"栏目

"首页"栏目展示店铺基本信息、信用等级、动态评分、保证金缴纳情况等信息，使卖家一键直达核心操作。卖家在该页面可以查看商家成长层级、层级权益，并完成成长任务，使店铺经营提效。

2. "商品"栏目

"商品"栏目包括"商品管理"和"市场发现"两个子栏目，如图 1.4 所示。"商品管理"主要用于对店内商品及商品素材进行管理，包括商品发布、商品编辑和上下架、商品装修、商品素材管理、商品仓储库存管理等功能；"市场发现"提供了平台提供的货源，如"淘货源""淘分销"等。

图 1.3　千牛卖家中心首页

图 1.4　"商品"栏目页面

3."交易"栏目

"交易"栏目包括"订单管理""物流管理""投诉与申诉"等子栏目，如图 1.5 所示。

（1）"订单管理"子栏目包括"已卖出的宝贝""退款管理""评价管理"等三部分功能。在"已卖出的宝贝"中可以查看已卖出的宝贝信息，并对订单进行发货；在"退款管理"中可以对用户退款情况、售后工作台、价保管理、退差价等进行管理；在"评价管理"中可以对交易订单进行批量评价、对买家评价进行批量回复等。

（2）"物流管理"子栏目包括"发货""打单""物流服务""物流工具"等四部分功能。在"发货"中可以查看待发货订单和已发货订单，并且对待发货订单进行发货；在"打单"

中可以同步订单数据，通过安装菜鸟云打印组件打印电子面单，打印前需和快递公司建立合作关系；在"物流服务"中可以开通相应物流服务，如"淘宝时效服务""消费者选快递"等；在"物流工具"中可以选择物流运费模板，也可以选择菜鸟裹裹进行发货。

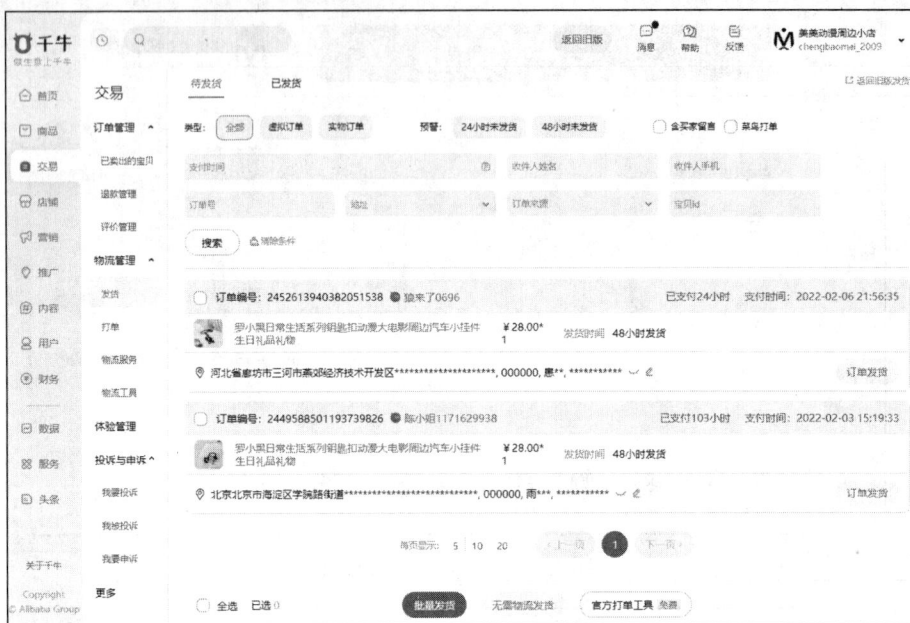

图 1.5 "交易"栏目页面

（3）"投诉与申诉"子栏目包括"我要投诉""我被投诉""我要申诉"等三部分功能。在"我要投诉"中可以对异常订单、异常投诉、异常评价、异常群体及其他异常情况进行投诉；在"我被投诉"中可以查看因违约而被投诉的情况；"我要申诉"是商家被处罚后进行申诉的通道，包括处罚申诉、赔付申诉和纠纷申诉等，申诉时要提供相应的凭证。

4. "店铺"栏目

"店铺"栏目包括"店铺管理""店铺装修""财务管理"等子栏目，如图 1.6 所示。

图 1.6 "店铺"栏目页面

（1）"店铺管理"子栏目包括"店铺体检""子账号管理""隐私保护"等功能。在"店铺体检"中可以对发布的商品进行检查，看是否有违规商品；在"子账号管理"中可以为一个店铺按照岗位设置多个子账号，实现多人管理；"隐私保护"是平台通过订单隐私保护措施对订单信息进行加密保护，卖家查看用户信息需要解密，解密具有日额度，如超过限额，则需要通过"御城河"商家系统申请提额。

（2）在"店铺装修"中可以对手机店铺和电脑店铺进行装修，并且对装修进行管理，关于店铺装修的内容将在本书第 5 章做详细介绍。

（3）"财务管理"子栏目包括"保证金""账房""金融服务"等三部分功能。在"保证金"中可以对风险保证金和消保保证金进行管理；"账房"包括"收支查询""账户查询""发票管理""商家对账""函证"等功能；"金融服务"主要用于支付宝、余利宝和银行账户收支管理，以及贷款管理等。

5. "营销"栏目

"营销"栏目汇集了淘宝平台的营销活动和营销工具，主要包括"营销活动""已报管理""营销工具""营销素材""营销费用"等子栏目，如图 1.7 所示，关于"营销"栏目的内容将在本书第 7 章做详细介绍。

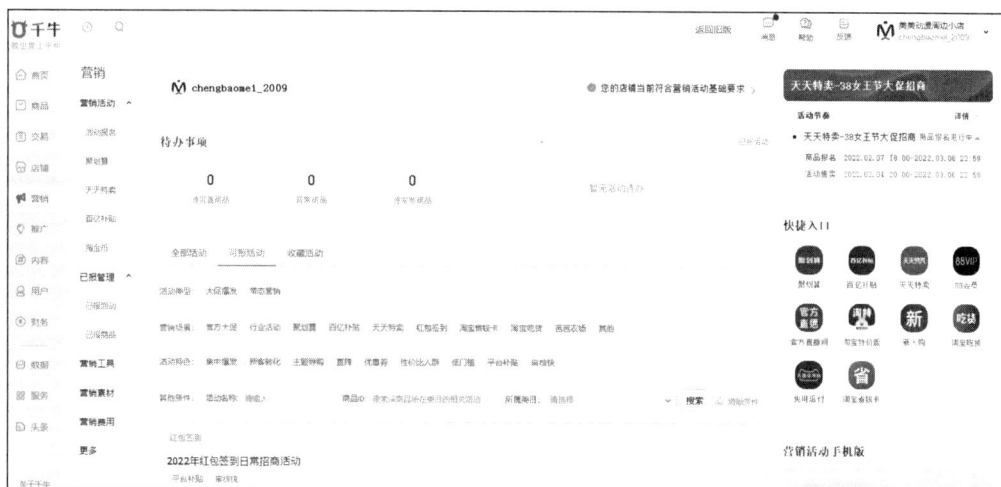

图 1.7 "营销"栏目页面

（1）"营销活动"子栏目包括"活动报名""聚划算""天天特卖""百亿补贴""淘金币"等入口。"活动报名"中列出了平台近期将开展的活动的详细情况，卖家可以在此查看自己能参加的活动及收费情况，也可以在这里报名；"聚划算""天天特卖""百亿补贴"可以链接到卖家营销中心，方便卖家报名参加平台开展的营销活动；"淘金币"可以链接到淘金币卖家服务中心，卖家可以在此开通淘宝 App 免费营销工具。

（2）在"已报管理"中可以对已经报名的活动和商品进行查看和管理。

（3）"营销工具"中罗列了平台提供的主要营销工具，包括"店铺引流工具"（如优惠券、裂变优惠券、权益中心等）、"提升转化率工具"（如单品宝、全店包邮、N 元任选等）、"提升客单价工具"（如店铺宝、搭配宝等）。

（4）在"营销素材"中可以对商品素材和店铺素材进行管理，主要包括图片和文本提报等。

（5）在"营销费用"中可以对报名参加活动产生的付费状态进行查询。

6. "推广"栏目

"推广"栏目汇集了淘宝平台的付费推广工具，主要包括"推广中心""直通车""引力魔方""极速推""万相台""淘宝联盟""创意制作"等子栏目，如图1.8所示，关于"推广"栏目的内容将在本书第7章做详细介绍。

图1.8 "推广"栏目页面

7. "内容"栏目

"内容"栏目汇集了淘宝平台的内容运营工具，包括"内容创作""内容管理""内容数据""店铺直播""内容采买"等子栏目，如图1.9所示。其中，"内容创作"包括"投稿专区""创作灵感""发店铺视频""关注运营"等功能。关于"内容"栏目的内容将在本书第8章做详细介绍。

图1.9 "内容"栏目页面

8. "用户"栏目

"用户"栏目汇集了淘宝平台客户关系运营的主要工具，包括"用户中心""用户资产""用户运营""社群运营""运营工具"等子栏目，如图1.10所示。

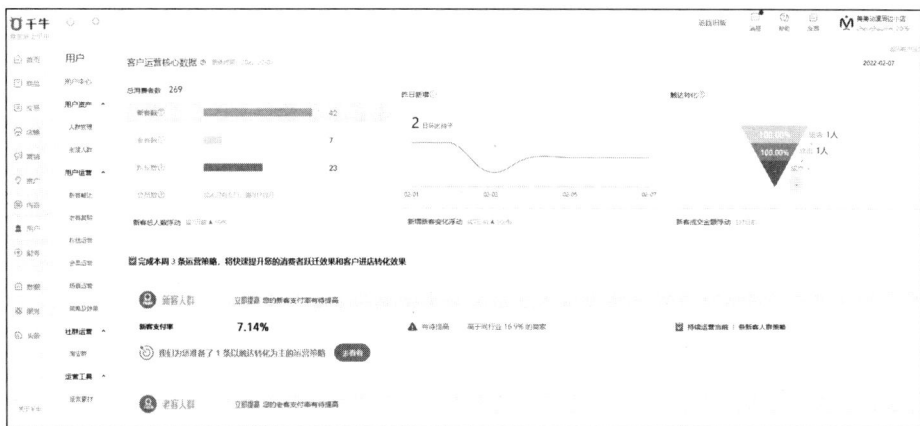

图 1.10 "用户"栏目页面

9. "财务"栏目

"财务"栏目主要包括"对账管理""发票管理""基础信息"等子栏目,如图 1.11 所示。卖家可以通过"财务"栏目进行财务管理。

图 1.11 "财务"栏目页面

10. "数据"栏目

"数据"栏目能够直接链接到生意参谋页面,卖家可以在此查看店铺的流量数据、品类数据、直播数据、内容数据、交易数据、营销数据和物流数据等,并以此为依据做出运营决策。

11. "服务"栏目

"服务"栏目能够直接链接到服务市场页面,淘宝服务市场是阿里巴巴旗下的一站式电子商务服务平台,通过聚合众多优质服务商,为卖家提供经营全链路中所需的专业服务与工具,卖家可以在服务市场中找到店铺经营过程中所需的工具软件、运营服务、资讯教程等,助力店铺高效发展。

1.4 货源的选择

卖家在选择网店主营商品之前，需要先对整个淘宝市场有充分的认识和了解。首先要分析淘宝市场的整体趋势；其次，要对自己所在行业的趋势进行深入考察和研究，掌握所在行业采购市场的行情和动态，熟悉所在行业客户市场的趋势和特性。淘宝卖家可以通过生意参谋、百度指数等专业工具分析市场趋势（使用生意参谋分析市场趋势需要付费升级并订购相应的版块）。下面主要借助百度指数分析市场趋势。

1.4.1 商品的选择

1.4.1.1 根据市场趋势选择商品

对市场趋势进行调查是开网店前非常重要的一环，卖家可以通过生意参谋→"市场"→"搜索指数"来了解市场趋势，还可以通过百度指数来分析市场趋势。百度指数是研究客户兴趣、习惯的重要数据参考平台。卖家通过百度指数可以查看商品的长期走势、客户群体特性、商品搜索量和成交量的排行榜等内容。图1.12所示为百度指数的首页，卖家可以在搜索栏中输入想查询的商品类目的关键词，通过搜索指数、人群画像等指标对该商品类目进行全方位的分析。

图 1.12 百度指数的首页

1. 搜索指数

搜索指数能反映市场搜索趋势，但并不等同于搜索次数。卖家通过搜索指数趋势可以掌握商品的长期搜索趋势。在百度指数的搜索栏中输入几个关键词，可以比较这些关键词的搜索指数趋势。如在图1.12所示的百度指数搜索栏中输入关键词"连衣裙，长裙，裙子"（逗号在英文状态下输入），可得到"连衣裙""长裙""裙子"的搜索指数趋势，如图1.13所示。

图 1.13 "连衣裙""长裙""裙子"的搜索指数趋势

通过搜索指数概览，卖家可清晰地了解商品近 7 天、近 30 天、近 90 天、近半年或自定义时段的搜索指数的变化情况。仍以上述关键词为例，从搜索指数概览中可以看到"连衣裙"近 30 天的搜索指数整体同比下降了 4%，整体环比下降了 4%，移动同比下降了 10%，如图 1.14 所示。由此可以大体掌握"连衣裙"的搜索指数的变化趋势。同时，卖家还可以通过搜索指数的变化趋势对未来一段时间内的市场行情变化做出判断。

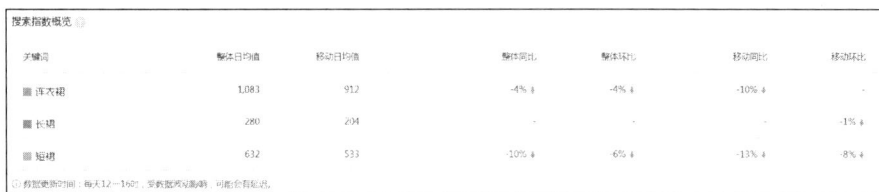

图 1.14 "连衣裙""长裙""裙子"的搜索指数概览对比

2. 人群画像

卖家如果想进一步了解什么人会搜索"连衣裙"，可使用百度指数的人群画像功能。人群画像通过对搜索人群的地域分布、人群属性做出精准的数据统计与分析，方便卖家更加准确地了解商品客户群体的特性。

（1）地域分布。例如，搜索"连衣裙"的网民地域分布结果显示，江苏、广东、安徽、浙江、山东等地区的网民近 7 天对连衣裙的关注度较高。另外，该功能还可以针对区域或城市继续进行排名分析。

（2）人群属性。搜索"连衣裙"的网民人群属性如图 1.15 所示。从年龄维度分析，搜索"连衣裙"的网民年龄主要集中在 20～39 岁，其中 20～29 岁人群占总体的 35.90%，30～39 岁人群占总体的 37.62%。从性别维度分析，搜索"连衣裙"的网民女性占 56%。综合以上两项数据指标分析，卖家在连衣裙的风格特色、功能作用、价格定位方面应重点考虑 20～39 岁女性客户的需求和消费特点，但是男性对连衣裙的关注度也是不容忽视的。

> **📖 小贴士**
>
> **人群画像**
>
> 人群画像指以大量数据为基础，通过收集与分析消费人群的社会属性、生活习惯、消费行为等主要信息数据，对消费人群全貌进行数学建模，以实现消费人群类型的标签化，直观构建出消费市场的"全息画像"，完美地抽象出消费人群的商业全貌。

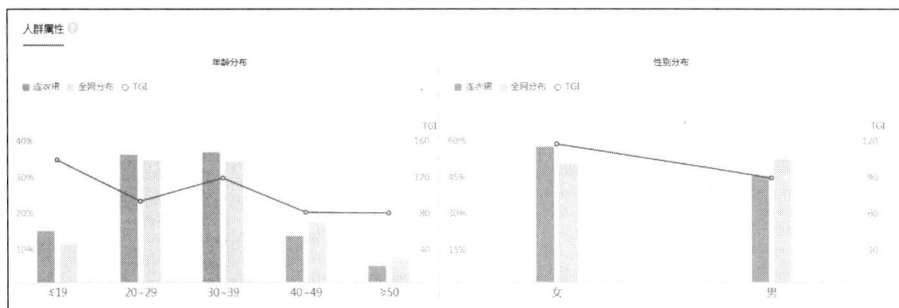

图 1.15 搜索"连衣裙"的网民人群属性

1.4.1.2 选择符合市场需求和行情的商品

网店商品必须是符合市场需求的适销商品。适销指商品类目、价格、质量等方面与市场需求相适应。

卖家在选择网店商品时要分析网店商品所属的行业是否处于饱和状态、是否为当前热门行业、是否为潜力行业，行业竞争是否过于激烈，国家对于该行业是否有特殊的法律法规等。选择网店商品时，既可以选择热门行业的商品，以迎合大众的消费需求，也可以选择冷门行业的商品，打造有独特风格与特色的网店。

1.4.1.3 卖自己熟悉的商品

对于刚入行的卖家，建议从自己喜欢和熟悉的商品着手，这样有助于快速入门。而且，如果这类商品是自己感兴趣的，那么卖家肯定更愿意为它付出更多时间和精力，工作起来也会更加愉快和顺利。

女性可以选择卖包、服饰、化妆品等，这样能够获得满足感，工作起来也会更加愉快；相应地，男性可以选择数码商品、创意品等来经营，这也比较符合自己的兴趣和喜好。

1.4.1.4 卖有货源优势的商品

所谓货源优势，就是说卖家能够接触到更加优质或者低价的货源，如果有相关的货源优势，那么经营网店，肯定会相对容易很多。比如，居住地靠近服装厂或农产品产地，就会具备一定的货源优势，在进货甚至发货时都能够更便捷。

1.4.2 货源渠道的选择

货源的好坏与网店的动态评分有直接关系，并影响网店的运营。因此，如何寻找货源、如何选择货源，对于新手卖家至关重要。

选择货源时，一般应重视其稳定性、利润空间等。货源要稳定，不能经常断货，货源不稳定会影响销售，如果不能及时发货，一方面，卖家可能会面临退款问题，另一方面，平台对此会有相应的处罚，如禁止参加活动一年等；有利润空间是选择货源的关键，只有存在利润空间，卖家才可能进行后续的网上销售业务。此外，商品的质量与价格要匹配。如果货源是品牌商品，则需要得到授权，否则可能会被举报或被平台处罚。网店的主要货源渠道有以下几种。

1.4.2.1 阿里巴巴官方平台

1. 阿里 1688

阿里 1688 为数千万卖家提供了海量商业信息和便捷、安全的在线交易平台，是国内最大的线上采购批发平台，也是卖家互动的社区平台。目前，阿里 1688 已覆盖原材料、工业品、服饰、家居百货、小商品等十几个行业大类，提供原材料、生产、加工、现货等一系列的产品和服务。

（1）多种货源渠道。阿里 1688 厂家众多、地区覆盖面广，各厂家的商品品质、供应链情况参差不齐。因此，在阿里 1688 挑选货源要看厂家的销量、评价、复购率、图片质量、网店单品销售情况、响应速度和发货速度、诚信通年限、是否有金牛标志等信息。另外，还需要查看厂家的联系方式、地址等信息。阿里 1688 提供多种货源渠道，如"淘宝专供""跨境专供"等。图 1.16 所示为阿里 1688 首页。

图 1.16　阿里 1688 首页

（2）产业带工厂。产业带是一个带状的链条产业集中区域，是相关或相同产业的基地，在此区域内可以形成产业集聚效应，可以更好地壮大产业，如杭州的女装、扬州的毛绒玩具、深圳的 3C 产品、佛山的卫浴产品等。登录阿里 1688"档口尖货"首页，按"产业带"→"产地地图"的顺序点击，即可看到不同类目产品的产业带，以及每个产业带工厂的联系方式，客户可以实地考察其产品质量、价格等情况。产业带工厂拿货价格低、产品款式多、货源充足、供应链可把控，但缺点是要求进货量大、容易压货，且多数厂家不愿与小规模的卖家打交道。

2. 千牛卖家中心"商品"栏目下的货源

（1）"精选货源"。进入千牛卖家中心，选择"商品"→"找货源"→"精选货源"，可以看到淘宝网提供的一些货源。

（2）"淘货源"。进入千牛卖家中心，选择"商品"→"市场发现"→"淘货源"，可以进入阿里 1688 进行货源选择。

（3）"淘商机"。进入千牛卖家中心，选择"商品"→"市场发现"→"淘商机"，这里会根据卖家店铺销售的商品类型提供一些"蓝海商品"，卖家选中商品后可点击"发布新品"。图 1.17 所示为"淘商机"页面。

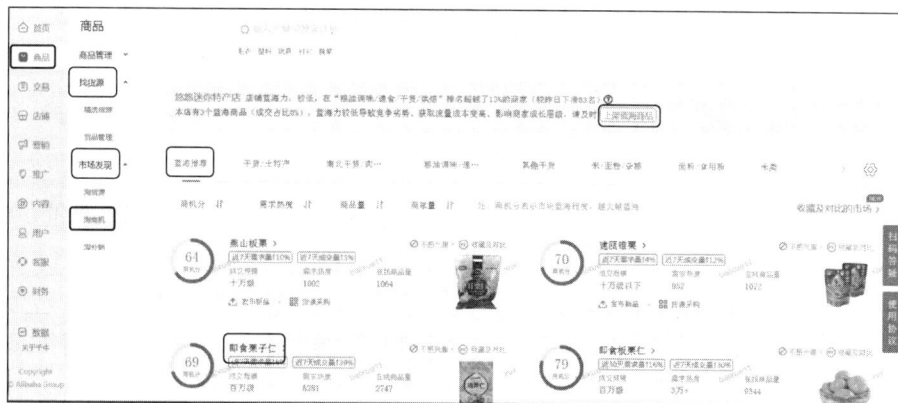

图 1.17　"淘商机"页面

（4）"淘分销"（2022 年 6 月升级为"鲸芽"）。进入千牛卖家中心，选择"商品"→"市场发现"→"淘分销"，进入如图 1.18 所示的"鲸芽"页面，点击"分销商入驻"可进入"淘分销"后台选择商品。

图 1.18 "鲸芽"（淘分销）页面

> 📖 **小贴士**
>
> **鲸芽**
>
> 　　淘分销是指由淘宝提供的分销平台，用于协助供货商搭建、管理及运营其网络销售渠道，协助分销商获取货源渠道。2022 年 6 月，淘宝宣布"淘分销"平台正式升级为"鲸芽"平台，升级后，原有的功能和服务不受影响，还新增三大举措：①大规模引入天猫品牌商、跨境贸易商，提供全品类的商品，能让卖家、买手、主播更快速地搭建低成本、高效的分销矩阵；②扩大保障范围，全仓品加载蚂蚁区块链溯源码，实现了一码溯全程，可保障正品；③高频促销并提供流量保障，具备一定影响力的"全球好物节"开放招商。

1.4.2.2　分销网站

除了阿里巴巴官方平台外，还有很多提供批发服务的分销网站适合中小卖家选择货源，如购途网、四季星座网、货捕头、衣联网等。在这些平台上，应尽量选择满足以下条件的货源：提供图片或数据包，可以直接上传商品，价格有优势，可以一件代发，售后服务周到。

1.4.2.3　线下批发市场

一些线下批发市场也是卖家寻找货源的不错选择，如广州流花服装批发市场、义乌小商品城等。线下批发市场商品更新快、品种多，但是容易断货，品质难以得到保障。线下批发市场可以为国内电商平台提供货源，也可以为跨境电商平台提供货源。

1.4.2.4　其他货源

除了以上货源渠道外，卖家还可以通过如下渠道找到合适的货源。

（1）库存积压或清仓处理的商品。这类商品因为急于处理，通常可以以较低的价格买下，然后零售给需要的买家，这样也能获得一定的利润。

（2）外贸商品。外贸订单剩余商品中有不少好货，这部分商品大多每款只有几件，款式常常是现在或将来最流行的，而价格可能只有商场的一半左右，因此销售起来也会很容易。

（3）国外打折商品。在重大节日前夕，国外的一线品牌通常会有很大的折扣，卖家如果可以在国外买到打折商品，适当提高价格在网上销售，也能获得一定的利润。

（4）当地的特色农产品。特色农产品在主要产地出产量大，卖家方便直接和农户对接，从而容易得到较低的价格。

本章小结

本章内容是网店运营的基础，首先介绍了常见的网店平台、网店运营涉及的法律问题，然后以淘宝网为例介绍了其平台规则、开店的步骤与注意事项、千牛卖家中心的操作、货源的选择等。

课后习题①

一、名词解释

电子商务经营者　达人商家　人群画像　分销网站　产业带

二、单项选择题

1. （　　）不能开设旗舰店。

　　A. 淘宝网　　　　B. 天猫　　　　　C. 京东　　　　　D. 拼多多

2. （　　）这一电子商务经营者不需要进行市场登记。

　　A. 微商　　　　　　　　　　　B. 个人网店经营者

　　C. 个人销售自产农副产品　　　　D. 代购

3. 一个淘宝会员最多可以绑定（　　）支付宝账户。

　　A. 1个　　　　　B. 2个　　　　　C. 3个　　　　　D. 不限

4. 下列关于会员名注册的要求中，（　　）是正确的。

　　A. 会员名由6～25个字符组成

　　B. 会员名可以使用小写字母、数字、下划线、中文

　　C. 会员名可以由两个汉字组成

　　D. 会员名是淘宝账号唯一的登录方式

5. （　　）属于淘宝网无效交易凭证。

　　A. 阿里旺旺留言　　　　　　　B. QQ聊天记录截图

　　C. 支付宝转账记录　　　　　　D. 评价

三、判断题

1. 一张身份证只能注册一家淘宝网店。（　　　　）

2. 经营者负有诚实守信、切实履行合同的义务，消费者付款成功后，经营者不得以各种理由或借口随意毁约。（　　　　）

3. 一旦出现交易争议或者纠纷，阿里旺旺的聊天记录可以作为证据举证。（　　　　）

4. 淘宝网店铺名称中可以有"专卖店"字样。（　　　　）

5. 在"仓库中的宝贝"栏目中可以查看已经卖出的宝贝数量。（　　　　）

---

① 鉴于与网店相关的知识更新快、涉及面广，本书课后习题中设计了部分超范围题目，建议读者通过网络查找相应的内容后获取答案，或者通过实践获取答案。

6. 在淘宝网注册的店铺不可以售卖国外的产品。（   ）

四、简答题

1. 常见的网店平台有哪些？各有什么特点？
2. 在淘宝网开店的基本流程是什么？
3. 简述千牛卖家中心的主要栏目。
4. 网店常见的货源渠道有哪些？

📖 实训任务

实训任务一： 开通淘宝网店

根据淘宝网开店的步骤及注意事项，开通自己的网店，记录下网店账户名、登录密码、支付宝账户名、登录密码、支付密码。

实训任务二： 千牛卖家中心操作

登录"千牛卖家中心"查看各个栏目的主要功能。

实训任务三： 挑选货源

1. 登录"淘货源"平台、"淘分销"平台、常见的分销网站等查看各个平台货源的特点。

2. 结合自己网店的定位，从相关平台中选择货源，并分析货源的搜索指数和人群画像，试着将商品发布到自己的网店中。

📖 视野拓展

| 新手开淘宝店前期需要做哪些准备 | 七年电商老司机写给每个入门者的价值锚 | 淘宝开店创业，你准备好了吗 | 淘宝村的数量 |

第2章　商品发布与管理

【知识框架】

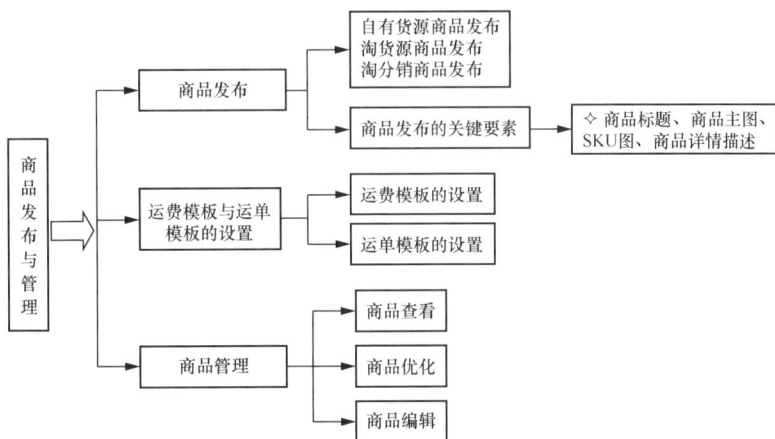

【学习目标】

1. 学会在淘宝网店中发布商品。
2. 学会合理使用关键词设置商品标题、优化商品主图、撰写商品详情描述。
3. 学会设置运费模板及运单模板。
4. 熟练掌握商品基本信息修改、商品上下架管理、商品优化等。

店铺设置好后，就可以进行商品的发布了。商品发布指的是卖家在淘宝平台上架准备出售的各种商品。卖家需要掌握商品发布的方法，同时，为了使自己的商品更吸引买家，卖家还应掌握一些技巧，如编写商品标题、优化商品主图、编写商品详情描述等。其中，物流模板的设置是商品发布的一个重要环节。

2.1　商品发布

货源不同，商品发布方法也不同。本节将对自有货源、淘货源、淘分销的商品发布方法进行介绍。在发布商品时，商品标题的设置、主图的优化及详情的描述都非常重要，会直接影响商品的曝光率及点击率。

2.1.1 自有货源商品发布

1. 商品发布准备素材

对于自有货源的商品，在发布前，需要准备好商品图片和商品信息资料。商品图片包括五张尺寸为大于 700 像素×700 像素（一般为 800 像素×800 像素）的商品主图、不同角度的详情展示图，商品信息资料包括商品标题、商品属性、商品卖点等。

2. 商品发布流程

（1）进入商品发布页面。登录淘宝网后，进入千牛卖家中心，在左侧的"商品"栏目下点击"商品管理"下方的"发布宝贝"子栏目（见图 2.1）即可进入商品智能发布页面。

（2）确认商品类目。2020 年 4 月 30 日，阿里巴巴正式上线了商品智能发布系统。在商品智能发布页面上传商品主图后，系统可以自动生成第五张白底图，注意上传的主图尺寸要大于 700 像素×700 像素；上传或选择条码（商品如果没有条码则可以不填，该选项为选填），系统可以快速识别出商品的信息和类目。如输入教材《电子商务概论（第 5 版）》的书号"9787115579577"，系统会自动识别出其对应的属性类目——"书籍/杂志/报纸"→"考试/教材/教辅/论文"→"教材"→"大学教材"，点击"下一步，完善商品信息"，如图 2.2 所示。

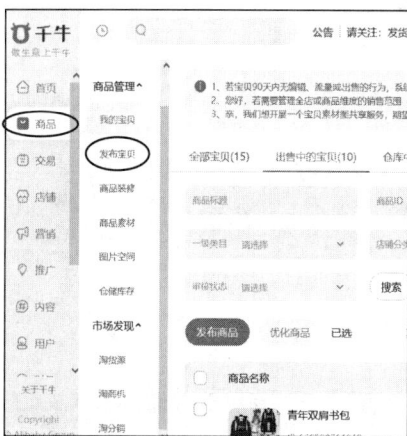

图 2.1 "发布宝贝"子栏目

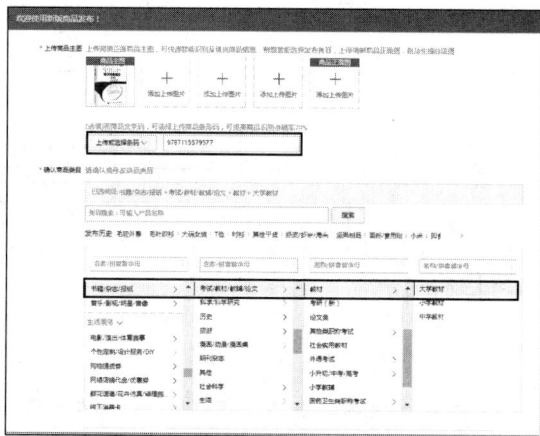

图 2.2 商品智能发布页面

3. 完善商品信息

（1）完善商品属性信息。进入完善商品信息页面，系统已经通过上传的图片智能推荐了商品标题关键词，部分商品属性已经自动填写，如图 2.3 所示。根据要求，卖家需要完善商品属性信息，同时需要填写商品的销售信息，包括库存、价格等信息，商品属性信息应尽量详细填写。完整的商品属性信息会增强买家对商品的信任感，获得淘宝网对商品的肯定，提升商品在淘宝网中的搜索排名，从而使商品获得更多的展示机会。

图 2.3 完善商品属性信息

（2）在"物流信息"中选中"使用物流配送"复选框，若要为一批商品设置同样的运费，可以选择商品的运费模板或者点击"新建运费模板"，如图 2.4 所示。

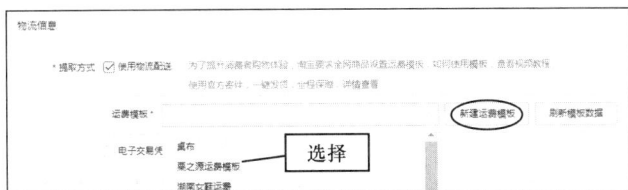

图 2.4　设置物流信息

> **小贴士**
>
> **设置商品运费模板**
>
> 　　如果已经设置了运费模板，可直接在"运费模板"下拉列表中进行选择；如果未设置运费模板，可点击"新建运费模板"，具体操作将在下一节中详细介绍。

（3）商品智能发布系统根据信息自动生成了第五张白底图，如图 2.5 所示，按要求上传主图视频（选填）和商品详情描述等即可。

（4）发布商品。完善商品信息后，选择商品上架时间（"立刻上架""定时上架""放入仓库"），点击"发布"按钮，即可完成该商品的发布，如图 2.6 所示。

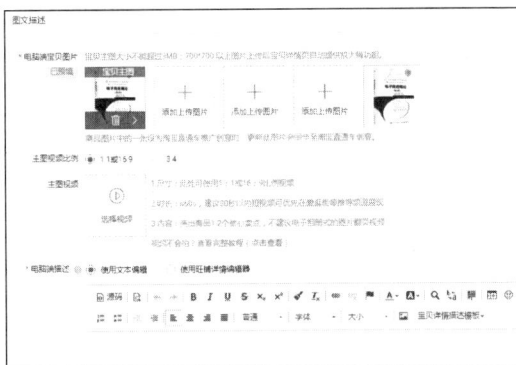

图 2.5　完善商品图文信息

图 2.6　完成商品发布

2.1.2　淘货源商品发布

淘货源是阿里巴巴提供的货源平台，是面向淘宝卖家的专属货源平台，支持批发、代发功能，淘货源平台首页如图 2.7 所示。

该平台直通淘宝卖家后台，为淘宝卖家提供快捷的分销工具，淘宝卖家选择支持一件代发的商品，点击"我要铺货"即可发布商品。例如，在搜索栏中输入"钥匙扣"进行搜索，在搜索结果页面点击想要代销的商品即可进入商品页面，如图 2.8 所示。

在商品页面选择"代发"，可以看到该商品的价格及运费等，下方有"分销下单""加进货单""我要铺货"三个按钮，点击"我要铺货"弹出铺货工具选择页面，如图 2.9 所示。卖家可以选择"官方淘宝铺货工具"或者第三方铺货工具，然后点击"铺货"即可将商品信息上传到淘宝草稿箱中（见图 2.10），如要上架商品还需要完善该商品的价格、运费等信息。

图 2.7 淘货源平台首页

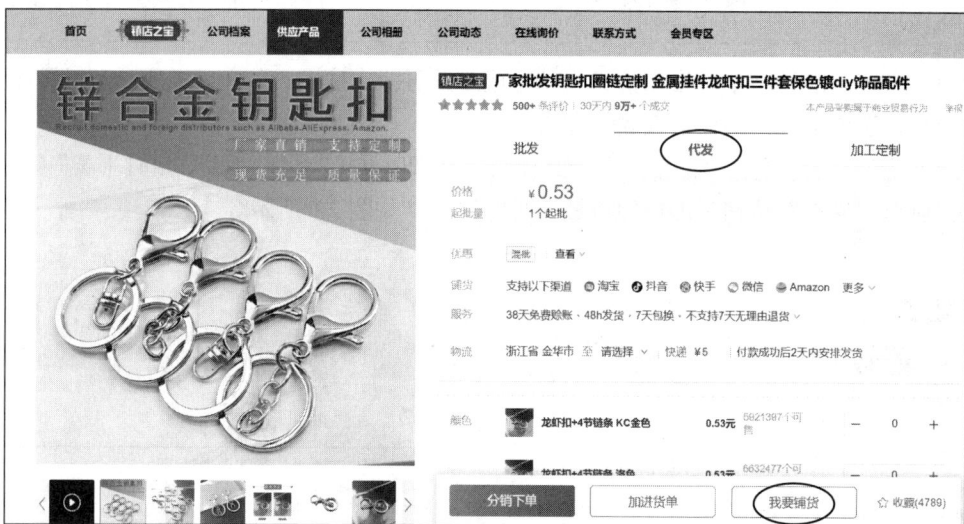

图 2.8 淘货源商品页面

图 2.9 铺货工具选择页面

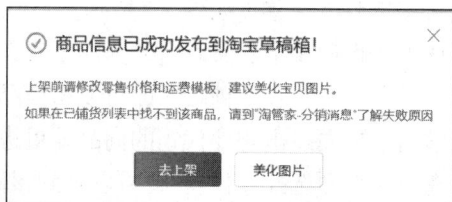

图 2.10 铺货成功

对于淘货源分销的商品，卖家可以在淘货源平台首页点击"进入淘管家"进行查看和管理，如图 2.11 所示。卖家可以在此查看"我的订单""我的已铺货的商品""我的货源""我的供应商"等信息，并进行代销分账设置等。

图 2.11　淘管家页面

📖 **小贴士**

代销分账

　　淘宝卖家和淘货源供应商开启代销分账后，如果淘宝客户下单，订单会自动同步到阿里巴巴分销管理后台，并由系统自动向供应商发起采购，相应订单会标记"代销分账"。整个流程中，无需淘宝卖家下单及付款，即实现不垫款采购。如果不开启代销分账，淘宝卖家点击下单之后需要核对收货地址并付款。

2.1.3　淘分销商品发布

　　淘分销（鲸芽）是淘宝专为淘宝卖家提供的分销平台，用于帮助供货商搭建、管理及运营其网络销售渠道，帮助分销商获取货源渠道。淘分销用户包括供货商及分销商。供货商和分销商入驻都需要签署相应协议，遵守分销规则。淘分销首页如图 2.12 所示。

图 2.12　淘分销首页

　　分销商在搜索栏中输入关键词进行搜索，选择合适的货源商品，点击即可进入商品页面，如图 2.13 所示。在该页面点击"立即铺货"弹出铺货选择窗口，如图 2.14 所示。如果是第一次发布该商品，则选择"发布新宝贝"；如果店内已经有该商品，则选择"关联已有宝贝"。

点击"发布新宝贝"进入图 2.15 所示页面，对商品价格进行编辑，点击"铺货"即可将该商品上传到店铺仓库中。

图 2.13　淘分销商品页面

图 2.14　铺货选择

图 2.15　商品价格编辑并铺货

对于分销的商品，分销商可以在淘分销首页点击"管理后台"或"进入后台管理"进入淘分销管理后台，如图 2.16 所示。

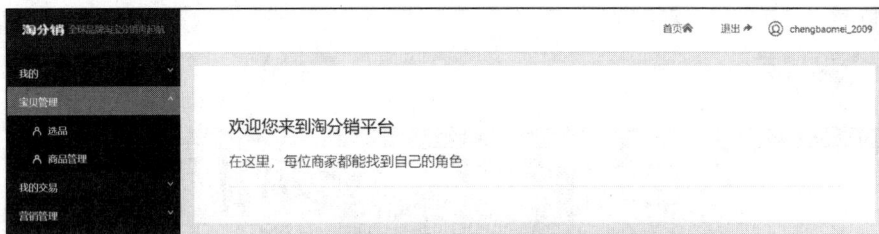

图 2.16　淘分销管理后台

淘分销管理后台包括"宝贝管理""我的交易""营销管理"等栏目。"宝贝管理"中的"商品管理"可以对分销商品进行取消关联、编辑、同步信息、上架等操作；"我的交易"可以查看和处理代销订单、代销退款单等；"营销管理"可以查看和报名参加供货商发布的赏金活动，以及查看月结账单并进行提现等。

2.1.4　商品发布的关键要素

无论是哪种货源的商品，商品标题、商品主图、SKU 图和商品详情描述等都是商品发布的要素。

1. 商品标题

在淘宝网购物，最常用的两种搜索商品的方式是按照商品的属性进行类目检索或在搜索栏中输入关键词进行搜索。关键词就是组成商品标题的主要元素，是提高商品曝光率的关键词语。商品标题应限定在 30 个汉字（60 个字符）以内，否则会影响商品的发布。如果商品标题中没有包含买家所搜索的关键词，则该商品就无法出现在搜索结果列表中。因此，商品的关键词非常重要（如何选择关键词，将在第 6 章详细讲述）。

2. 商品主图

当买家通过关键词搜索到想要的商品时，淘宝网会通过类目筛选和关键词截取的方法推送与之相关的商品图片给买家，买家第一时间看到的商品图片就是商品主图。

商品主图的质量关系到品牌的形象和定位，甚至会影响商品的搜索权重。因此，如果能设计好商品主图，就能使网店获得更多的流量和更高的点击率，从而扩大销量。

淘宝网的商品一般有五张主图（女装类目还有一张长图，共六张）。

（1）商品主图要求为正方形，这样在展示时才不会变形。

（2）商品主图的大小不能超过 3MB 图片尺寸，需为 700 像素×700 像素以上，这样可以在商品详情页提供图片放大功能。若第五张主图为商品白底图，则可以增加商品在手机端淘宝 App 首页曝光的机会，系统根据清晰的商品正面图可以自动生成第五张白底图。

（3）商品主图应尽量色调统一。

（4）商品主图不能有边框，不能由多张图片拼接而成，一张图片只反映商品某一方面的内容。

（5）商品主图不得出现留白（即图片与模块大小不匹配，图片周围出现空白）。

3. SKU 图

对一款商品而言，当其品牌、型号、配置、等级、花色、包装、容量、单位、生产日期、保质期、用途、价格、产地等任一属性与其他商品存在不同时，可称其为一个单品。通常将一个单品定义为一个 SKU（Stock Keeping Unit，最小存货单位）。

在电子商务中每款商品都有若干个 SKU，以便对商品进行识别。例如，一款粉红色女装的 S 码是一个 SKU，M 码是一个 SKU，L 码也是一个 SKU，所以一款粉红色女装有 S、M、L 等若干个 SKU。

（1）SKU 图的位置。在商品详情页主图的右侧，点击图 2.17 所示的"颜色分类"中的任意一张图片，在左侧主图的位置就可以看到选择的 SKU 图。

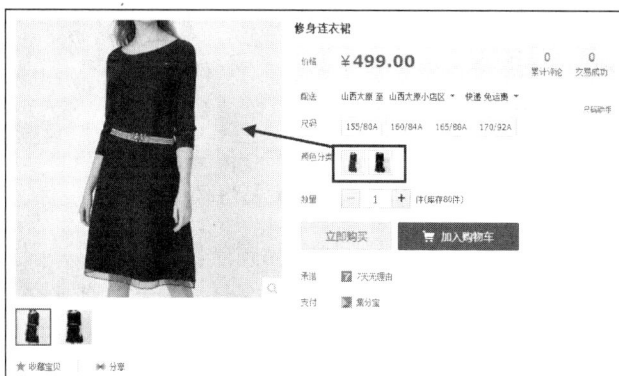

图 2.17　SKU 图的位置

（2）SKU 图的设置。卖家登录"卖家中心"，进入"一口价宝贝发布"页面，在"宝贝规格"的"颜色分类"中选择颜色后，就可以上传同色商品的 SKU 图，如图 2.18 所示。

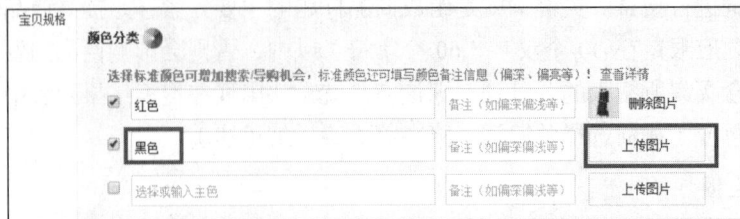

图 2.18　上传 SKU 图

4. 商品详情描述

商品标题的 30 个汉字不足以充分说明商品的优势和价值，因此商品的用途、特色等还需要用更多文字加以说明。商品详情描述是影响买家是否购买的一个重要因素。

淘宝网的商品详情描述容量是 25 000 字节（一个英文字母占一个字节，一个汉字占两个字节），足够用来列出商品的详细介绍和说明。

在撰写商品详情描述时要注意以下几个方面。

（1）内容要全面。卖家要站在买家的角度去思考其关心的问题。例如，材质、尺寸、价格、重量、颜色、适合人群、寓意、品质、赠品、服务承诺、支付方式等都是买家关心的内容。另外，服装类商品可以呈现面料、内衬、颜色、色差、扣子（拉链）、走线和特色装饰等细节，特别是领子、袖子、腰身和下摆等部位的细节，细节实拍可搭配简洁的文字说明，如图 2.19 所示。

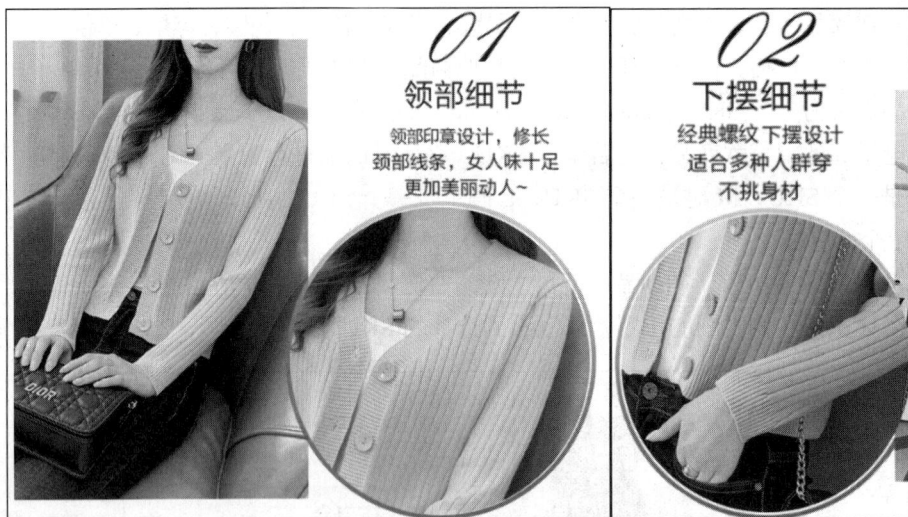

图 2.19　某商品部分详情描述

（2）突出商品卖点。不管是什么行业，商品同质化都很严重，因此，深挖商品卖点，编写独一无二的商品详情描述很关键。卖家可以从产品质量和品牌优势方面着手，增加可对比性，吸引买家购买。

（3）商品详情描述应结合文字、图像、表格等多种形式，这样能让买家更直观地了解商品，也会提高他们购买的可能性。

（4）参考同行网店。卖家可以参考同行的皇冠网店，看一看它们的商品详情描述，择其优点应用于自己的网店中。

2.2　运费模板与运单模板的设置

2.2.1　运费模板的设置

运费设置是商品发布的关键环节。作为一名在淘宝网上开店的卖家，其网店的买家来自全国各地，由于各地快递的价格不一，因此运费设置工作量很大。卖家如果能很好地使用运费模板，就可以在一定程度上减少工作量。使用运费模板可以将不同地区的快递价格设置好，之后应用在商品上，当有买家浏览商品时，运费可自动显示在商品页面中；使用运费模板还可以批量修改运费，从而节省时间，提高工作效率。

下面简要介绍运费模板的设置方法。

（1）登录淘宝账户，进入千牛卖家中心页面，选择"交易"栏目下的"物流管理"，点击"物流工具"，在新打开的页面中选择"基础配置"，点击"运费模板设置"，如图 2.20 所示。

图 2.20　点击"运费模板设置"

（2）在打开的页面中点击"新增运费模板"，如图 2.21 所示，打开运费模板设置页面，如图 2.22 所示。在运费模板设置页面输入模板名称，选择发货地、是否包邮、计价方式、运送方式等。注意，在选择运送方式时，"默认运费"是指除指定地区外，其余地区均使用这种运费计算方式。"每增加 1 件，增加运费×元"指的是如果买家购买了两件商品，第一件按默认运费收取运费，第二件按"每增加 1 件，增加运费×元"的方式收取运费。

（3）设置指定地区的运费。当选择图 2.22 中"为指定地区城市设置运费"时，系统会自动弹出一个包含地区信息的提示框，点击"编辑"，选择指定地区，点击右下角的"保存"，就可以将运费应用于指定地区了。使用同样的方法，可设置不同地区的平邮和 EMS 费用。

图 2.21　点击"新增运费模板"

图 2.22　运费模板设置页面

（4）运费模板设置好后，就可以在发布商品时选择设置好的运费模板了。

（5）运费模板设置页面会显示所有的运费模板，点击某个模板右上角的"删除"，可以删除该运费模板；点击"修改"则进入编辑页面；点击"复制模板"可以将该模板复制到新的运费模板中。需要注意的是，如果网店通过淘货源或淘分销代销了商品，则供应商的运费模板也会自动导入，但是淘宝卖家不能修改。

2.2.2　运单模板的设置

因为不同快递公司的运单格式不同，所以针对不同快递公司需要设置不同的运单模板，校准后，卖家可根据需要添加电话、网址等信息，在打印运单时可选择将相应的信息打印在上面。

下面简要介绍运单模板的设置方法。

（1）进入千牛卖家中心页面，选择"交易"栏目下的"物流管理"，点击"物流工具"，在新打开的页面中选择"基础配置"，点击"运单模板设置"，再点击"新建模板"，如图 2.23 所示。

图 2.23　点击新建模板

（2）选择合作快递公司，模板尺寸可以自动生成，特殊尺寸可自行填写。接着选择打印项，打印项共 13 项，根据需求进行选择即可，如图 2.24 所示。测试打印后如发现内容有偏差，可点击运单样式右上角的"打印偏移校正"，在弹出的对话框中填写偏移数值即可。

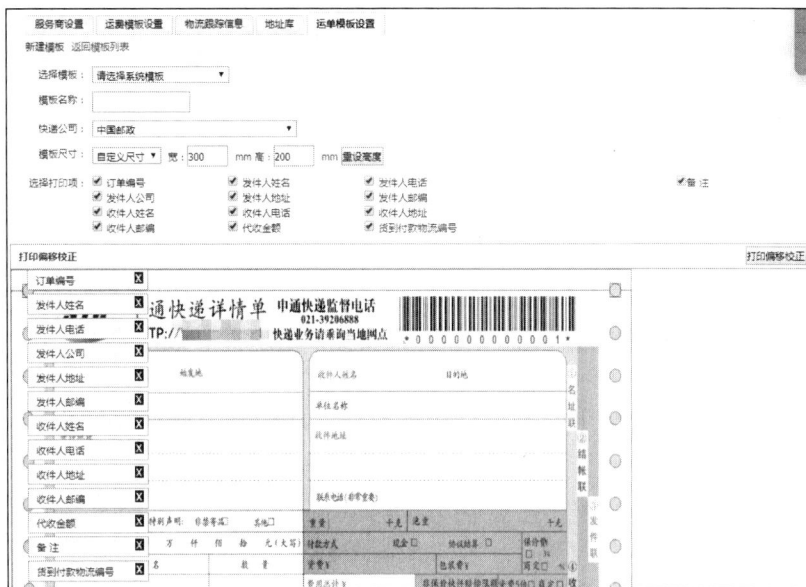

图 2.24　选择打印项

2.3　商品管理

商品发布以后，可以通过商品管理工具对商品进行管理。进入千牛卖家中心页面，在左侧的"商品"栏目下点击"商品管理"下方的"我的宝贝"子栏目，即可进入商品管理页面，如图 2.25 所示。在该页面中，可以对商品进行查看、优化、编辑、上下架等操作。

图 2.25　商品管理页面

2.3.1　商品查看

卖家可以根据商品的状态查看商品，如"出售中的宝贝""仓库中的宝贝""草稿宝贝"

"回收站"等，如图 2.26 所示。卖家可通过输入关键字在相应的商品列表中搜索商品。

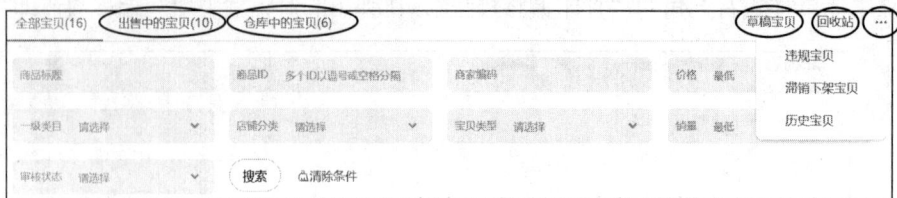

图 2.26 商品查看

（1）"出售中的宝贝"指的是已发布并且上架的商品，淘宝用户进入店铺后可以看到。

（2）"仓库中的宝贝"指的是已发布但是没有上架的商品，淘宝用户进入店铺后无法看到。通过淘货源和淘分销代销的商品都在仓库中，需要完善信息后才能上架。

（3）"草稿宝贝"是指编辑中的商品。

（4）"回收站"里是已删除的商品。可以通过"恢复到仓库"将删除的商品恢复，但是同一宝贝七天内只能恢复一次，所以卖家在删除商品时要谨慎。

（5）点击 ⋯ 图标还可以查看"违规宝贝""滞销下架宝贝""历史宝贝"等。"违规宝贝"是指由于违反平台规则而下架的商品；"滞销下架宝贝"是指 90 天内无成交、无浏览、无编辑的商品，系统会将其下架；滞销商品在下架 90 天后，就会被归为"历史宝贝"。

通过商品列表，可以看到商品的基本信息，如商品名称、价格、库存、销量、信息质量、创建时间等，同时也可以看到商品的货源渠道和当前状态。图 2.27 中，前两件商品的名称下方显示其货源分别是"代销"（货源是淘分销）和"1688"（货源是淘货源）；在创建时间下方则显示商品当前的状态是"仓库中"还是"出售中"。

图 2.27 商品列表

2.3.2 商品优化

淘宝平台为卖家提供了智能优化工具，该工具可据商品信息填写完整性、规范情况等对店铺的商品信息做出优化诊断，内容包含标题、属性、图片、视频、商品详情等。此外，它还可以对店铺的整体商品质量做出评估，并对商品问题进行分类。点击图 2.27 所示页面中的"优化商品"即可进入商品优化页面，如图 2.28 所示。

在商品优化页面，每件商品都有信息质量评分及相应的优化建议，点击"立即优化"即可进入商品信息完善页面，如图 2.29 所示，并且左侧有待整改或待优化问题及相应建议，卖家可以参考建议对商品进行优化。

图 2.28　商品优化页面

图 2.29　商品信息完善页面

2.3.3　商品编辑

1. 基本信息修改

将鼠标指针移动至商品上方，可以看到"商品名称""价格""库存"都呈可编辑状态，如图 2.30 所示，点击 🖉 图标即可修改信息。如果想编辑更多信息，可以点击"操作"栏中的"编辑商品"进入商品发布页面重新编辑相关信息，然后提交。

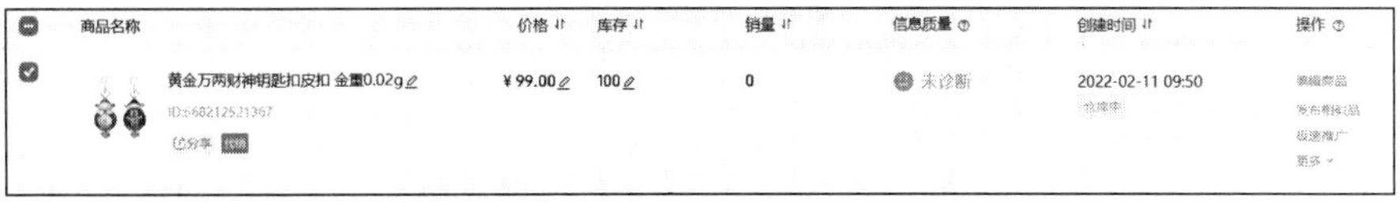

图 2.30　商品信息呈可编辑状态

2. 商品上下架

商品的上下架可以借助商品列表右侧"操作"栏中的"更多"完成。如果当前商品在仓库中，则可以选择"立即上架"或者"定时上架"操作；如果当前商品处于上架状态，则可以选择"立即下架"操作。

3. 商品批量操作

当需要对多件商品进行相同操作时，可以通过勾选多件商品，选择"批量操作""设置公益宝贝"或"更多批量操作"下的"批量设置运费"完成相应操作。

本章小结

网店开通后即可进行商品发布，本章首先介绍了不同货源商品发布的方法和商品发布的关键要素（商品标题、商品主图、SKU 图、商品详情描述），然后介绍了运费模板和运单模板的设置，最后介绍了商品的管理。

课后习题

一、名词解释

SKU   代销分账   运费模板   运单模板

二、单项选择题

1. 商品标题最多可以容纳（   ）个汉字/（   ）个字符。

    A. 30；60   B. 30；50   C. 20；40   D. 40；80

2. 当设置好定时发布以后，商品页面显示为（   ）。

    A. 即将开始   B. 立即购买   C. 交易关闭   D. 加入购物车

3. （   ）的图片适合作为商品主图。

    A. 1 920 像素×120 像素   B. 800 像素×800 像素

    C. 200 像素×300 像素   D. 750 像素×600 像素

4. 下列关于商品详情描述的说法中，正确的是（   ）。

    A. 商品详情描述必须全部是图片，不能有文字

    B. 商品详情描述的文字越大越好

    C. 商品类比就是与同类商品进行比较，体现本商品的优势

    D. 商品详情描述中必须放大量好评截图

5. 淘宝网的商品详情描述不得超过（   ）字节。

    A. 10 000   B. 20 000   C. 25 000   D. 30 000

6. 判断一家快递公司是否可靠，主要（   ）。

    A. 看规模   B. 看优势   C. 看评价   D. 以上都是

三、多项选择题

1. 下列关于商品发布的说法中，正确的是（   ）。

    A. 商品发布后会直接上架

    B. 淘分销商品发布时需要淘宝卖家入驻淘分销平台

C. 淘货源平台支持一件代发的商品能铺货到淘宝店

D. 通过淘货源或淘分销铺货的商品不需要重新编辑，直接上架即可

2. 下列关于商品基本信息处理的说法中，正确的有（　　）。

A. 如果商品图片较长，最好将图片分解为多个图片组合

B. 详细的商品参数会使买家对商品产生信任感，参数相对齐全的商品更容易被买家接受

C. 重要的文字信息可以使用放大字体、改变颜色等方法进行强调，以引起买家的注意

D. 商品详情描述中只能插入一张图片

3. 下列关于商品发布技巧的叙述中，正确的有（　　）。

A. 最好将几件商品同时发布

B. 将有特点的商品排在网店推荐位上

C. 选择在黄金时段内上架商品

D. 商品主图应尽量色调统一

E. 商品详情描述要细致

四、简答题

1. 简述不同货源商品发布的方法及商品发布的关键要素。

2. 简述商品主图的发布要求。

3. 在撰写商品详情描述时要注意哪些方面？

📖 实训任务

实训任务一：商品的发布

正确选择商品属性、上传商品图片、编写商品标题和详情描述，并填写商品价格、运费、服务等项目，完成最基本的商品发布。

实训任务二：运费模板与运单模板的设置

为自己的淘宝网店设置运费模板和运单模板。

实训任务三：对商品进行优化

1. 使用"优化商品"功能对店内商品进行检测。

2. 根据优化建议修改和完善商品信息，提升商品信息质量评分。

📖 视野拓展

发布的商品信息与实际
不符，如何修改？

淘宝标题选词思路

手机端快速发布商品

天猫上架产品流程是什么？
发布规则是什么？

第 3 章 网店管理

【知识框架】

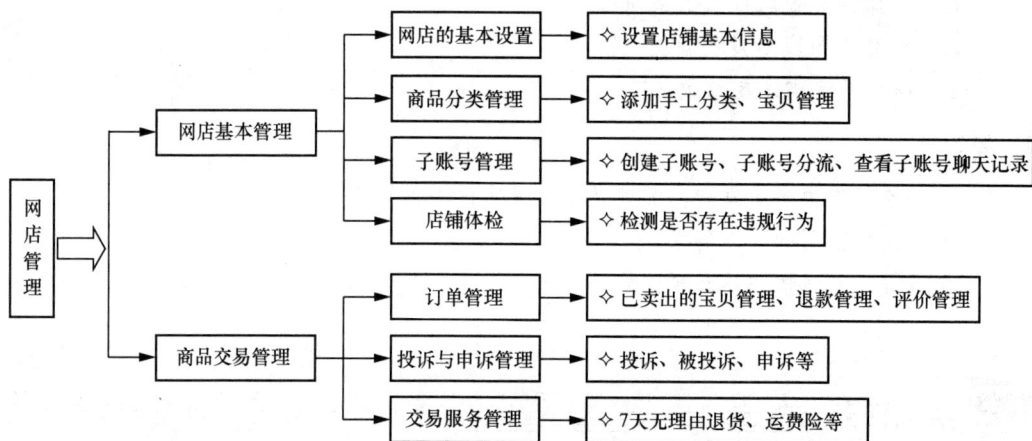

【学习目标】

1. 学会淘宝网店的基本设置、商品分类管理、子账号管理等网店基本管理操作。
2. 熟练掌握商品交易管理，包括订单管理、投诉与申诉管理、交易服务管理等。

商品发布后，网店即进入运营状态。卖家需要对网店进行基本设置、商品分类、子账号设置等，还需要对商品订单、投诉与申诉、交易服务等进行管理。

3.1 网店基本管理

3.1.1 网店的基本设置

开通了淘宝网店之后，网店名称、网店标志、网店介绍等信息都是默认状态，需要卖家进一步设置。卖家按"千牛卖家中心"→"店铺"→"店铺管理"→"店铺信息"的顺序点击，进入图 3.1 所示的页面，可对店铺基本信息进行编辑。在这里需要设置店铺名称、上传店铺标志、填写店铺联系地址等。

图 3.1　网店的基本设置页面

1．设置店铺名称

店铺名称要简短、通俗，避免使用生僻繁杂字，同时要避免使用数字和字母。店铺名称具有唯一性，如果提交审核时存在重名，设置会失败，需要更换店铺名称并重新提交。设置店铺名称一般应遵循以下原则。

（1）好记。这样买家才会记住并想起你的店铺。

（2）相关。与商品相关，如做手机充值业务，可以使用"××充值店"之类的名字。

（3）吉利。人们都希望生意红火，起个吉利的名字很重要。

（4）体现品牌。比如，"七格格"很容易让人联想到女装，作为品牌名称，销售该品牌服装的店铺的名称中一定要包含这三个字。

为了保证店铺名称及店铺其他信息的规范性，淘宝网设置了相关规范，如店铺不允许命名为"××商盟"；店铺标志不能同我国的国家名称、国旗、国徽，中国人民解放军军旗、勋章相同或者相似；非天猫的店铺，不能在店铺首页、商品页面使用"旗舰店""专卖店""专营店"等字样；店铺介绍中不可以包含卖家个人网站的路径或链接等。

2．上传店铺标志

淘宝店铺标志简称店标。店标要体现店铺的风格、店主的品位、商品的特性等，应起到宣传的作用。店标的文件格式可以是 GIF、JPG、JPEG、PNG，大小为 80KB 以内，建议尺寸为 80 像素×80 像素。设计淘宝店标时要注意以下三个方面。

（1）注意整体构思，切合主题，可以凸显店铺的主营业务，也可以强调店名的内涵。

（2）围绕主题选择素材，可以通过动植物、人物等来展现。

（3）注意色调，不同的色调给人的感觉和代表的含义都是不同的，因此要根据店标的风格选择色调，而且色调要与整个版面匹配。

3．填写店铺联系地址

卖家需要填写真实的联系地址，该项为必填信息。

3.1.2　商品分类管理

淘宝网将商品分为不同的类目，卖家需要为发布的所有商品选择相应的类目，如服装、箱包等，这样做是为了方便买家在站内进行分类查找。

卖家进入千牛卖家中心后，按"店铺"→"店铺装修"→"PC 店铺装修"→"装修管理"的顺序点击，即可进入装修管理页面，如图 3.2 所示，点击"分类设置"即可对商品分类进行设置。

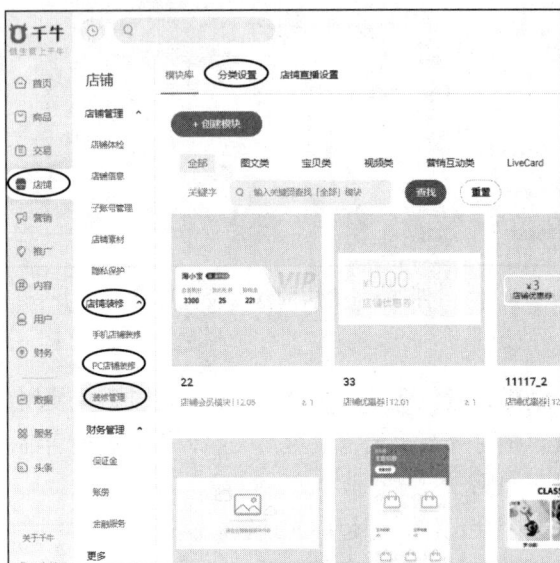

图 3.2　装修管理页面

分类管理即设置商品页的导航，如图 3.3 所示。商品类目分为一级类目和二级类目，可以方便卖家在品牌下面再添加商品属性分类，引导买家尽快找到需要的商品。

图 3.3　商品分类管理页面

1. 添加手工分类

点击图 3.3 中的"添加手工分类"，可以按照商品结构、属性、功能、时间、活动等设置导航分类。如果总类目下还有小类目，可以选择"添加子分类"进行设置，具体步骤如下。

（1）打开商品分类管理页面，点击"添加手工分类"，在"分类名称"栏中输入分类名称。

（2）点击分类名称前的三角形图标，可以在此添加子分类。

（3）点击"添加图片"按钮，在弹出的"添加地址栏"中可以输入类目的图片文件地址，这样就能在分类页面以图片形式显示类目。卖家可以根据网店或者商品风格，为类目添加背景图片。

（4）卖家可以通过上、下箭头调整类目（包括子分类和所在的大分类）的排列顺序，以优先展示自己想要推荐给买家的商品或者活动，从而提升点击率和转化率。

2. 宝贝管理

点击图 3.3 中的"宝贝管理"，可进入"宝贝管理"页面，将网店中的商品标记为不同的类目。"宝贝管理"页面包括"全部宝贝""未分类宝贝""已分类宝贝"三个子栏目，卖家可以对未分类的商品进行编辑分类。此外，页面中还有"批量分类"功能，可以让卖家更便捷和快速地对商品进行分类管理，如图 3.4 所示。

图 3.4 "宝贝管理"页面

3.1.3 子账号管理

子账号业务是淘宝网及天猫提供给卖家的一体化员工账号服务。卖家使用主账号创建员工子账号并授权后，员工可以利用子账号登录旺旺接待客户，或登录千牛卖家中心管理网店，主账号可对子账号的业务操作进行监控和管理。开通并使用子账号业务，保持多人同时在线，可以分流众多客户，使客户的提问及时得到解答，从而有效提高工作效率。同时，众多客服对外以统一的形象接待客户，还可以提升网店的形象。

小贴士
子账号免费赠送规则

1. 创建子账号

目前可创建的子账号都是淘宝网赠送的，但是赠送的数量不固定。淘宝网根据网店的交易数据、子账号历史使用状况及最近的活跃度状况来综合评估并决定赠送数量。随着信用等级的提升、交易量的增多、账户活跃度的提升，网店能获赠的子账号数量也会增加。创建子账号的步骤如下。

小贴士
子账号设置

（1）按"千牛卖家中心"→"店铺"→"店铺管理"→"子账号管理"的顺序点击，进入子账号管理页面，如图 3.5 所示。子账号管理的步骤：首先点击"我的团队"栏目，可以看到系统已经为网店创建了团队结构，卖家也可以根据需要添加或删除部门，如图 3.6 所示。

（2）团队结构设置好之后，点击图 3.6 中的"新建子账号"，出现图 3.7 所示的页面，按要求将子账号信息填写完毕，点击"确认新建"。使用子账号登录旺旺时，子账号名为"主账号名:用户名"，注意这里的冒号要在英文输入状态下输入。

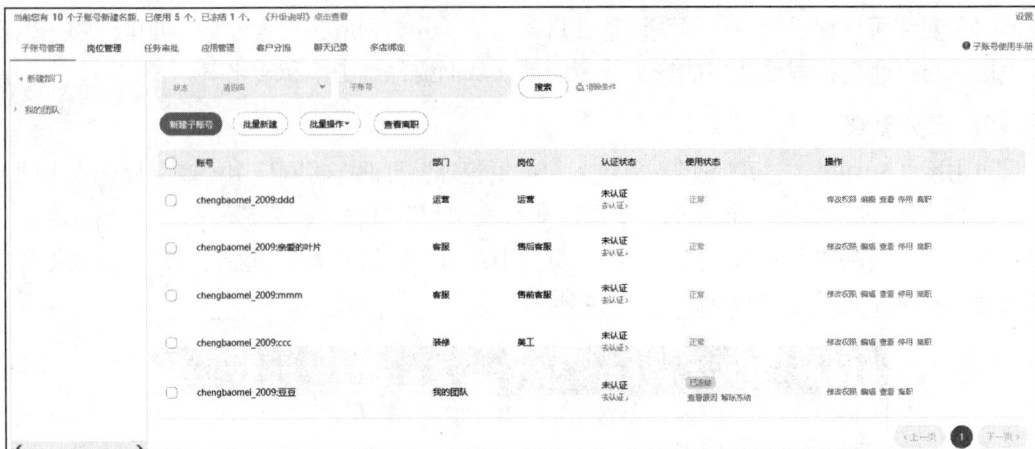

图 3.5　子账号管理页面

图 3.6　设置团队结构

图 3.7　新建子账号

（3）可以在图 3.5 所示的子账号管理页面点击"岗位管理"设置岗位权限。根据网店所有子账号的工作角色，岗位管理中每个岗位都有预设的基础权限。如果某个子账号需要在基础权限的基础上补充权限，可以点击"新建岗位"建立新岗位并补充权限，如图 3.8 所示。

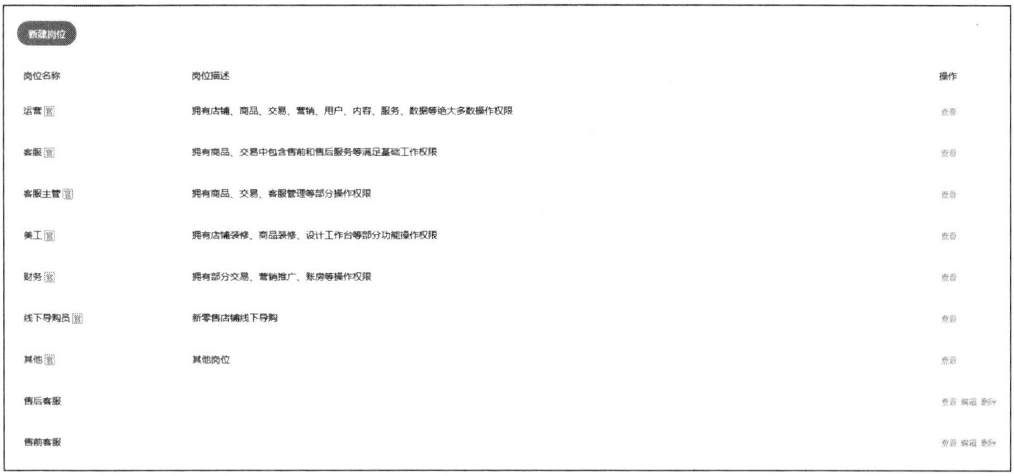

图 3.8　修改岗位权限

2．子账号分流

当客户咨询时，参与分流的子账号就可以收到客户的信息；相反，不参与分流的子账号就只能接收之前咨询过的客户的信息，不会收到新客户发送的信息。

设置子账号分流的具体步骤如下。

（1）进入图 3.5 所示的子账号管理页面，点击"客户分流"，打开图 3.9 所示的页面。

图 3.9　客服分流管理页面

（2）在图 3.9 所示的页面选择"基础设置"后，点击"新增分组"可以创建客服分组，设置组内参与接待的客服，并设置该分组的接待范围，也可以编辑分组接待范围和组内客服成员或者删除分组。

（3）在客服分流管理页面中点击"高级设置"，进入如图 3.10 所示的页面，在此可以进行"全店调度""分组设置""客服接待设置"。"全店调度"可以设置机器人配置、离线消息处理机制以及全店商品分流策略；"分组设置"可以对组间客服分流和组内客服分流方式进行设置；"客服接待设置"可以对是否允许移动端客服接待和客服离线后消息处理机制进行设置。

图 3.10　客户分流高级设置

（4）在客服分流管理页面中点击"留言池管理"可以查看客户留言情况并进行处理。

（5）在客服分流管理页面中点击"分流自查工具"可以对客服能否收到客户消息的问题进行自查。

3. 查看子账号聊天记录

在子账号管理页面中按"监控查询"→"聊天记录"的顺序点击，进入图 3.11 所示的页面，在其中输入员工账号或客户账号和操作时间，即可查询子账号的聊天记录。

图 3.11　查询子账号的聊天记录

3.1.4　店铺体检

淘宝网为了给卖家和买家提供更好的服务环境，不断完善平台规则。如今，在淘宝网上不管是购物还是开店，无论是买家还是卖家，都要遵守相应的规则。新手卖家由于不了解规则，经常会犯一些常识性的错误，很容易受到扣分、降权等处罚，严重的还会被封店。

淘宝网上涉及的违规行为分为一般违规行为和严重违规行为,两者分别扣分、分别累计、分别执行。卖家因出售假冒商品的严重违规行为扣分将单独累计,不与其他严重违规行为合并计分。严重违规行为是指严重破坏淘宝网经营秩序或涉嫌违反国家法律、法规的行为,包括发布违禁信息、侵犯知识产权、盗用他人账户、泄露他人信息、骗取他人财物等;一般违规行为是指除严重违规行为外的违规行为,包括滥发信息、虚假交易、延迟发货、描述不符、违背承诺、竞拍不买、恶意评价、恶意骚扰、不当注册、未依法公开或更新营业执照信息等。

在对会员进行违规处理期间,淘宝网对会员不同的违规情形会采取不同的处理措施,如屏蔽网店、屏蔽评论内容、评价不累计、销量不累计、删除销量信息等,情节严重者还会受到限制发布商品、限制发货、限制使用阿里旺旺、限制登录网站、限制解冻保证金、关闭网店、公示警告、查封账户等处罚。

小贴士

常见违规行为及违规处理

卖家可自检商品,若确实违规,应及时将其下架。卖家可以点击"千牛卖家中心"→"店铺"→"店铺管理"→"店铺体检"来查询店铺的违规情况,如图 3.12 所示。

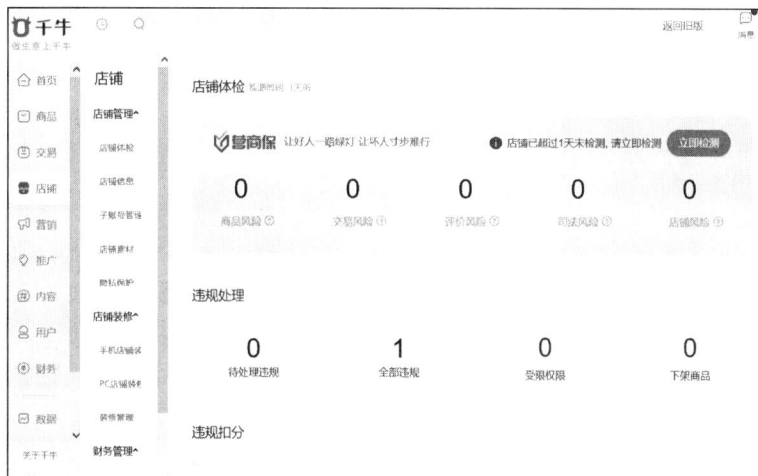

图 3.12　查询网店的违规情况

3.2　商品交易管理

交易管理主要是指对交易流程的管理,当买卖双方确定进行交易时,交易管理不仅包括卖家的一系列操作,如对订单的管理、及时查看买家对交易的评价等,还包括对买家的操作指导。

3.2.1　订单管理

3.2.1.1　已卖出的宝贝管理

按"千牛卖家中心"→"交易"→"交易管理"→"已卖出的宝贝"的顺序点击,管理系统根据交易双方的完成情况,会显示不同的交易状态。

1. 等待买家付款

买家拍下某个商品之后，在付款之前，订单的交易状态会显示为"等待买家付款"。此时，卖家可以等待买家付款、修改价格或关闭交易。

（1）等待买家付款。如果交易双方对商品的价格没有异议，卖家只需等待买家付款即可。

图 3.13 修改价格页面

（2）修改价格。交易双方经过协商，对新的售价或运费达成一致，卖家需要在买方支付货款前修改价格，如图 3.13 所示。

（3）关闭交易。因为存在缺货或长时间联系不到买家等情况，交易无法继续完成，在"等待买家付款"的交易状态下，卖家可以关闭该交易。

2. 买家已付款

买家付款后，订单的交易状态会显示为"买家已付款"。这时，卖家要向买家核实订单内容和收货地址，确认无误后按该地址发货。值得注意的是，卖家要把需要备注的信息及时添加到该笔交易的备忘录中，提醒同事在发货时要特别注意，以免造成买家的不满和售后纠纷。

> **小贴士**
>
> 一般来说，如果卖家没有按承诺的时间发货，买家可投诉卖家违背发货时间承诺，如投诉成立，则卖家须按照 5% 违约金赔付给买家，最高不超过 30 元。

3. 发货

点击图 3.14 所示订单后方的"发货"即可进入发货页面，如图 3.15 所示。进入发货页面后，页面会显示三个步骤：第一步是"确认收货信息及交易详情"，第二步是"确认发货/退货信息"，第三步是"选择物流服务"。在此页面中，卖家可以对订单进行"备注"，也可以修改收货信息。

图 3.14 买家已付款

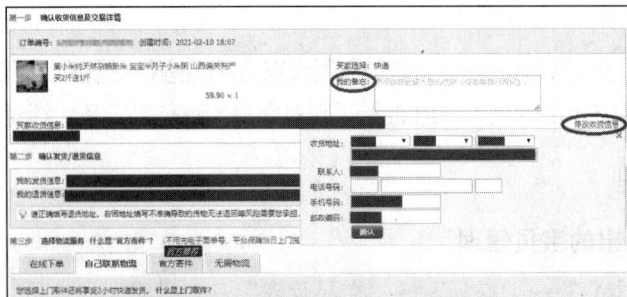

图 3.15 备注与修改收货信息

在发货页面的"选择物流服务"下方有四个选项卡，分别为"在线下单""自己联系物流""官方寄件""无需物流"，如图3.16所示。

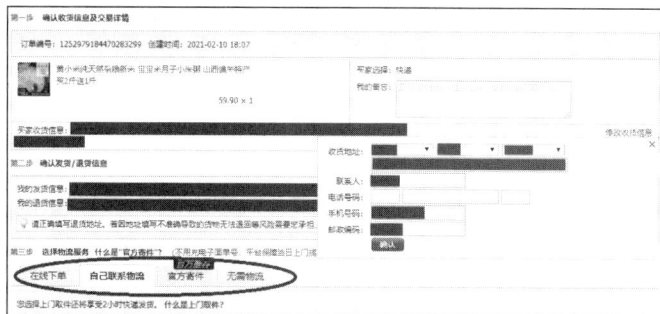

图3.16 选择物流服务

"在线下单"是指卖家通过后台可以选择快递公司直接下单，后台会显示快递所需要的费用，下单成功后快递公司会与卖家联系，上门取件。

"自己联系物流"是指卖家有合作的快递公司时，直接填入该快递公司的运单号即可。

"官方寄件"是淘宝网官方推荐的快递公司，一般是快递员上门取货。

"无需物流"适用于虚拟商品（如点卡、游戏币等）或买卖双方进行同城交易（如买家自提货、当面交易等）。

卖家可以根据自己的实际情况选择其中一种物流服务，填写相关信息后点击"发货"，即可完成订单发货操作。

4. 卖家已发货

卖家选择对应的快递公司，填入该笔交易的运单号，系统会将交易状态修改为"卖家已发货"，如图3.17所示。只有在此状态下，买家才能确认收货，同意将货款支付给卖家。卖家此时将发货信息通过阿里旺旺通知买家，会让买家更放心，买家也会对卖家的服务有深刻而良好的印象。这时，交易双方就可以通过"查看物流"查询物流的进度了。

图3.17 卖家已发货

5. 交易成功

买家收到商品以后，经核查无误可以点击"确认收货"，同意支付宝放款给卖家，订单的交易状态显示为"交易成功"则表示货款已经转到了卖家的支付宝账户里，如图3.18所示。卖家如果通过"用户运营"工具设置了会员优惠，赠送买家购物优惠券或礼品券，能充分表达希望买家再次光顾的诚意，给买家留下良好的印象。

3.2.1.2 退款管理

按"千牛卖家中心"→"交易"→"订单管理"→"退款管理"的顺序点击，可进入退款管理页面，如图 3.19 所示，该页面有"退款管理""售后工作台""价保管理""退差管理"
四个选项卡。

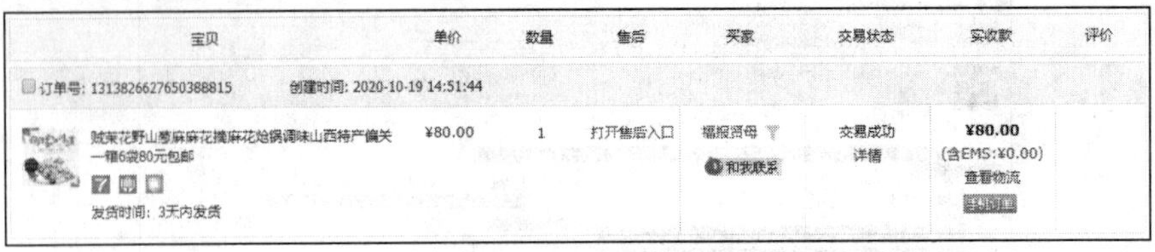

图 3.18　交易成功

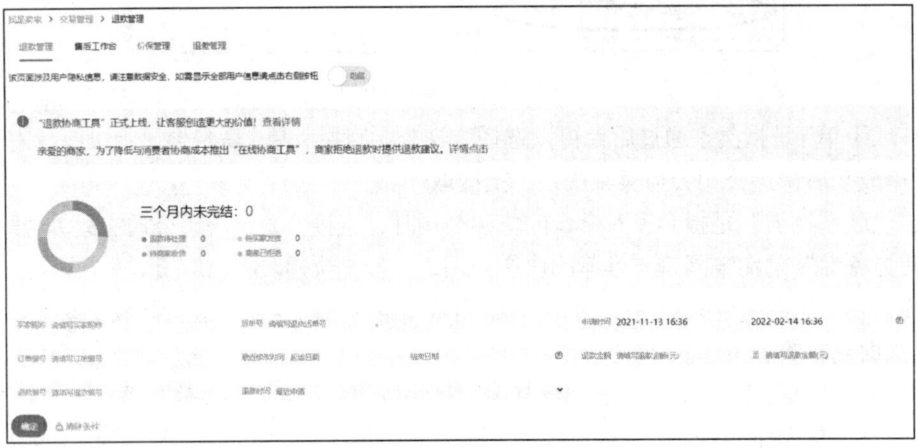

图 3.19　退款管理页面

1. "退款管理"

在"退款管理"中可以查看三个月内退款数据，并且能够通过输入买家昵称、订单编号、
退款时间等查询退款订单（见图 3.19），也可以根据退款类型或退款状态查看退款订单情况
（见图 3.20）。

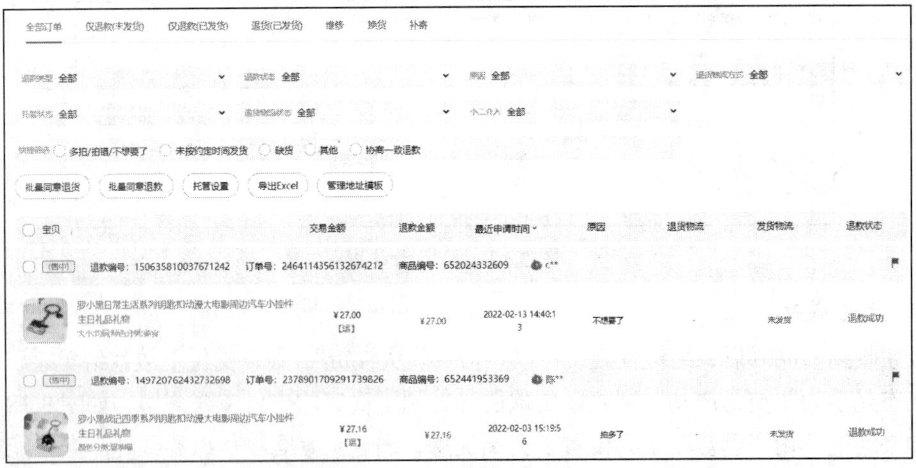

图 3.20　退款订单管理页面

退款类型有售中退款和售后退款。其中售中退款指的是买家下单后未收到货前向卖家申
请退款的操作，一般买家申请"仅退款"后，卖家"同意退款"即可完成退款流程；售后退

款则是买家收到商品后向卖家申请退款的操作，通常要经过如下流程：买家申请退货退款→卖家同意退货退款→买家寄出商品并输入运单号→卖家收到货确认没问题后同意退款。

在图 3.20 所示的退款订单管理页面，卖家可以选中多个退款订单，批量同意退货或退款；为了提升工作效率，卖家也可以设置托管，对于"已付款未发货"的订单自动同意退款，如图 3.21 所示。卖家还可以将退款订单数据导出，针对商品进行分析。

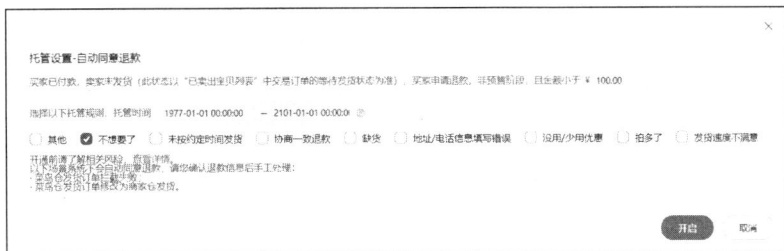

图 3.21　退款托管设置

2. "售后工作台"

"售后工作台"的主要功能是帮助商家提升售后服务效率，包括"订单错误挽留""自动同意退货申请""已收到货仅退款 0 秒退"三项功能，如图 3.22 所示。

图 3.22　"售后工作台"页面

3. "价保管理"

价格保护是一种允许买家在发现所购商品价格下跌后申请差价补偿的机制。采取价格保护的措施是为了保障买家在天猫及相关营销平台的购物体验，让买家可以放心购买，从而提升转化率。

报名参加聚划算、天天特卖、百亿补贴的卖家须向买家提供价格保护服务，即买家购买带有支持价格保护服务或保价险服务标志的商品后，在价格保护期内，若同一卖家售卖的同一商品出现降价的情形，买家可申请差价补退。

在"价保管理"页面中可以输入买家昵称、订单编号或申请时间等查询价保订单，获取相应信息。

4. "退差管理"

"退差管理"仅支持参加"万人团活动"的卖家查询活动返现数据。"万人团活动"是淘宝直播平台上一种多人在线拼团的玩法，卖家可通过官方报名参加活动，淘宝直播平台将通过官方派单的方式邀请实力带货达人帮卖家推广拼团商品，这不仅可以带动商品销量，还可以给卖家与商品带来市场声量。

拼团结束后，系统将自动返还最终达到的阶梯对应的应返还的钱款至买家的原支付账号，返还金额不大于实付金额。在"退差管理"页面可以查看需要返现的订单数据。

3.2.1.3 评价管理

淘宝网规定，买卖双方应基于真实的交易进行相互评价。按"千牛卖家中心"→"交易"→"订单管理"→"评价管理"的顺序点击，可进入评价中心页面。该页面包括"数据概览""评价管理"和"问大家"三个操作模块。卖家在此页面可查看店铺整体评价相关数据、买家给出的评价，并进行回评、解释以及处理异常评价等。"问大家"可以查看、搜索店铺提问和回答内容。

"数据概览"操作模块包含"待回复差评""待回复中评""异常评价""待卖家评价""待买家评价"，可展示店铺中需要处理的基础评价信息。左侧中间版块主要展示店铺的评价数据，统计店铺评价的数量，其中"当前信用分"统计的是评价合计分数，使用支付宝成功完成每一笔交易后，买卖双方均有权对交易的情况做出评价，累积信用分；左侧下方版块可展示店铺动态评分（即 DSR），如图 3.23 所示。

图 3.23　评价中心页面的"数据概览"操作模块

"评价管理"中的每个模块可展示具体的评价细节，其中"来自买家的评价""给买家的评价"展示已完成的评价，"待买家评价"和"待卖家评价"展示尚未完成的评价，如图 3.24 所示。

1. 评价体系

淘宝网的评价体系包括"信用评价"和"店铺动态评分"两种，天猫只有"店铺动态评分"。店铺动态评分由买家对卖家评出，包括"描述相符""服务态度""物流服务"。信用评价由买卖双方互评得出，包括"信用积分"和"评论内容"。

图 3.24 "评价管理"操作模块

（1）信用评价。淘宝网会员在个人交易平台使用支付宝完成每一笔交易后，买卖双方均有权对对方的交易情况做出评价，这个评价也称为信用评价。淘宝网卖方信用等级如表 3.1 所示。评价分为"好评""中评""差评"等三种。买家若给予好评，则卖家信用积分增加 1 分；买家若给予差评，则卖家信用积分减少 1 分；买家若给予中评，则卖家信用积分不变。

小贴士
淘宝网评价规范

表 3.1　卖方信用等级

积　　分	信用等级标志	积　　分	信用等级标志
1 星：4～10		1 皇冠：10 001～20 000	
2 星：11～40		2 皇冠：20 001～50 000	
3 星：41～90		3 皇冠：50 001～100 000	
4 星：91～150		4 皇冠：100 001～200 000	
5 星：151～250		5 皇冠：200 001～500 000	
1 钻：251～500		1 金冠：500 001～1 000 000	
2 钻：501～1 000		2 金冠：1 000 001～2 000 000	
3 钻：1 001～2 000		3 金冠：2 000 001～5 000 000	
4 钻：2 001～5 000		4 金冠：5 000 001～10 000 000	
5 钻：5 001～10 000		5 金冠：10 000 001 以上	

若 14 天内相同买家、卖家就同一笔交易进行评价，多个好评只加 1 分，多个差评只减 1 分。每个自然月中，相同买家和卖家之间的评价计分不得超过 6 分，超出计分规则范围的评价将不计

小贴士
店铺动态评分
计分规则

分。自交易成功之日起 180 天（含）内，买家可在进行信用评价后追加评论，内容不得修改，也不影响卖家信用积分。被评价人可在评价人做出评价或追评之时起 30 天内做出解释。评价人在做出中、差评后 30 天内，可以对评价进行修改或删除。评价只能修改一次，且只能修改中评和差评。

（2）店铺动态评分。店铺动态评分也称卖家服务评级（Detailed Seller Ratings，DSR），是淘宝网、天猫的一种动态评分系统，只有使用支付宝并且成功的交易才能进行店铺动态评分。在淘宝网交易成功后的 15

天内，买家可以对本次交易进行三项评分，它们分别是"描述相符""服务态度""物流服务"，均是五星制打分。每项店铺评分的取值为：连续 6 个月内买家给予该项评分的总和÷连续 6 个月内买家给予该项评分的次数，如图 3.25 所示。

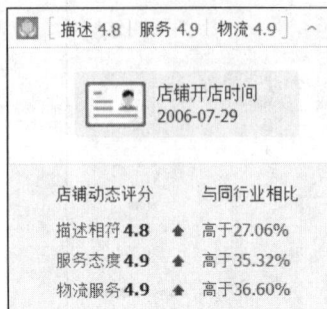

图 3.25　店铺动态评分

每个自然月，对于相同买家、卖家之间的交易，卖家店铺动态评分仅计取前 3 次（计取时间以交易成功时间为准）的评分。店铺动态评分仅能由买家在交易成功后 15 天内进行主评时打分。若买家没有进行主评，即使后续系统产生默认好评，该好评也不会计入店铺动态评分。

2. 评价解释

买家做出评价后 30 天内且评价处于生效状态（若是中、差评则在评价后 48 小时生效）下，卖家可以对买家评价内容进行解释说明，以帮助其他买家做出判断。卖家对于主评和追评各有一次解释机会，但在主评和追评均已产生的情况下，则只能对追评进行解释，而无法对主评进行解释。目前，评价解释仅支持文字，无法上传图片或视频。评价解释一旦做出，就无法被单独修改或删除，但若评价本身被删除，则评价解释不再展示。

卖家按"千牛卖家中心"→"交易"→"交易管理"→"评价管理"的顺序点击，可以查看"来自买家的评价"，并对收到的评价进行解释。

3. 修改评价

有时买卖双方会因为一些误会和争议给出负面的评价，如果经过沟通和协商，达成一致，买家或卖家愿意将中、差评修改为好评，则可以不用求助于淘宝网客服，自己就能轻松地修改评价。

卖家如果需要修改给买家的评价，按"千牛卖家中心"→"交易"→"订单管理"→"评价管理"的顺序点击，在"来自买家的评价"中可以看到买家给自己的评价，在"给买家的评价"中可以看到自己给买家的评价，找到需要修改的评价，会看见后面有一个"修改评价"的提示，点击进入就能将中、差评改为好评。

除了修改自己给出的中、差评，卖家也可以按照这个操作流程指导买家修改中、差评，使网店保持较好的评价记录。

📖 **小贴士**

卖家处理中、差评的技巧

　　商品评价对中小卖家来说是至关重要的，很多买家在进行网络购物时，进入商品页后，第一眼关注的往往就是评价，尤其是中、差评，如果中、差评所呈现的情况里有买家不能接受的地方，卖家也没将其解释清楚，这时买家很可能就会直接退出页面。有关卖家处理中、差评的技巧，读者可扫描二维码进一步学习。

3.2.2　投诉与申诉管理

3.2.2.1　"我要投诉"管理

卖家在网店运营过程中，可能会遇到多种恶意行为，为了保障卖家的权益，平台提供了"我要投诉"通道。卖家可按"千牛卖家中心"→"交易"→"投诉与申诉"的顺序点击，选择投诉类型后，点击"我要投诉"，如图 3.26 所示。

图 3.26 "我要投诉"页面

一般卖家投诉类型包括异常订单、异常投诉、异常评价等几种情况，下面简要介绍异常订单和异常评价。

1. 异常订单

（1）异常无法发货。如订单中买家填写的收货信息异常，导致卖家无法发货；买家不以购买为目的，因与卖家产生纠纷后，滥用会员权利报复性下单，产生拍退、投诉等行为；买家不以正常购买为目的，包括但不限于批量发起规则投诉、批量差评等。

（2）骗包邮/佣金。骗包邮情况是指买家为了减免运费，将实际不包邮地区填写为包邮地区地址，如"陕西省西安市新疆天山区和平街道××号"；骗佣金情况是指买家购买商品后，未收到货即确认收货，在淘客佣金到账后申请退货退款。

（3）骗货骗退款。骗货骗退款行为包括填写虚假退货物流信息，退货空包、少件、调包，不退货仅退款等。

（4）骗保险理赔。骗保险理赔行为包括通过虚假物流信息骗运费险、利用假图骗取生鲜腐烂险/过敏险等。

2. 异常评价

（1）广告评价。广告评价是指内容以发广告为目的，带有联系方式、其他店铺名称或站外链接以及图片等的评价。

（2）虚假评价。虚假评价是指买家未收到货就评价商品、评价使用的是网络图、评价的是非当前商品等行为。

（3）凑字评价。凑字评价是指评价中没有任何针对商品、服务、物流的内容，或者是以标点符号凑数。

（4）侵权评价。侵权评价包括辱骂侮辱的评价、泄露隐私的评价或其他盗用别人评价信息的行为。

除上述行为外，其他恶意行为如同行恶意拍退、同行恶意差评、职业投诉人进行威胁或异常索赔等，都可以通过"我要投诉"进行投诉。投诉时需要填写投诉说明和上传举证材料，举证材料包括与买家的聊天记录或其他辅助凭证。

3.2.2.2 "我被投诉"管理

当买家遇到快递破损、卖家欺诈、虚假交易等严重损害自身合法权益的情形，或者卖家存在涉嫌违法行为时，买家可以对卖家进行投诉。卖家可按"千牛卖家中心"→"交易"→"投诉与申诉"→"我被投诉"的顺序查看投诉记录，如图 3.27 所示。

图 3.27　查看投诉记录

淘宝卖家被投诉的原因主要包括发货问题、邮费问题、承诺未履行、骚扰他人、诱导线下交易及其他违约行为。淘宝卖家收到买家投诉时，应当主动联系对方，争取谅解，在投诉最终被判定成立前买家可以通过电脑端"我的淘宝"→"退款维权"→"投诉管理"撤销该投诉，投诉成立后买家将无法撤销对卖家的投诉。

卖家如果确实存在未按约定时间发货（含违背发货时间、交易价格、运送方式等方面的承诺）或其他违约情况，收到买家的投诉后应当主动赔付违约金，提升买家的购买体验，并减少店铺因被投诉遭受的损失。

3.2.2.3 申诉管理

如果有人对网店交易进行投诉或者举报网店侵权、违规，淘宝网就会将纠纷处理进程及时通知双方。如对于处理结果有异议需要申诉，卖家就应赶紧收集相关证据，及时进行申诉。

卖家可自因违规被处理之时起总计 3～30 天不等的时间（淘宝网审核时间除外）内，通过线上违规申诉入口提交违规申诉申请。申诉的类型包括被出售假冒商品处罚申诉、被投诉侵犯知识产权申诉、被虚假交易处罚申诉、被投诉盗用他人图片申诉、涉嫌出售不合格商品处罚申诉、商品被降权申诉、未按约定时间发货申诉等。

若卖家的淘宝账户因违规被扣分，卖家可按"千牛卖家中心"→"店铺"→"店铺管理"→"店铺体检"→"违规处理"→"待处理违规"的顺序找到违规记录，查看违规详情，了解这些违规处罚是否支持申诉，如图 3.28 所示。如果某违规处罚可进行违规申诉，点击"我要申诉"进行申诉，或者按照"千牛卖家中心"→"交易"→"投诉与申诉"→"我要申诉"→"待申诉"的顺序进入申诉中心页面，如图 3.29 所示，找到对应的违规商品，按照页面要求提交申诉凭证，进行申诉。

图 3.28 查看违规行为是否可申诉

图 3.29 申诉中心页面

卖家提交违规申诉后，淘宝小二会在 3～5 个工作日内给予答复，卖家应及时关注邮件或站内信件，或在申诉中心页面的"已完结"中查看申诉结果。

3.2.3 交易服务管理

按照"千牛卖家中心"→"交易"→"更多"的顺序点击，可以进入交易服务管理页面，如图 3.30 所示。在该页面，点击"加入服务"可以查看或管理店铺已加入的消保服务，如"7天无理由退货""卖家运费险"等，如图 3.31 所示。

图 3.30 交易服务管理页面

1. "7 天无理由退货"

"7 天无理由退货"服务是全网通用服务，部分类目可自由选择性加入，在商品发布页面勾选即可。退出"7 天无理由退货"服务可以在商品发布页面中的"售后服务"里取消勾选，如图 3.32 所示。

部分类目属于强制加入类目，相关选项为默认勾选且无法取消（方框已勾选且呈灰色，表示不能更改），如图 3.33 所示。

2. "卖家运费险"

"卖家运费险"是指在买卖双方产生退货请求时，保险公司对由于退货产生的单程运费提供保险的服务，当退货退款成功后，保险公司会直接将理赔金额划拨至买家支付宝账户。该项服务能够提升买家体验，解决买家担忧，促进买家下单。

图 3.31 "加入服务"页面

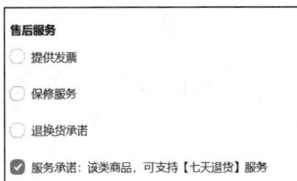

图 3.32 选择支持 7 天无理由退货服务

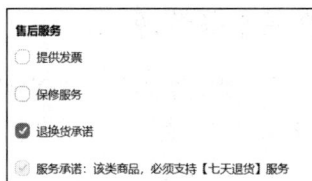

图 3.33 强制加入 7 天无理由退货服务

　　卖家可以通过点击图 3.31 所示页面中的"卖家运费险",进入"商家保障中心"页面,如图 3.34 所示,找到"退货运费险",然后点击"投保"即可。卖家投保"退货运费险"后,每成交一单会交纳一定的保费。

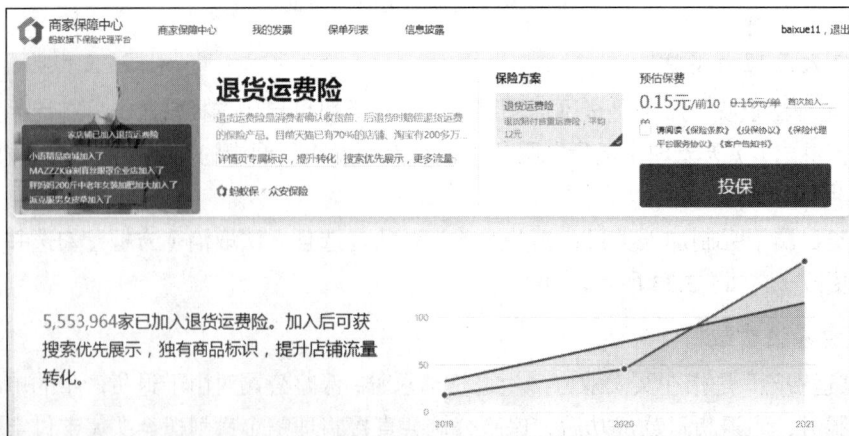

图 3.34 "商家保障中心"页面

本章小结

淘宝网店开通之后，网店名称、网店标志等信息都处于默认状态，需要卖家进一步设置。网店基本信息设置好之后，卖家就可以发布商品进行销售了，销售之前卖家需要对商品进行合理分类，以便更好地对商品进行管理。同时，卖家还可以使用主账号创建员工子账号并授权，这样，网店员工就可以用子账号接待买家或登录千牛卖家中心帮助管理网店。

除此之外，网店的交易管理也是一项非常重要的工作。在买家拍下商品之后，卖家还要进行修改价格、发货、给买家评价等操作。卖家在运营网店过程中，可能会遇到一些恶意行为，为了保障卖家的权益，平台提供了"我要投诉"通道。一旦有人对网店进行恶意投诉或违规举报，卖家应及时申诉。交易服务管理在网店管理中占有非常重要的地位，如为了避免退货纠纷，卖家可以投保"退货运费险"，提升买家售后体验。

课后习题

一、名词解释

子账号　评价解释　信用评价　DSR

二、单项选择题

1. 买卖双方在订单交易成功后（　　）天内可以进行评价。

    A. 9　　　　　　　B. 15　　　　　　　C. 10　　　　　　　D. 30

2. 交易结束后，一方做出了好评，如果在有效评价期内另一方未做出好评，则（　　）。

    A. 系统默认为中评　　　　　　　　B. 系统不做出任何评价

    C. 系统将取消这次交易的所有评价　　D. 系统默认为好评

3. 买家给的中、差评在（　　）内可以修改。

    A. 15 天　　　　　B. 30 天　　　　　C. 3 个月　　　　　D. 不限

4. （　　）不属于店铺动态评分指标。

    A. 描述相符　　　B. 服务态度　　　C. 物流服务　　　D. 响应速度

5. 每个自然月，相同买家、卖家之间的交易，卖家店铺动态评分仅计取前（　　）次。

    A. 1　　　　　　　B. 2　　　　　　　C. 3　　　　　　　D. 4

6. （　　）的行为不属于严重违规。

    A. 骗取他人财物　　B. 泄露他人隐私　　C. 盗用他人账户　　D. 竞拍不买

三、判断题

1. 淘宝网免费赠送卖家的子账号数量是固定的，网站员工可利用子账号登录旺旺接待客户，也可登录千牛卖家中心管理网店。（　　）

2. 违规行为根据严重程度分为两种，分别是一般违规行为及严重违规行为。（　　）

3. 虚假交易不属于淘宝违规行为。（　　）

4. 在买家签收之前，货物丢失或者损毁的风险由卖家承担。(　　　)

5. 买家给卖家中评或差评后，卖家只能联系淘宝网客服修改或删除评价。(　　　)

四、简答题

1. 提升店铺动态评分的策略有哪些？

2. 简述创建子账号的步骤。

3. 淘宝网规定哪些行为属于一般违规行为？哪些行为属于严重违规行为？

4. 异常评价包括哪些情况？

📖 实训任务

实训任务一：店铺的基本设置

1. 进入网店的基本设置页面，挑选一张大小在 80KB 以内，尺寸为 80 像素×80 像素，文件格式为 JPG、GIF、JPGE 或 PNG 的图片，作为店铺标志。

2. 在"店铺名称"文本框中填入店铺名称，店铺名称要能够准确表达店铺的经营内容，可以使用一些与品牌、评价、促销、特色有关的关键词。

3. 在"联系地址"中填入卖家联系地址。

实训任务二：店铺的基本管理

1. 对商品进行合理的分类，分类名称要求表达清晰、准确，让人一目了然，可以单纯用文字进行分类，也可以插入分类的图片。

2. 为自己的淘宝店铺设置子账号，并进行子账号分流管理。

3. 对店铺进行检测，查看是否有违规行为。

实训任务三：商品的交易管理

1. 登录千牛卖家中心，点击"已卖出的宝贝"→"等待买家付款"，找到对应的订单，修改价格。

2. 在买家拍下商品后又因故需取消购买时，在"已卖出的宝贝"中关闭相关交易。

3. 在"已卖出的宝贝"中，选择宝贝状态为"买家已付款""等待卖家发货"的商品，进行发货。

4. 自己联系物流公司（或者与淘宝网官方推荐的物流公司合作），填好发货运单号，进行发货。

📖 视野拓展

淘宝网店健康发展的因素	怎样经营淘宝网店	淘宝店铺运营（节奏、重点、思路）	《淘宝网市场管理与违规处理规范》中的违规扣分清零规定

第4章 网店图片的拍摄与处理

【知识框架】

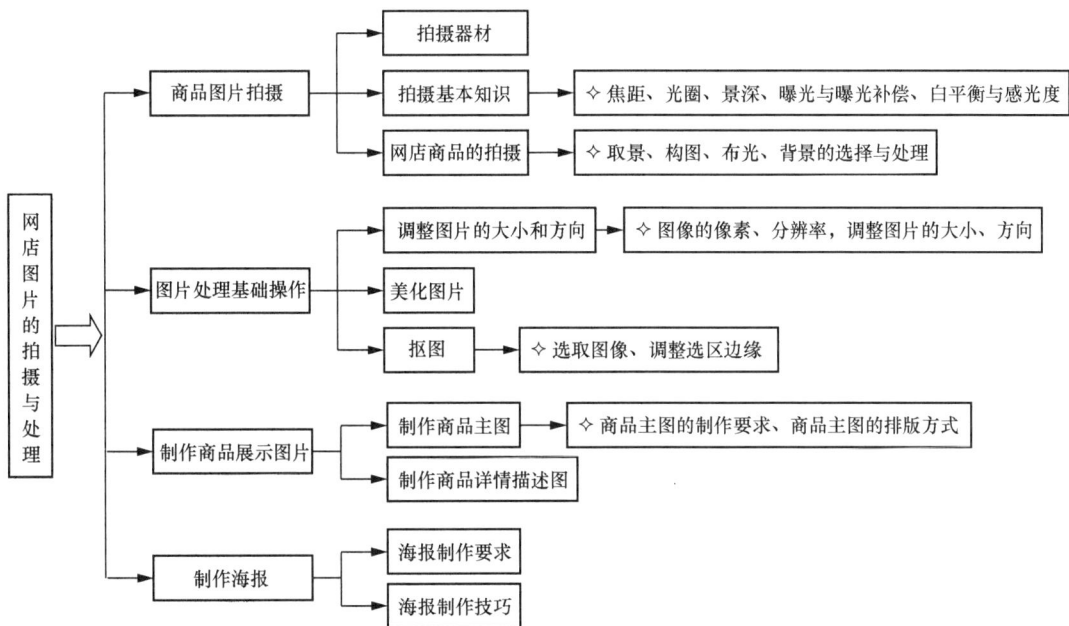

【学习目标】

1. 学会网店商品拍摄的基本技巧。
2. 了解网店图片的常见格式。
3. 掌握网店商品图片的基本处理方法。
4. 掌握网店商品主图、详情描述图及海报的构成要素及制作方法。

图片的拍摄与处理是商品发布、网店装修和营销推广的基础。商品主图、详情描述图、网店招牌、轮播图片和营销推广海报等都涉及图片的拍摄与处理。有视觉冲击力的高品质图片往往能大大提升目标客户的购买欲望。相反，质量差的图片会使商品或网店给目标客户留下负面印象。虽然图片质量并不能完全代表商品质量，但由于网店的虚拟性，许多买家都是通过网店中的图片来直观感受商品质量的。因此，图片处理是网店运营的一个重要环节。

本章主要介绍商品拍摄的基本技巧、商品图片的美化和海报的制作方法。图片处理软件有许多，如美图秀秀、光影魔术手和 Photoshop 等，鉴于 Adobe 公司出品的 Photoshop 软件是专业的图像处理软件，功能强大，因此本章以 Photoshop 为例讲解图片的处理方法。

4.1 商品图片拍摄

4.1.1 拍摄器材

网店商品拍摄是商业摄影的一种，属于光影技术的应用。常用的拍摄器材及设施包括相机、摄影灯、三脚架及摄影棚等。

相机是最常用的拍摄器材，单反数码相机由于在图像传感器、可更换镜头、响应速度、手控功能、附件等方面具有很大的优势，因此成为网店商品拍摄的常用工具。

光线对摄影来讲至关重要，用光是摄影技术的精髓。摄影灯是商品室内拍摄的常用辅助器材，按功能可分为主灯、辅助灯；按位置可分为前照灯、顶灯、侧照灯、背景灯。

三脚架的主要作用是稳定相机。拍摄网店商品时，一般一次要拍摄多件商品，需要经常调整相机参数和拍摄角度，通过三脚架可以提高拍摄的稳定性和效率。

摄影棚是用于拍摄摄影作品的特殊构筑物，网店摄影棚中一般有电动卷轴、背景布或背景墙、摄影台、摄影灯、柔光箱、四页遮光板、反光伞、柔光伞、反光板等辅助器材。

4.1.2 拍摄基本知识

1. 焦距

镜头是单反数码相机的"眼睛"，焦距表示单反数码相机镜头能清晰成像的范围，焦距为 35mm 的镜头为标准镜头，这种镜头可以清晰成像的视角范围与人眼的视角范围相似，为 40°～55°，标准镜头可以最大限度地还原物体。焦距小于 35mm 的镜头为广角镜头（小于 20mm 的镜头为超广角镜头），广角镜头的视角范围大于 60°，超出人眼的视角范围，广角镜头适用于拍摄宏大的场面，拍摄出来的照片具有纵深感及畸变和夸张效果。

2. 光圈

光圈是一个用来控制透过镜头进入机身投射到感光材料上的光量的装置，它通常位于镜头内。一般用 F 值表示光圈大小，光圈 F 值=镜头的焦距 f/镜头有效口径的直径。光圈可以控制镜头进光量的多少，光圈越大，进光量越多，光圈越小，进光量越少。常见的光圈值包括 F/1.4、F/2、F/2.8、F/4、F/5.6、F/8、F/11、F/16、F/22、F/32、F/44 和 F/64。大的 F 值代表开启了一个小的孔洞，而小的 F 值则代表开启了一个大的孔洞，即 F 值越小光圈越大，F 值越大光圈越小，如图 4.1 所示。

3. 景深

景深是指在镜头聚焦调节中，能清晰成像的最远部分和最近部分之间的距离。拍摄背景虚化的照片时，宜采用小景深；拍摄成套系列商品的照片时，宜采用大景深，以便将所有商品细节都清晰地呈现出来。景深与光圈的大小成反比，通过调整光圈的大小可以直接控制景深，光圈越大，景深越小。小景深照片和大景深照片的对比如图 4.2 所示。景深与焦距的大小成反比，焦距越大，景深越小。景深与物距的大小成正比，物距越大，景深越大。

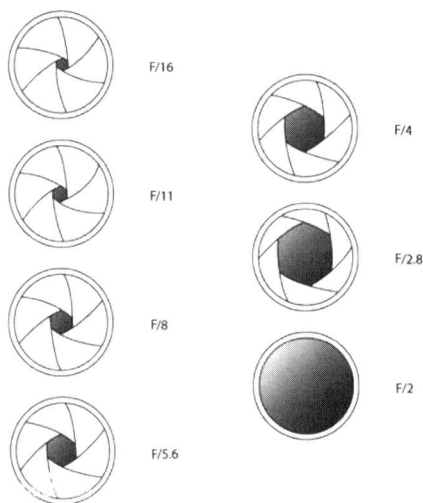

图 4.1 光圈大小与 F 值的关系

（a）小景深照片（主体突出，背景虚化）

（b）大景深照片（所有的物体都较清晰）

图 4.2 小景深照片和大景深照片的对比

4. 曝光与曝光补偿

曝光是相机中的感光材料受到光线照射的过程。如果有合适的光量通过镜头投射到感光材料上，就能得到一张曝光正确的照片；如果光量过少或过多，就会使照片曝光不足或曝光过度。实际操作中常通过光圈和快门来控制曝光，常用的曝光方式有手动曝光、光圈优先、快门速度优先、程序曝光、全自动曝光等，如图 4.3 所示。

曝光补偿是一种曝光控制方式，就是有意识地改变相机自动计算出的曝光参数，让照片更明亮或者更灰暗的拍摄手法。拍摄者可以根据自己的想法调节照片的明暗程度，创造出独特的视觉效果。当拍摄环境过亮或者过暗时，拍出的照片就会出现曝光过度或者曝光不足的情况，这两种情况都会导致拍摄主体的细节呈现不理想，这时就需要用到曝光补偿，通过手动调节曝光补偿值来增加或减少曝光量，使拍摄主体获得合适的曝光量，让画面达到最佳的亮度和对比度。曝光补偿值一般为 ±2～3EV，如图 4.4 所示，如果环境过暗，可提高曝光值（如调整为+1EV、+2EV），以使画面更清晰；如果环境过亮，可降低曝光值（如调整为-1EV、-2EV），避免曝光过度，以记录拍摄主体的更多细节。

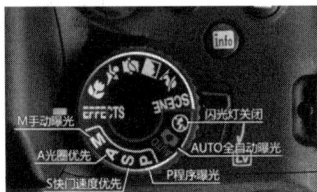

图 4.3 曝光方式

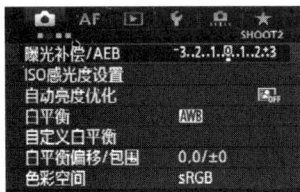

图 4.4 曝光补偿

5. 白平衡与感光度

物体呈现出的颜色受光源色彩的影响很大，人的大脑可以感知并更正光源引起的色彩改变，因此我们看到的白色物体都是白色的，然而不同数码相机拍出来的由不同光源产生的"白色"不尽相同，有的呈浅蓝色，有的呈黄色或红色。为了使最后拍出来的照片还原拍摄主体原本的色彩，即在最终的照片中，使白色物体能够呈现出人类肉眼所看到的正常的白色，数码相机就必须模仿人类大脑，根据光源来调整色彩，这种调整就叫作白平衡。

对数码相机来讲，感光度指感光材料对光线的敏感程度，一般用 ISO 值来表示。常用的 ISO 值有 50、100、200、400、800 和 1 000 等，感光度越低，感光材料对光线的敏感度越低，最终成像的亮度也越低；感光度越高，感光材料对光线的敏感度越高，最终成像的亮度也越高。低感光度一般在光线充足的情况下使用，高感光度一般在光线不足的情况下使用。

> **小贴士**
>
> 焦距、光圈、景深、曝光、白平衡、感光度与快门速度是摄影中的基本术语，有兴趣的读者可以通过网络学习相关知识（可从人邮教育社区本书页面中的资料下载处下载配套学习资料，其中有部分学习素材可供读者参考）。

4.1.3 网店商品的拍摄

网店商品拍摄的关键在于取景、构图、布光和背景的选择与处理。

1. 取景

要想拍出好的商品照片，取景是第一步。在按下快门之前，首先要明确拍摄的主体是什么，想要体现主体的哪些特点。取景的要点是"取、组、舍、布"。

（1）取。根据拍摄目的选取拍摄的主体和表现方式。

（2）组。将主体、背景和装饰进行合理组合，做到主次分明。

（3）舍。取景时要学会删繁就简，避免画面杂乱无章。

（4）布。适当布局，使主体和陪体在画面中分布得当。

2. 构图

构图也有基本的原理和方法，常用的构图方法有黄金分割法、三分法、对称法和疏密相间法等。

（1）黄金分割法。使用黄金分割法构图，画面的长宽比通常为 1:0.618，这一比例也称黄金比例，如图 4.5 所示。日常生活中有很多东西都采用这个比例，如电视屏幕、杂志等。画面几何中心右侧偏上的位置是放置拍摄主体的最佳位置，以此形成视觉中心。黄金分割线可以是横向的也可以是纵向的，即画面可以为上下结构或左右结构。

（2）三分法。三分法由黄金分割法引申而来，用两条横线、两条竖线把画面分为九等份，也叫九宫格法，中间四个交点成为视线的重点，也是构图时放置主体的最佳位置。这种构图方法并非要求必须使主体同时占据画面的四个交点，在这种画面中，主体占据任何一个交点都可以，如图 4.6 所示。

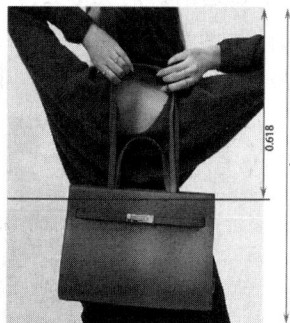

图 4.5　黄金分割法构图

（3）对称法。对称法是为了突出主体，在拍摄时将主体放在画面的中间，使画面左右基本均衡的构图方法，也称均分法。实际拍摄时为了防止画面显得过于呆板，往往使主体在对称之中略有偏移，如图 4.7 所示。

（4）疏密相间法。当我们需要在一个画面中摆放多个物体进行拍摄时，最好将它们摆放得错落有致、疏密相间。如图 4.8 所示，将被拍摄的水果切片适当地相连或相互交错，画面会显得更加紧凑、主次分明。

图 4.6　三分法构图

图 4.7　对称法构图

图 4.8　疏密相间法构图

3. 布光

光线分为自然光和人工光,具有强度、方向、色彩等属性。布光是指在室内外环境下,通过摄影灯改变光线的方向和强度,以对拍摄主体进行造型,从而达到拍摄要求。根据相机、拍摄主体与光源位置三者之间的关系,布光方式可分为顺光、逆光、侧光、前侧光、后侧光等,如图 4.9 所示。由于不同商品在结构、质地和表面肌理等方面各不相同,吸收光和反射光的能力也不同,根据不同质感商品表面对光线的反射情况,大致可以将其分为吸光体、反光体和透明体三种类型。针对这三种类型的商品,可以采用以下布光方式进行拍摄,从而达到较好的商品展示效果。

📖 **小贴士**

摄影用光的艺术魅力

(1)吸光体的布光方式。吸光体包括毛皮、布料、粗陶、橡胶、亚光塑料等,它们的表面通常是不光滑的,因此对光的反射比较稳定,即其固有色比较稳定、统一,而且这类商品自身的视觉层次通常也比较丰富。为了表现吸光体表面的层次和色彩,布光时以侧光、顺光、前侧光为主,如图 4.10 所示。

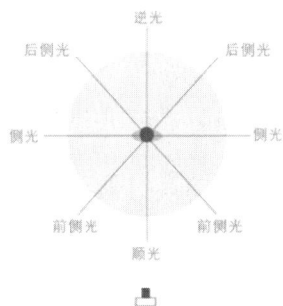

图 4.9　布光方式

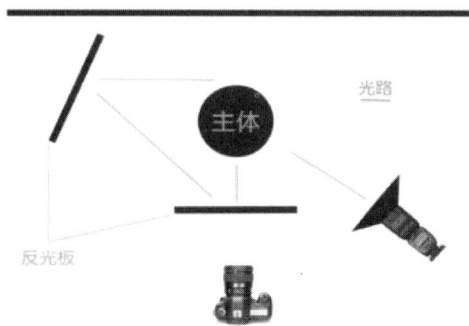

图 4.10　拍摄吸光体的布光方式

(2)反光体的布光方式。反光体的表面非常光滑,对光的反射能力比较强,所以拍摄反光体时一般要使其出现"黑白分明"的反差视觉效果。反光体多是一些表面光滑的金属饰品,或是没有花纹的瓷器。要想表现出反光体表面的光滑质感,要避免一个立体面中出现多个不统一的光斑或黑斑,最好的方法是采用大面积照射的光源或反光板照明,光源照射的面积越大越好,如图 4.11 所示。

大多数情况下,反光体表面因反光产生的白色线条可能并不均匀,但必须保持线条的统一性和渐变效果。为反光体布光的关键在于对反光效果的处理，特别是一些有着圆弧形表面的柱状和球状物体，在拍摄中通常要使用黑色或白色卡纸来打反光，以增强物体表面的立体感。

（3）透明体的布光方式。透明体表面非常光滑，能够自由地传导光线而不改变其特性，从而具有玲珑剔透的视觉效果。透明体大多是玻璃制品。在拍摄透明体前，需要设计拍摄方案，预估拍摄效果，拍摄时根据需要对每盏灯逐个进行测试，同时不断变换灯位，最终确定能产生最佳效果的布光方式，如图 4.12 所示。

图 4.11　拍摄反光体的布光方式　　　　图 4.12　拍摄透明体的布光方式

4. 背景的选择与处理

在商品拍摄中，背景在表现主体的线条结构，主体所处的环境、气氛、空间，画面的色调等方面有着重要的作用。由于背景的面积比较大，能够直接影响画面内容的表现，所以背景的好坏，在某种程度上决定着商品拍摄的成败。下面是选择与处理拍摄背景的技巧，在实际拍摄时要灵活运用。

（1）背景灯光的运用。在拍摄商品时，合理运用背景灯光能在一定程度上减少杂乱的灯光投影，同时也能更好地渲染和烘托主体。背景灯光的运用一般有两种形式：一种是将背景的亮度安排得很均匀，尽可能使背景中没有明暗的差异；另一种是将背景的光线效果布置成中间亮、周围逐渐暗淡，或上部暗淡、下部逐渐明亮的过渡效果。

（2）背景色的处理。背景色的设置应追求简约、清淡的视觉效果。背景色的冷暖关系、浓淡比例、明暗对比，都要以更好地突出主体为前提。黑色与白色在商品拍摄背景中使用广泛，黑白背景更能体现商品的品质，也有利于后期的图片处理。

（3）背景的虚化处理。在室外拍摄商品时，为了避免受到杂乱背景的影响，需要对背景进行虚化处理。处理的方法如下：一是采用中长焦距的镜头进行拍摄，利用这种镜头焦距长、景深小的特点，虚化背景；二是拍摄时尽量不用太小的光圈，以避免产生太大的景深；三是控制主体与背景之间的距离，以达到虚化背景的目的。

4.2　图片处理基础操作

通过相机拍摄的图片往往不能直接使用，还需要对其尺寸和颜色进行调整，甚至可以通过抠图操作更换背景。

4.2.1 调整图片的大小和方向

1. 调整图片的大小

不同相机拍摄的图片尺寸不等，但是网店用到的图片（如商品主图、商品详情描述图、轮播图片和各类活动广告图等）是有尺寸要求的。因此，在使用拍摄的图片时，应当对其大小进行调整。对图片大小进行调整时，如果结果图与原图宽高比例不变，可以用"图像大小"对话框进行调整，如果宽高比例发生变化，则需要对图片进行剪切或其他操作。

【例4.1】将素材文件"调整图片大小素材.jpg"中宽度为950像素的广告图的宽度调整为640像素。

（1）在Photoshop中打开原图，如图4.13所示。

图 4.13　原图

（2）按"图像"→"图像大小"的顺序点击，打开"图像大小"对话框，如图4.14所示，可以看到原图的大小是950像素×300像素，分辨率是72像素/英寸。

> **小贴士**
>
> **图像的像素、分辨率**
>
> 　　由相机或其他设备拍摄的图像都是位图图像。像素是构成位图图像的基本单元，我们若把图像放大数倍，就会发现图像的连续色调其实是由许多色彩相近的小方块组成的，而这些小方块就是像素。一张图像中像素越多，其颜色也就越真实。
>
> 　　图像的分辨率是指图像中存储的信息量，即每英寸图像内有多少个像素点，通常以像素/英寸（Pixels per Inch，PPI）为单位。为了能够在计算机及手机等设备上正确显示，一般网络图片的分辨率可设置为72像素/英寸。

（3）将宽度设置为640像素，如图4.15所示，则高度自动调整为202像素，宽高比例没有发生改变，这是因为已约束宽高比例。

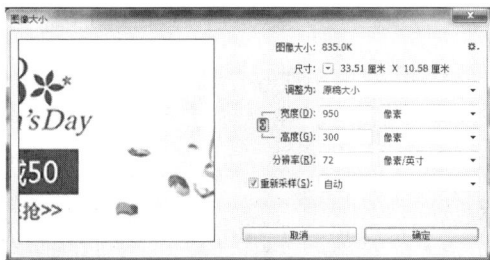

图 4.14　原图的大小

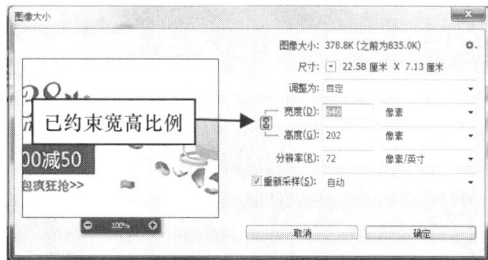

图 4.15　调整大小

（4）将图片另存为新文件，注意文件格式选择为JPEG格式。

2. 调整图片的方向

【例 4.2】调整素材文件"调整图片方向素材.jpg"的方向，使商品包装盒呈现竖向平放的效果，并且将图片剪切为 800 像素×800 像素。

（1）在 Photoshop 中打开原图，如图 4.16 所示，可以看出图中的商品包装盒是横向放置的。

（2）按"图像"→"图像旋转"→"逆时针 90 度"的顺序点击，如图 4.17 所示，旋转后的效果如图 4.18 所示。

（3）原图是用手机拍摄的，它的大小是 3 968 像素×2 967 像素，需要修改尺寸才可以使用。商品主图一般可以设置为 800 像素×800 像素，我们可以通过裁剪工具对其进行修改。点击裁剪工具，切换到裁剪工具，并在裁剪工具选项栏中将宽度和高度都设置为 800 像素,分辨率设置为 72 像素/英寸，如图 4.19 所示。

调整图片方向
原图

操作视频

图 4.16　原图

图 4.17　旋转操作

图 4.18　旋转后的效果

图 4.19　裁剪工具及其选项栏设置

（4）调整裁剪框至合适的大小和角度（如图 4.20 所示），然后按回车键即可完成裁剪，裁剪后的效果如图 4.21 所示。

（5）将图片另存为新文件。

图 4.20　调整裁剪框

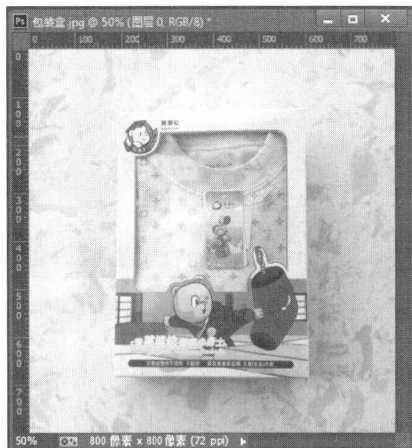

图 4.21　裁剪后的效果

4.2.2　美化图片

由于光线、设备等的问题，拍摄好的图片有可能会出现颜色失真的情况，如图片比较暗、图像不够清晰、偏色等。虽然是实物拍摄，但效果却与实际看到的有偏差，这时就需要对图片进行美化，最大限度地还原商品的真实情况，通常要对色阶、曲线、亮度/对比度、色相/饱和度、锐化、模糊等进行调整。

【例 4.3】对素材文件"美化图片素材 1.jpg"进行亮度调整和背景虚化。

（1）在 Photoshop 中打开商品原图，如图 4.22 所示，发现这张图偏暗，背景杂乱。我们可以调整其亮度，并将背景进行虚化处理。

（2）按 Ctrl+J 组合键，复制当前图层。按"图像"→"调整"→"曲线"的顺序点击，打开"曲线"对话框，如图 4.23 所示，在曲线上点击添加控制点并向上拖动，可以看到图片亮度提高，点击"确定"完成。

（3）选择磁性套索工具 ，将羽化值设为"10 像

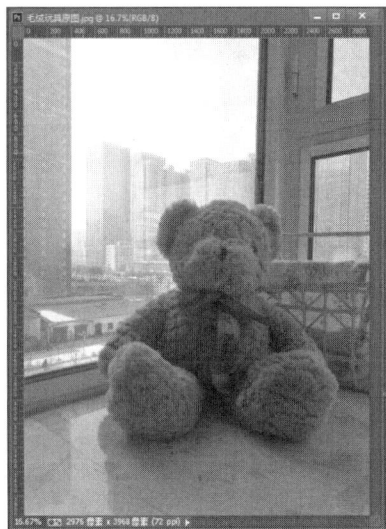

图 4.22　原图

素"，利用该工具圈选图片中的小熊，然后按"选择"→"反选"的顺序点击，进行反选，如图 4.24 所示。

（4）按"滤镜"→"模糊"→"镜头模糊"的顺序点击，如图 4.25 所示，在打开的"镜头模糊"对话框中，将半径调大，如图 4.26 所示，然后点击"确定"。

（5）按"选择"→"取消选择"的顺序点击，取消选区，

美化图片-亮度调整和背景虚化
原图　　　操作视频

此时背景虚化，小熊更加突出，最后将图片另存为新文件。

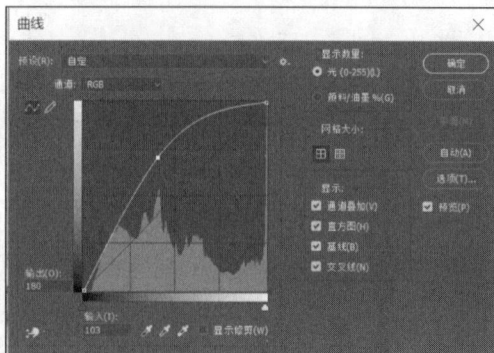

图 4.23 调整亮度

图 4.24 圈选小熊并反选

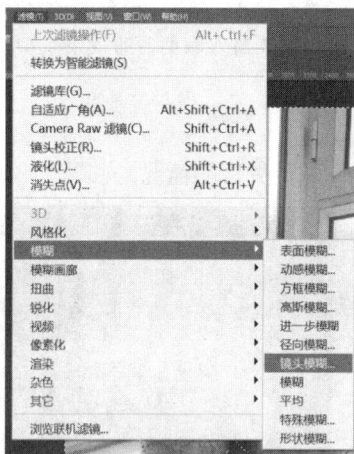

图 4.25 镜头模糊滤镜

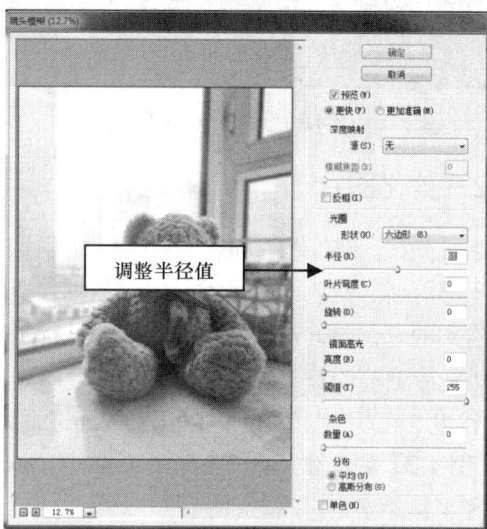

图 4.26 调整半径

美化图片-校正颜色等

原图　　　操作视频

【例 4.4】校正素材文件"美化图片素材 2.jpg"的颜色，并调整该图的亮度和清晰度，然后修复该图右侧的瑕疵。

（1）在 Photoshop 中打开原图，如图 4.27 所示，可以看到图片颜色偏黄、商品边缘不够清晰，且右侧有一些瑕疵。

（2）调整亮度/对比度。按"图像"→"调整"→"亮度/对比度"的顺序点击，打开图 4.28 所示的对话框，将亮度和对比度下面的滑块都向右滑动，提高图片的亮度和对比度。

（3）调整清晰度。按"滤镜"→"锐化"→"USM 锐化"的顺序点击，如图 4.29 所示。在图 4.30 所示的对话框中对半径和数量进行调整，然后点击"确定"，通过提高图像边缘的对比度而使图片变得清晰。

（4）颜色校正。打开"曲线"对话框，选择蓝色通道，向上拖动曲线，如图 4.31 所示，这样就给图片增加了蓝色，由于蓝色与黄色是互补色，所以该操作相当于削减了图片的黄色。调整后如果图片还有点偏红，可以将红色通道的曲线稍微向下拖动来削减图片中的红色。

图 4.27　原图

图 4.28　调整亮度

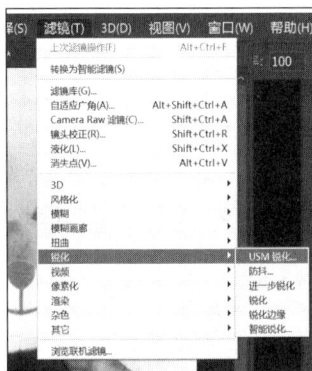

图 4.29　通过锐化调整清晰度

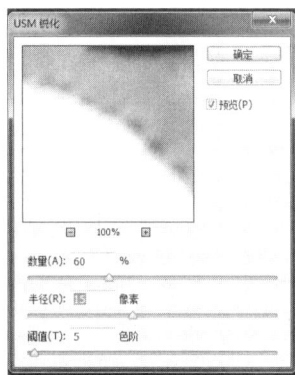

图 4.30　设置锐化滤镜相关属性值

图 4.31　偏色调整

（5）瑕疵修复。图片中如果有多余的杂物，可以用修补工具、仿制图章工具或内容识别填充等进行修复。本例用修补工具 ![icon] 圈选瑕疵部分，如图 4.32 所示，将选区拖动至上方没有瑕疵的区域，完成修复，效果如图 4.33 所示。然后按 Ctrl+D 组合键撤销选区。

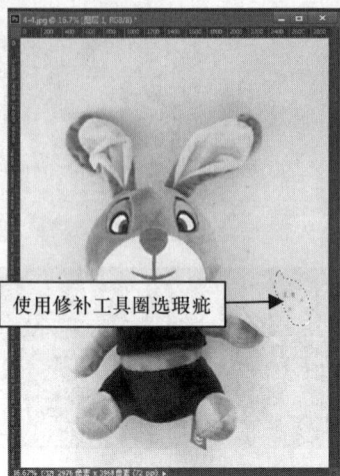

使用修补工具圈选瑕疵

图 4.32　使用修补工具去掉瑕疵　　　　　　　图 4.33　效果图

（6）保存修改好的图片。

📖 **小贴士**

RGB 颜色模式下的互补色

　　网络图片的一般颜色模式是 RGB，由红（R）、绿（G）、蓝（B）三原色构成。而红、绿、蓝三原色两两混合，可以形成黄、青、品红三种二次色。其中，红色与青色互补、绿色与品红色互补、蓝色与黄色互补。

　　可以用曲线、色彩平衡、可选颜色等命令调整图片的颜色。在调整的过程中可以灵活应用互补色原理。例如，如果想给图片增加黄色，可以通过削减蓝色来实现，也可以通过增加红色和绿色来实现。

4.2.3　抠图

　　在制作图片时，经常需要将商品图案从原图中单独抠出，以进行更换背景、合成图像等操作。抠图的方法有很多，如使用基本选取工具抠图、使用钢笔工具抠图、使用通道抠图等，卖家可根据图片的具体情况选择合适的方法。

　　1．选取图像

　　【例 4.5】将素材文件"抠图素材 1.jpg"的背景换成白色背景。

　　（1）在 Photoshop 中打开"抠图素材 1.jpg"，使用多边形套索工具 选取其中的商品包装盒图案，如图 4.34 所示。

　　（2）按 Ctrl+J 组合键，将选中的区域复制到新的图层，图 4.35 中的"图层 1"为复制的图层。

抠图-选取图像
原图　　　　操作视频

图 4.34　原图

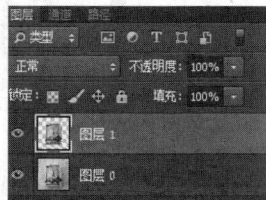

图 4.35　复制的图层

（3）选中"图层 0"，设置当前背景色为"白色"，按 Ctrl+Delete 组合键填充背景色，效果如图 4.36 所示。

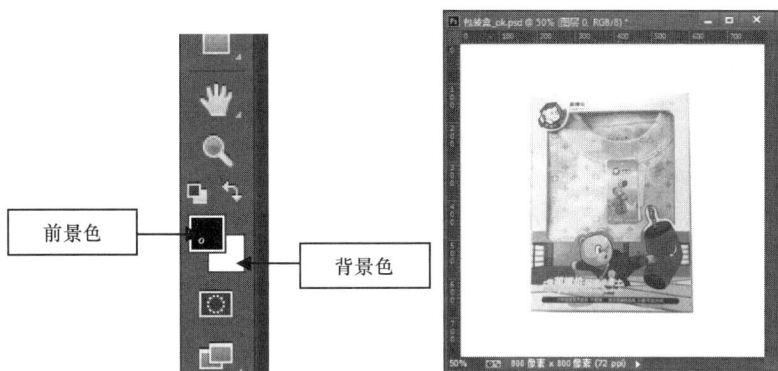

图 4.36 将图层 0 的背景色设置为白色

（4）将背景色换成白色后，保存图片。

📖 **小贴士**

颜色的填充

颜色填充有两个快捷键，按 Ctrl+Delete 组合键填充的是背景色，按 Alt+Delete 组合键填充的是前景色。这两个快捷键对于形状图层、像素图层、文字图层都有效。

可以按 X 键互换前景色、背景色，也可以按 D 键将前景色和背景色设置成常用的颜色。

---

2. 调整选区边缘

【例 4.6】利用快速选择工具和磁性套索工具对边缘分界比较明显的图片"抠图素材 2.jpg"进行抠图操作。

（1）在 Photoshop 中打开素材文件"抠图素材 2.jpg"，如图 4.37 所示。选择快速选择工具 ，在商品图案上点按或拖动，创建选区，如图 4.38 所示。

（2）按住 Alt 键将选区运算变为减去选区，同时用磁性套索工具或快速选择工具将多余的选区减去，如图 4.39 所示。

抠图-调整选区边缘
操作视频

图 4.37 原图　　　　图 4.38 创建选区　　　　图 4.39 将多选的选区去掉

（3）点击图 4.39 所示选项栏中的 选择并遮住… ，对选区边缘进行调整，如图 4.40 所示，将"视图"设为白底图，这里可以发现抠图的边缘有几处不平滑。

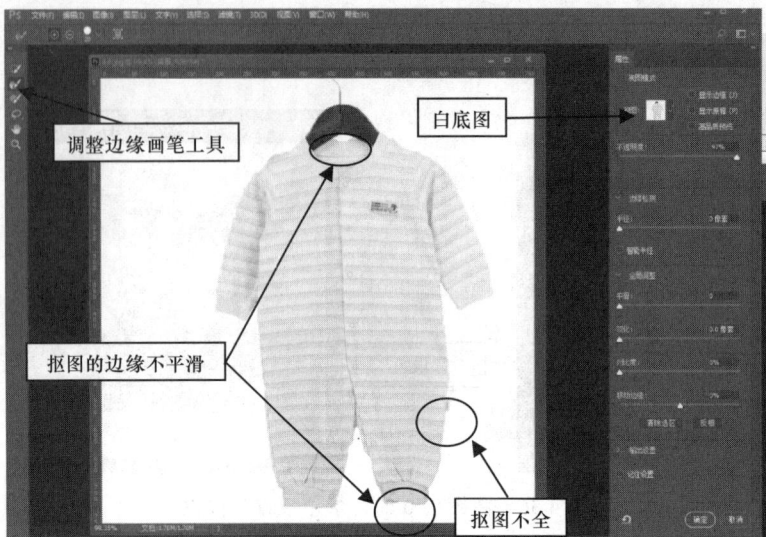

图 4.40　对选区边缘进行调整

（4）选择调整边缘画笔工具，将半径值调到 3，如图 4.41 所示，系统会自动在半径区域内检测并调整选区边缘，可以发现原本边缘不平滑的区域已经得到改善；对于选取不够完整的区域，可以利用左侧的调整边缘画笔工具进行涂抹，系统会自动在半径范围内调整选区边缘，调整完毕后点击"确定"。

图 4.41　调整边缘相关属性

（5）按 Ctrl+J 组合键将选区复制到新图层，隐藏背景图层，然后将商品图片存储为 PNG 格式。

4.3　制作商品展示图片

网店中的图片主要包括商品主图、详情描述图等。

4.3.1 制作商品主图

商品主图可以将商品的外观、细节及卖点等以图片的形式呈现给买家。发布商品时，可以上传五张商品主图，其中，第五张要求是商品正面图，系统会自动将其转变为白底图。由于第一张商品主图将呈现在商品搜索页面，该主图的制作应尽量将商品的卖点及促销信息充分展示，以吸引买家点击，我们也称其为营销型主图。本节将重点介绍第一张商品主图的制作。

1. 商品主图的制作要求

商品主图一般由商品图、文字及背景构成。在制作商品主图时，要注意以下几点。

（1）商品主图格式为 JPG，尺寸要求大于 700 像素×700 像素，一般制作为 800 像素×800 像素。

（2）商品主图的核心是商品，商品主图应为实物拍摄图。商品主图一定要清晰显眼，其中商品的面积占比至少应为 30%。

（3）商品主图可以添加 Logo、促销文字等元素，这些元素的布局和色彩搭配是非常重要的。Logo 一般放置在商品主图的左上角。商品的卖点可以通过文字或者特效来体现，文字要简洁明确。

2. 商品主图的排版方式

在制作商品主图时，为了使商品清晰、卖点突出，一定要选择合适的排版方式，合理安排商品图和文案。商品主图的排版方式主要有上下结构、左右结构、对角线结构和环绕结构四种。

（1）上下结构。上下结构的排版方式最为常见。该排版方式通常是中央放置商品图，上方或下方放置文案，如图 4.42（a）所示。

（2）左右结构。左右结构的排版适用于竖版商品图。该排版方式通常是左文右图或者左图右文，如图 4.42（b）所示，制作左右结构的图片时须注意文案的层次要清晰。

（3）对角线结构。对角线结构的排版方式适用于细长型的商品，如雨伞、钢笔等，如图 4.42（c）所示。

（4）环绕结构。环绕结构的排版是将商品放在画面的中心，文案围绕商品展示，通常适用于文案较多的情况，如图 4.42（d）所示。

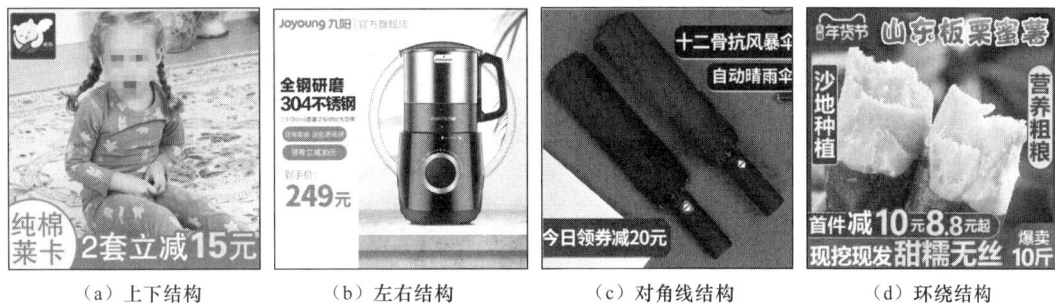

| （a）上下结构 | （b）左右结构 | （c）对角线结构 | （d）环绕结构 |

图 4.42　主图排版方式

在实际应用中，除了上述四种基本排版方式外，也可以根据商品主图拍摄的具体情况调整排版方式，或者将其中几种方式混合使用。

【例4.7】利用给定的素材图"商品主图素材.jpg"，添加商品卖点及促销信息，制作商品主图。

（1）在 Photoshop 中新建一个尺寸为 800 像素×800 像素、分辨率为"72 像素/英寸"、颜色模式为"RGB 颜色"的图片。

（2）将商品素材图"商品主图素材.jpg"置入，并调整其大小和位置，使其居中，如图 4.43 所示。

（3）对商品图进行亮度调整和锐化处理，使得红豆颗粒饱满的特征更加突出。

（4）选择矩形工具，设置填充色为"672028"，绘制尺寸为 800 像素×150 像素的矩形。输入商品卖点"偏关特产 颗粒饱满 皮薄易煮"，设置字体为"黑体"，字号为"36px"，如图 4.44 所示。

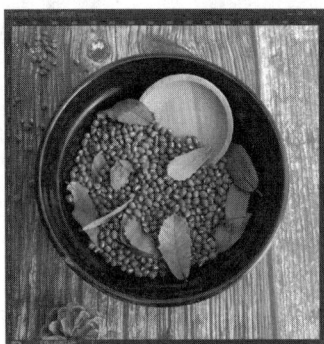

制作商品主图
操作视频

图 4.43　置入商品图并调整大小和位置　　　图 4.44　添加矩形和文字

（5）选择椭圆工具，设置填充色为"e7bf8b"，绘制直径为 300 像素的圆形并移动到画布左下方，使其只显示扇形区域。利用文字工具输入"促销价¥8.8"，将文字放置在扇形中，并调整各图层位置，如图 4.45 所示。

（6）选择圆角矩形工具，设置填充色为"d1c7bb"，绘制宽度为 400 像素、高度为 50 像素、半径为 25 像素的圆角矩形。利用文字工具输入"红小豆 500g/袋 真空装"，将文字放置到圆角矩形中，并调整各图层位置，如图 4.46 所示。

图 4.45　添加圆形状和商品价格　　　　　图 4.46　添加圆角矩形和商品规格

（7）保存图片。

4.3.2　制作商品详情描述图

当买家搜索并点击商品时，就会进入商品的详情描述页面。详情描述图用于向买家介绍商品的详细信息，包括商品有哪些活动、商品的展示图、参数说明、售后服务等。卖家制作详情描述图时需要从运营和美工两个角度分析问题，既要思考如何清楚地向买家展示商品和店铺的优势，又要考虑如何把页面设计得美观。

商品类型不同，其详情描述图的内容也不一样。卖家要了解商品的特性和卖点，根据买家的心理需求，制作商品详情描述图，促进商品的销售。

一般来说，商品详情描图述应当包含以下内容。

（1）商品基本信息，包括商品的品牌、名称、规格尺寸、成分及含量等。

（2）商品实拍，展示商品的实际效果。如果商品是服装，商品实拍图可以是模特图、各种角度和各种颜色的商品效果图等。

（3）细节展示，展示商品各部位细节。以服装为例，可以展示面料、领口、袖口、图案、纽扣等细节。

（4）服务，展示商品售后说明及服务内容。

【例4.8】为儿童内衣制作详情模板，包括商品基本信息、商品实拍、细节展示等。

（1）在 Photoshop 中新建一个尺寸为 750 像素×1 000 像素、分辨率为"72 像素/英寸"的图片，将背景色设为"f2ebe5"。

（2）新建圆角矩形，作为标题背景框，其宽度为"400 像素"，高度为"60 像素"，圆角半径为"29 像素"，填充色为"997138"。并用文字工具输入文字"产品信息|PRODUCT INFORMATION"，汉字字体用"微软雅黑"，字号为"32 像素"，英文字体用"Times New Roman"，字号为"18 像素"，文字颜色为"白色"，将文字在圆角矩形内居中对齐，如图 4.47 所示。

（3）用圆角矩形工具绘制圆角矩形区域，其填充色为"白色"，宽度为"700 像素"，高度为"450 像素"，用于展示商品基本信息，如图 4.48 所示。

图 4.47　制作标题

图 4.48　制作商品信息区域背景

（4）将商品图片素材文件"详情模板（1）.png"置入，放在圆角矩形内左侧，如图 4.49 所示。

（5）在商品图片右侧利用矩形工具创建矩形，填充色为"黑色"，不要描边。新建文字图层，输入文字"基本信息"，字体为"微软雅黑"，字号为"16 像素"。然后，利用文字工具输入"商品品牌""商品名称""商品货号""商品颜色""商品面料"等信息，字体为"微软雅黑"，字号为 16 像素，颜色为"754a14"，如图 4.50 所示。

（6）选中基本信息涉及的图层，按 Ctrl+G 组合键将这些图层合并成一个组，命名为"基本信息"。选中"基本信息"组，按 Ctrl+J 组合键复制该图层组，将复制好的图层组名改为"相关指数"，并将该组整体向下移动。然后修改"相关指数"图层组中的文字，将"基本信息"改为"相关指数"，将"商品品牌"等分别改为"厚度指数""柔软指数""弹力指数"，如图 4.51 所示。

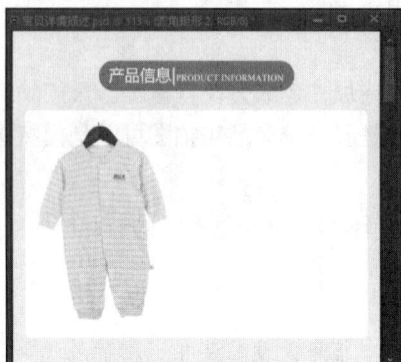

图 4.49　置入商品图片

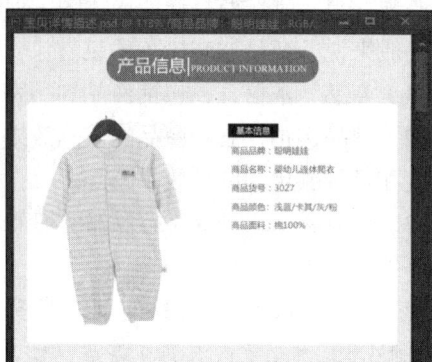

图 4.50　输入商品基本信息

（7）利用直线工具绘制一条直线，粗细为"2 像素"，颜色为"a97e45"，再复制两条直线，对这三条直线进行排列。在线条下面分别新建文字图层，输入厚度、柔软、弹力各项指数，字体为"微软雅黑"，字号为"12 像素"。使用多边形工具绘制三角形图标，宽度为"14像素"，高度为"12 像素"。将该三角形图标复制两个，然后将三个三角形图标移动到合适的位置，如图 4.52 所示。

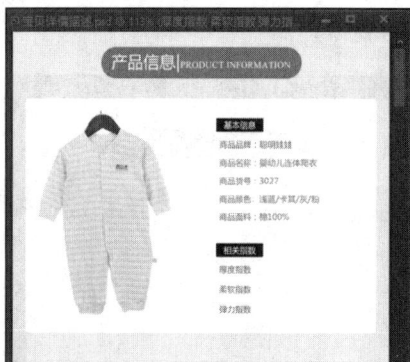

图 4.51　输入相关指数文字信息

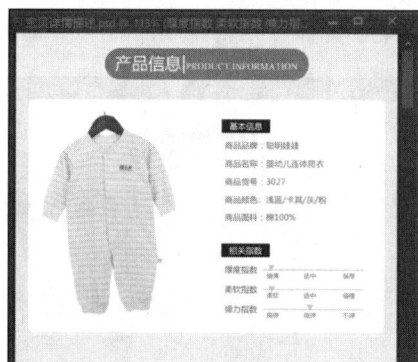

图 4.52　绘制横线及三角形图标

制作详情模板操作步骤

（8）选中产品信息涉及的图层，按 Ctrl+G 组合键将其合并成组，命名为"产品信息"。这样，关于产品信息的模块就制作完成了。

（9）使用同样的方法制作"商品实拍"和"细节展示"等模块，此处不再赘述，具体操作步骤和效果图可扫描"制作详情模板操作步骤"二维码查看。

当商品详情模板制作完成后，每件商品的详情描述图都可以在此模板上进行编辑，一般只需替换相应的商品图片和文案即可。

需要注意的是，由于计算机屏幕较大，详情描述图可以传递的信息较多，而手机端屏幕较小，在制作手机端商品详情描述图时要将颜色设置得鲜艳些、字号设置得大些，并且文字要尽量少，以突出商品主体。

4.4 制作海报

淘宝网店首页海报是网店风格和形象的一个展示窗口，也是店内营销活动的有效宣传媒介。网店海报做得好，可让买家驻足，并继续关注网店。

4.4.1 海报制作要求

一般来说，海报由三大要素构成，分别是商品、背景和文案。一张优秀的海报，应当做到商品突出、信息明确和画面美观。

1. 商品突出

商品图是整张海报的核心，是最能吸引买家眼球和引导买家购买商品的要素。商品图包括商品主体图及配件图，也可以是模特展示图或明星代言图。选用商品图的时候，要注意商品的清晰度和拍摄角度，商品图要尽可能全面地展示商品。如果商品图通过抠图产生，则一定要保证抠图质量，通常可以利用选取工具和边缘调整相结合的方式进行抠图。对于边缘要求清晰的商品图，可以通过钢笔和路径工具进行抠图。

2. 信息明确

无论是商品海报还是活动海报，文案是传达信息最有效的要素。为了使信息能够快速准确地传达，文案内容要简洁明了、重点突出；文案排版要整齐统一，通常采用左对齐、居中对齐或右对齐等方式；文案内容较多时，可以对文案进行分组，运用字体和大小对比、颜色对比及添加形状背景等方式突出重要的信息。

3. 画面美观

要想使海报画面美观，就要考虑海报的排版和色彩搭配。

（1）网店海报的版式有横版和竖版，一般横版海报可用于电脑端和手机端的网店，常见的排版方式是左右结构和中轴结构，如图 4.53 所示；而竖版海报多用于手机端网店，以上下结构和中轴结构的排版方式为主，如图 4.54 所示。

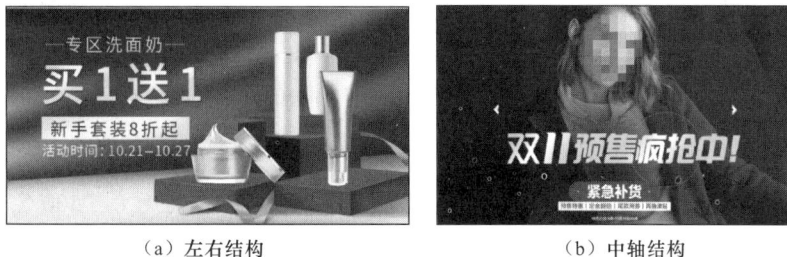

（a）左右结构　　　　　　　　　　　　（b）中轴结构

图 4.53　横版海报的排版方式

（2）制作海报时，还应当注重色彩的搭配。色彩搭配有两个目的，一是使画面协调，视觉效果好；二是通过色彩对比突出画面的焦点，吸引买家关注。

图 4.54　竖版海报的上下结构排版方式

4.4.2　海报制作技巧

1. 利用文字和图形对画面进行装饰

在制作海报时，如果画面比较单调，可以利用文字或图形来充实画面。文字不仅仅是传达信息的工具，也经常被用作装饰画面的一种手段，比如降低文字透明度并将其作为背景、采用花式字体作为装饰元素等。

图形在设计电商海报时也经常会用到，对某一图形进行重复排布或旋转后，可以将其作为海报的背景图案，使画面丰富多彩；也可以将某一图形进行大小变化、色彩变化、角度变化后作为画面的装饰元素，增添画面的场景感。

2. 利用形状分割背景

为了使海报画面整洁美观，可以采用画面分割的方式将文案与商品进行分割，以突出海报重点。分割的方法通常有矩形分割、椭圆形分割及多边形分割等，如图 4.55 所示。

（a）矩形分割　　　　　　　　　　　　　　　（b）椭圆形分割

图 4.55　利用形状分割背景的方式

【例 4.9】利用给定的商品图片，制作一张儿童内衣广告图。

（1）在 Photoshop 中新建一个文件，宽度为"1 920 像素"，高度为"500 像素"，分辨率为"72 像素/英寸"，颜色模式为"RGB"。

（2）将背景色设置为"fcede3"。

（3）利用文字工具输入"SOFT AND COMFORTABLE"，字体为"微软雅黑"，样式为"bold"，字号为"230 像素"，图层透明度为"40%"，颜色为"白色"，如图 4.56 所示。

图 4.56　制作图片背景

（4）将给定的商品图片素材文件"广告素材（1）.png""广告素材（2）.png""广告素材（3）.png"分别置入，调整大小，并将其对齐，如图 4.57 所示。

图 4.57　置入并调整商品图片

（5）输入文字"精梳棉"，字体为"华文细黑"，字号为"80 像素"，颜色为"efb209"；输入文字"儿童内衣套装"，字体为"华文细黑"，字号为"60 像素"，颜色为"104474"；输入文字"亲肤舒适/细腻做工/安全健康"，字体为"华文细黑"，字号为"40像素"，颜色为"65a1da"；输入文字"点击查看>>"，字体为"微软雅黑"，字号为"32 像素"，颜色为"d72020"，如图 4.58 所示。

图 4.58　输入文字信息

（6）在"亲肤舒适/细腻做工/安全健康"下面绘制一条直线，颜色为"8dbddf"；将"点击查看"的颜色调整为"白色"，并绘制圆角矩形作为其背景，将圆角矩形的颜色设为"c5452b"。之后将文字对齐，如图 4.59 所示。

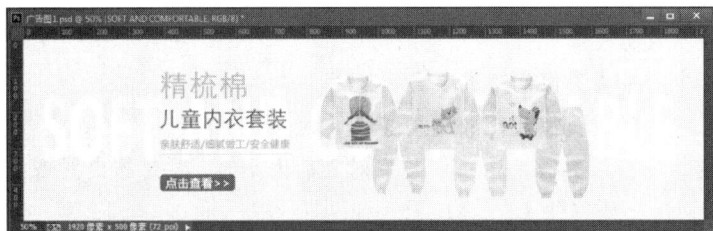

图 4.59　美化文字

（7）将图片分别保存为 PSD 格式和 JPG 格式。

本章小结

网店图片的品质会直接影响买家对网店的印象，因此卖家必须重视图片的拍摄与处理。本章主要介绍了图片拍摄、图片处理基础操作，以及商品主图、详情描述图和海报的制作要求和方法。

商品图片的处理通常会涉及修改尺寸、调整色彩、添加文字、抠图、图片瑕疵修复及更换背景等操作。

商品图片的制作包括商品主图、详情描述图、海报的制作等内容。

本章是基于 Photoshop 进行操作的，为了提高图片处理效率，多处采用快捷键进行操作，初学者也可以通过鼠标选取菜单命令进行操作，以后再熟练掌握快捷键的使用。

课后习题

一、名词解释

焦距　光圈　景深　白平衡　感光度　曝光　像素　图像分辨率　营销型主图

二、单项选择题

1. 下列说法正确的是（　　）。

   A. PSD 格式文件不是图片文件　　　　　B. JPG 格式文件是压缩图片文件

   C. PNG 格式文件可以是动画　　　　　　D. GIF 格式文件可以是半透明图片

2. 用 Photoshop 编辑一个图片文件，当用文字工具添加文字图层后，再分别保存为下列文件名后仍存在文字图层的文件是（　　）。

   A. 1.bmp　　　　　B. 1.gif　　　　　C. 1.jpg　　　　　D. 1.psd

3. 在淘宝网上传商品图片时，下列图片格式中，（　　）格式图片是不能上传的。

   A. JPG　　　　　B. PNG　　　　　C. GIF　　　　　D. BMP

4. 在制作商品图片时，如果图片有点歪斜，要想将其调正，以下操作可行的是（　　）。

   A. 调整画布大小　　　　　　　　　　　B. 裁剪

   C. 调整图像大小　　　　　　　　　　　D. 调整亮度/对比度

5. 将一个 PNG 格式的图片文件转换成 JPG 格式之后，可能会发生的情况为（　　）。

   A. 图片更亮

   B. 文件容量变大

   C. 图片中的半透明像素变成不透明像素

   D. 图片中的半透明像素变成完全透明像素

6. 在利用自由变换工具改变图层中某一对象的大小时，要想等比例缩小对象，在拖动对角的调整权柄的同时，须按住（　　）。

   A. Shift 键　　　　　B. Tab 键　　　　　C. Alt 键　　　　　D. Ctrl 键

7. 对于图片大小的修改，以下说法正确的是（　　　）。

    A. 图片的像素只建议改小，不建议改大，因为改大会导致图片模糊

    B. 将图片的尺寸改大或改小，不影响其效果

    C. 只建议将小图改成大图，不建议将大图改成小图

    D. 只能剪切，不能改大小

8. 要想整体缩小商品图片的尺寸，可以使用 Photoshop 的（　　　）操作。

    A. 抠图　　　　　　　B. 缩放　　　　　　　C. 旋转　　　　　　　D. 图像大小调整

9. 当我们发现拍摄出来的图片灰暗、曝光不足，想通过后期处理改变这一情况时，可以选择的操作方式是（　　　）。

    A. 调整→色彩平衡　　　　　　　　　B. 调整→亮度/对比度

    C. 图像→颜色模式　　　　　　　　　D. 饱和度

10. 商品详情页主图在（　　　）的尺寸下可以自动启用放大镜功能。

    A. 210 像素×210 像素　　　　　　　B. 100 像素×100 像素

    C. 50 像素×50 像素　　　　　　　　D. 800 像素×800 像素

三、判断题

1. 网店图片的分辨率一般可以设置为 300 像素/英寸。（　　　）

2. 商品主图可以是长方形的，也可以是圆角矩形的。（　　　）

3. 商品主图宽 1 000 像素、高 1 000 像素以上，才可以自动启用放大镜功能。（　　　）

4. 曲线命令不仅可以调整图片的亮度，还能调整图片的颜色。（　　　）

5. 如果商品详情图片太长，可以对其进行剪切处理。（　　　）

四、简答题

1. 商品按其表面对光线反射的程度不同可分为哪些类型？拍摄时布光应注意哪些问题？

2. 当发现用相机拍摄的图片与实物有色差时，可以采用哪些方法进行调整？

3. 以服装商品为例，分析商品详情描述模板一般包含的内容。

4. 电脑端商品详情页与手机端商品详情页的制作有什么区别？

5. 商品海报一般包含哪些内容？

实训任务 ▰▰▰▰▰▰▰▰▰▰▰▰▰▰▰▰▰▰▰▰▰▰▰▰▰▰▰▰▰▰▰▰▰

实训任务一：网店商品拍摄

1. 搜集日常生活中吸光体、反光体、透明体各一个，借助台灯、自制摄影棚等分别拍摄三张照片，总结不同材质表面物体的拍摄方法。

2. 搜集多个商品包装小盒、文具等物品，将这些物品组合起来，从不同角度拍摄，注意观察物品的摆放对构图的影响。

实训任务二：处理商品图片

1. 将实训任务一拍摄的商品图片进行处理，为其中一款商品制作主图，要求尺寸为 800

像素×800 像素，颜色尽量与实物保持一致。

2. 制作商品详情描述模板。

实训任务三： 制作海报

为某个网店制作尺寸为 1 920 像素×500 像素的商品海报。

📖 **视野拓展** ═══════════════════════════════

10 个大师级 产品拍摄技巧	如何做好主图	配色有趣且 有用的小技巧	详情页首图设计 实用技巧

第 5 章　网店装修

【知识框架】

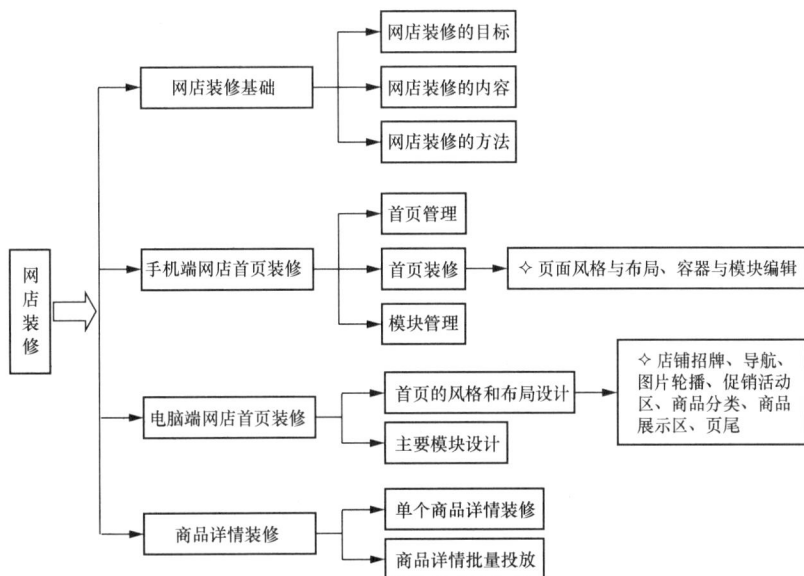

【学习目标】

1. 了解网店装修的主要内容。
2. 学会手机端网店首页和电脑端网店首页的装修。
3. 学会商品详情的装修。

电子商务时代，由于网络的虚拟性，图片、文字及视频成为展示商品与传达信息的主要途径，因而视觉因素在交易过程中起到的作用是非常重要的。网店装修的好坏会直接影响买家对网店的第一印象，专业、美观的网店页面不但能为网店的商品加分，还能增加买家对网店的信任。

5.1　网店装修基础

5.1.1　网店装修的目标

对于网店而言，装修的目标是要能够体现本网店的风格，方便买家浏览与购买，为买家带来良好的购物体验，使买家对网店产生认同感和信任感。网店的视觉元素主要体现在网店整体规划设计、页面布局、广告焦点图设计、商品主图及商品详情页设计等方面。当网店招牌、导航、布局及陈列方式体现出一定特色时，买家会对网店产生好感与信任，进而愿意去了解店内的商品。如果店内的商品能够充分满足买家的需求，就会促使其产生购买行为，购物体验良好的买家甚至会成为网店的忠实客户。

　　网店装修时主要考虑的是网店的风格和布局、商品展示和浏览体验。首先，网店装修要风格统一、布局整齐。网店风格指的是网店中文字、图片及颜色的搭配，布局指的是各模块的位置安排。在风格上要注意颜色搭配协调，与企业标志的主体颜色一致，商品拍摄时模特要统一；布局要注意整齐大气。其次，商品展示要明确。店内商品的分类要清晰，和实体店一样，要让买家可以快速、准确地找到需要的商品。网店装修要保证易于浏览与查找商品。导航要设置各个分类、主推商品、促销活动等栏目，设置商品分类模块时要从商品的类别、价格、新旧款等多维度进行分类，合理的分类与导航设计不仅能够提高商品的浏览率，而且还可以给买家带来良好的浏览体验。

5.1.2　网店装修的内容

　　网店装修的内容包括首页、活动页及商品详情页。首页是网店的门面，可引导买家找到需要的商品，可以使买家对网店有直观的了解；首页的海报、公告能够让买家迅速获取店内的促销信息，并引导其进入活动页面。活动页通过活动海报营造促销氛围，介绍活动内容及商品，引导买家参与活动。商品详情页主要用来展示商品的具体信息，让买家对商品的基本属性、销售情况及评价信息有充分的了解。

　　卖家通过千牛卖家中心的"店铺"→"店铺装修"，可以进入店铺装修页面，店铺装修主要包括手机店铺装修、PC店铺装修和装修管理三部分功能，如图5.1所示。

图 5.1　店铺装修页面

5.1.3　网店装修的方法

　　网店目前已经升级到旺铺智能版，旺铺智能版在基础版的基础上提供了更丰富的手机端装修功能和营销工具，能够提升网店的装修效率和数据化运营能力。

网店装修可以通过两种方式实现，一是购买服务市场的装修模板，二是利用系统提供的模块进行自主装修。这两种方式相比，通过装修模板进行装修比较简单，可以应用一些特定的样式和效果，但是页面风格也相对固定，缺乏个性，并且部分装修模板需要付费才能使用；自主装修自由灵活，可以设计个性化的页面风格，但对装修人员的要求较高，需要其熟练掌握视觉营销设计技巧和图片处理技术。建议初学者先运用系统提供的装修模板进行装修设计。

5.2　手机端网店首页装修

随着移动互联网的发展，淘宝网的业务逐渐向无线端倾斜，手机端作为无线端的主要载体，其网店浏览量与成交量已经远远超过了电脑端，可以说，手机端已经成为商家竞争的主要阵地。因此，手机端网店的装修比电脑端网店的装修更为重要。手机端网店装修包括首页、宝贝页、宝贝分类页、自定义页、大促承接页等页面的装修。其中，首页是网店的门面，所以本节重点介绍手机端网店首页的装修。

5.2.1　首页管理

在图 5.1 所示的页面中点击左侧的"推荐（首页）"，即可进入网店首页管理页面，如图 5.2 所示。

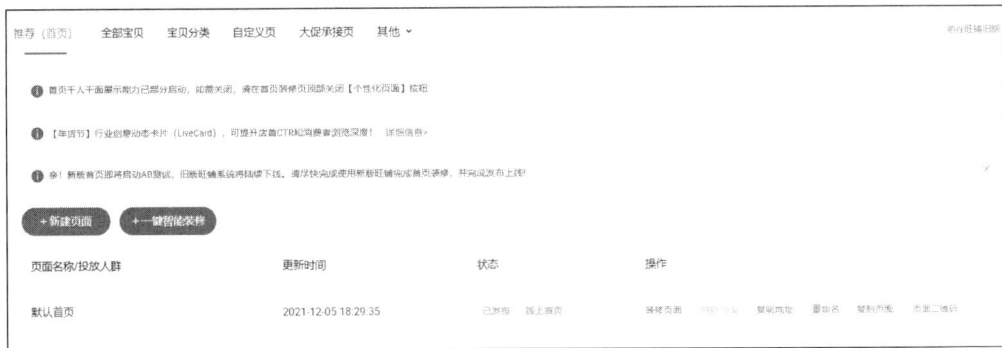

图 5.2　网店首页管理页面

1．新建首页

首页可以创建多个，上限为 15 个。在图 5.2 所示的页面中点击"新建页面"，在弹出的窗口输入页面名称就可以创建一个新的首页，如图 5.3 所示。

首页也可以通过"一键智能装修"来创建，系统通过智能计算网店数据生成模板页面，其中有"免费"和"VIP 专享"两类模板，若使用免费模板，直接选择点击"下一步"就可以生成首页，使用 VIP 专享模板则需要卖家付费开通。

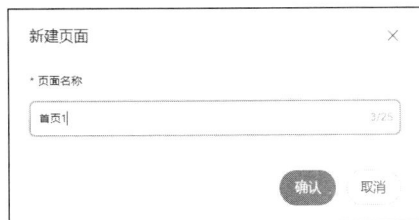

图 5.3　输入新建首页名称

通过"一键智能装修"生成页面的方式比较简单，但是其中有些营销活动或促销文案与网店及商品可能不符，因此建议卖家在使用"一键智能装修"生成页面后进行进一步的调整优化。

2. 首页操作

虽然可以创建多个首页，但是在同一时间客户端只能呈现一个首页。因此，卖家需要根据情况选择一个首页进行发布。在首页列表（见图 5.4）中可以看到每个首页的名称/投放人群、更新时间、状态以及可进行的操作。只有状态为"已发布"并且已被设为首页的页面才能被买家在浏览网店首页时看到。

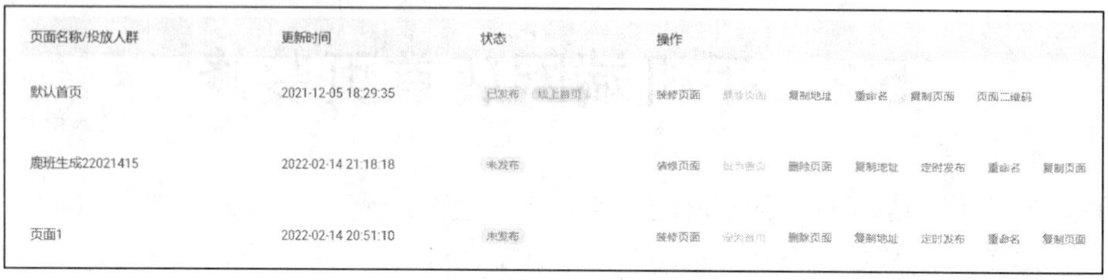

页面名称/投放人群	更新时间	状态	操作
默认首页	2021-12-05 18:29:35	已发布 线上首页	装修页面 编辑页面 复制地址 重命名 复制页面 页面二维码
鹿班生成22021415	2022-02-14 21:18:18	未发布	装修页面 设为首页 删除页面 复制地址 定时发布 重命名 复制页面
页面1	2022-02-14 20:51:10	未发布	装修页面 设为首页 删除页面 复制地址 定时发布 重命名 复制页面

图 5.4 首页列表

对首页能进行的操作包括删除页面、定时发布、重命名、复制页面及装修页面等。需要注意的是，只有已发布的页面才能被设为首页，如果同时有多张页面被设置成首页，则以最新时间点设置的页面为准。

5.2.2 首页装修

在图 5.4 所示页面中，选择要装修的页面，点击其右侧的"装修页面"即可链接到相应的装修页面。新版旺铺增加了"容器"功能，页面布局（模块上下顺序）由容器来管理和控制，不同容器允许放置不同数量的模块，但具体展示哪个模块则由算法根据买家的行为偏好决定，从而达到对点击率、转化率的优化。

📖 小贴士

容器

容器是介于模块与页面之间的一个布局管理器。在装修页面时，卖家可以将不同类型的模块分别放置到不同的容器中。比如卖家希望在主视觉位置利用千人千面技术来提升点击率，那么卖家只需要在该位置放入单图海报容器，然后在容器内放置若干（目前单容器内模块数量限定在 1～10 个）单图海报模块即可，当单容器内模块数量超过 1 个时，系统便会自动进行推荐和调优。

5.2.2.1 页面风格与布局

手机端页面需要注意风格统一，但是由于手机屏幕尺寸有限，网店呈现的内容一定要简洁明了，文字信息要尽量少，以图为主。此外，要尽量采用相对鲜亮的颜色，否则显示不清晰会影响买家的浏览体验。

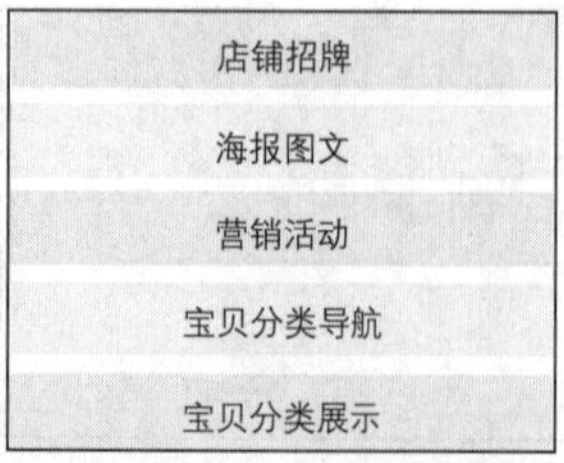

手机端的页面布局要注意整齐大方，一般布局结构可参考图 5.5。其中，"店铺招牌"位置固定，在页面最上方；"海报图文"用于展示店内热销、主推商品及店内促销信息；"营销活动"用于展示店内开展的营销活动，如送优惠券、满减、送红包等；"宝贝分类导航"一般用图片分类引导买家查看类目下的商品页面；"宝贝分类展示"则按不同类目展示商品。

| 店铺招牌 |
| 海报图文 |
| 营销活动 |
| 宝贝分类导航 |
| 宝贝分类展示 |

图 5.5 手机端页面布局参考结构

5.2.2.2　容器与模块编辑

手机端页面装修是通过容器进行布局控制的，如图 5.6 所示。页面装修流程为：拖入容器→创建模块→放置模块→保存页面→发布页面。新版旺铺中主要有五类容器，分别是图文类、视频类、LiveCard、宝贝类和营销互动类，不同类别的容器内只能放置相应的模块。

图 5.6　手机端页面装修

1．图文类容器

图文类容器包括轮播图海报、单图海报、店铺热搜、文字标题、多热区切图、淘宝群聊入口、人群海报和免息专属飘条等。

（1）轮播图海报，用于图片轮播，每张图片最多允许一个淘宝站内自定义 URL 跳转（域名转向，即跳转到另一个网络地址）。

（2）单图海报，即单张图片海报，允许一个淘宝站内自定义 URL 跳转。

（3）店铺热搜，固定样式的算法关键词模块，自动分析全网搜索关键词与店铺品类相关性并进行结果展示，快速引导买家到达关键词结果页，相比于部分店铺自行制作的关键词模块，其优势在于算法自动分析展示，结果更为准确。

（4）文字标题，用于添加文字信息。

（5）多热区切图，支持多热区链接，可以自由设计图片内容并添加链接。

（6）淘宝群聊入口，用于展示卖家创建的客户群，由平台根据群的活动权益、优质程度、活跃程度、群成员质量等条件智能匹配展示，该模块仅符合入群条件的买家可见，如果卖家没有创建群，此处不展示。

（7）人群海报，用于显示定向人群海报。

（8）免息专属飘条，用于展示店内公告或促销活动信息，有"免息"图标。

2．视频类容器

视频类容器只有单视频，允许在页面中添加两次，通过视频可以更加直观地宣传店铺品牌实力或主推宝贝，吸引买家下单购买。

3. LiveCard 容器

LiveCard 容器是指店铺动态卡片，是原店铺平面装修模块的新一轮升级，从"定向页面装修"升级为可跨场景流转的"商家私域最小运营单元"，更具场景化、互动性，是品牌与买家沟通的窗口。

LiveCard 容器主要有以下三种。

（1）测款选品，通过对商品图片或视频的多轮 PK 互动投票，并结合算法模型数据分析，捕捉买家真实喜好，以此指导生产备货、外观选择、选主推款、主图设计和商品组合等场景应用。

（2）口腔测试 LiveCard，提供买家在线口腔检测等全新互动体验。

（3）天猫 U 先-店铺派样，在"天猫 U 先"私域派样的店铺首页渠道完成报名和发布的商品才可在该模块展示。

4. 宝贝类容器

宝贝类容器包括排行榜、智能宝贝推荐、系列主题宝贝、鹿班智能货架和免息商品智能货架五种。

（1）排行榜，包括销量榜、收藏榜、新品榜，系统自动抓取商品并予以展示，使用"微详情"可展开榜单内全部商品。

（2）智能宝贝推荐，是较为常用的功能模块，方便任意组织商品集合并快速装修，支持1～3列不同样式并灵活组合；商品可实现个性化推荐排序。

（3）系列主题宝贝，具有主题化氛围感的商品展示模块，方便店铺组织商品系列及快速装修，支持横滑；主题间、商品间可实现个性化推荐排序。

（4）鹿班智能货架，利用模板自动生成模块图以展示店内指定数量的商品。

（5）免息商品智能货架，利用模板自动生成模块图以展示店内指定数量的商品，与鹿班智能货架不同的是，带有免息商品信息。

5. 营销互动类容器

营销互动类容器包括店铺优惠券、裂变优惠券、购物金、芭芭农场、店铺会员模块、人群优惠券等。

（1）店铺优惠券，用于展示店内营销活动，促进买家下单。

（2）裂变优惠券，用于提升店铺流量。

（3）购物金，需要开通购物金功能才能展示在首页中，购物金为邀约制开通。

（4）芭芭农场，由算法生成，属于天猫合作店铺专用模块。

（5）店铺会员模块，会员入口，需要卖家在用户运营的会员运营中设置好会员权益。

（6）人群优惠券，用于展示定向优惠券，需要提前在用户运营中心的自定义运营中设置好人群优惠券。

【例 5.1】对手机端网店首页进行装修，添加"单图海报"容器和模块。

（1）将"单图海报"容器拖入首页，并选中该容器，如图 5.7 所示，右侧出现模块放置区。如果已经创建模块，直接点击"选择已有模块"即可。如果没有模块，则需要新建模块。模块内容包括名称、图片、跳转链接等。

（2）在模块基础内容下，输入模块名称"主推商品 1"。

图 5.7　添加容器

（3）将鼠标指针移动到"添加图片"位置，弹出"上传图片"和"智能作图"两个按钮，如图 5.8 所示。如果有做好的图片，可以选择"上传图片"；如果没有，可以点击"智能作图"进行制作，进入如图 5.9 所示的智能作图页面，点击"上传图片"，选择合适的图片，点击"立即生成"就可以自动生成海报。

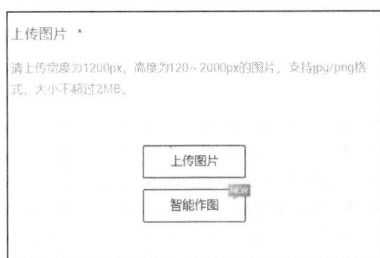

图 5.8　添加图片

图 5.9　智能作图页面

（4）对于自动生成的海报，部分文案需要调整。将鼠标指针移动到计划选用的图片上，点击"编辑"即可修改文案，如图 5.10 所示。编辑完成后点击"保存"即可。

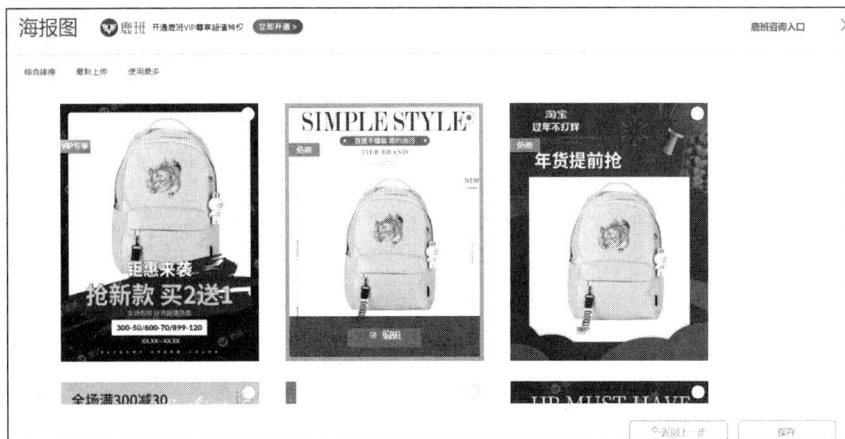

图 5.10　编辑海报

（5）二级承接页有"自定义链接"和"微详情页"两种选择，如图 5.11 所示。"自定义链接"包括店内页面链接、分类链接、优惠券链接等；"微详情页"是多个商品放在一起的页面。此处选择"自定义链接"，并且选择具体的商品链接。

（6）通过前面几步，就创建了一个单图模块。同一个容器可以放置最多 3 个模块，容器内如何展现模块，则需要进行智能展现设置，如图 5.12 所示。其他模块的添加可以点击"添加模块内容"，操作方法同前面的步骤一样。

图 5.11　选择跳转链接

图 5.12　智能展现设置

智能展现设置中，流量分配包括"平均分配"和"智能分配"两种方式。其中"智能分配"将根据买家兴趣通过算法优选展现，在单图海报区域呈现千人千面的效果。

（7）都设置好后，点击"保存"即可完成该容器的设置。

5.2.3　模块管理

模块是用于实现功能、表达内容的具体载体，是构成页面的必备要素。进行页面装修时可以先在模块管理页面创建好所需要的模块，然后再在页面管理页面拖入容器，并选择相应模块放置在容器内，最后保存并发布页面。

按照"千牛卖家中心"→"店铺"→"店铺装修"→"装修管理"→"模块库"的顺序点击，即可进入模块管理页面，如图 5.13 所示。

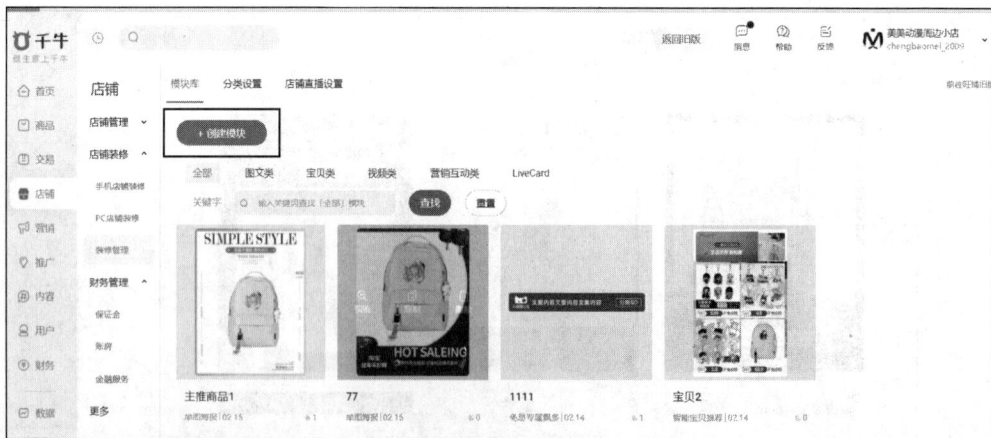

图 5.13　模块管理页面

网店运营实务（附微课）

在模块管理页面中，可以点击"创建模块"创建具体模块，也可以通过点击已创建模块上方的"预览""复制""删除"，对该模块进行管理。

【例 5.2】创建"多热区切图"模块，实现店铺商品的分类导航。

（1）点击"创建模块"，选择"多热区切图"模块类型，并确认创建，如图 5.14 所示。

图 5.14　选择"多热区切图"模块类型

（2）进入图 5.15 所示的模块编辑页面，输入模块名称，在内容设置区域点击"上传图片"，并在弹出的图片选择框中选择提前做好的商品分类导航图片，如图 5.16 所示。

图 5.15　模块编辑页面

（3）点击"添加热区"，进入热区编辑器页面。改变热区大小，并将其移动到合适的位置，将"婴童"图片及文字圈起来，并利用链接小工具为热区添加链接，如图 5.17 所示，通过点击选择链接的对象为宝贝分类下的"婴童"类别，如图 5.18 所示。

（4）用同样的方法为其他分类添加热区。设置好之后点击热区编辑器页面中的"完成"，然后点击"保存并发布"，则该模块创建完成。

（5）若想在页面显示该模块，可以先在页面管理页面中添加"多热区切图"容器，再将该模块置入其中。

图 5.16　插入分类导航图片

图 5.17　添加热区框

图 5.18　链接小工具

5.3　电脑端网店首页装修

通过千牛卖家中心的"店铺"→"店铺装修"→"PC 店铺装修"可以进入"电脑店铺装

修"页面，如图 5.19 所示。电脑端网店页面主要包括基础页、宝贝详情页、宝贝列表页、自定义页及大促承接页等。各页面都是由页头、主体、页尾构成的，而且页头和页尾一般都是统一的。各页面的装修都是在布局的基础上，添加各模块，然后再对模块进行编辑的。

本节以首页为例，介绍页面的风格和布局设计以及主要模块设计。

图 5.19　"PC 店铺装修"页面

5.3.1　首页的风格和布局设计

1. 首页的风格设计

淘宝智能版提供了多种网店风格的配色方案，在页面装修页面左侧"配色"栏目下可以看到 24 种风格，如图 5.20 所示。风格对于网店装修至关重要，因为它会强烈地影响买家的购买行为。

当卖家为网店选择了系统默认的配色方案后，导航、各模块标题会应用该配色。

风格的设置和应用非常简单，但是要合理应用风格需要有一定的色彩知识。风格的设置要注意以下几点：①要有统一的色彩基调；②页面上大块的颜色最好不要超过三种，作为主色调的大面积色彩要统一，其他颜色只起辅助和衬托作用；③色调要与网店的经营内容风格一致。

在电脑端装修页面的上方可以看到"页面编辑"和"布局管理"两个按钮，如图 5.21 所示。选择要装修的页面，点击"布局管理"，可以对该页面的整体结构进行管理，也可以

图 5.20　电脑端页面配色方案

对现有的布局进行调整，如图 5.22 所示，在其中还可以删除或者添加布局单元。可以添加的布局单元主要有三种，如图 5.23 所示，根据准备添加的模块类型进行选择即可。

图 5.21　布局管理入口

2. 合理安排模块的位置

设计好页面的整体布局之后，就可以将模块直接拖入相应的布局区域并进行编辑操作。对于电脑端页面，装修系统提供的主要模块如表 5.1 所示。在实际设计中可根据需要选

择具体的模块。

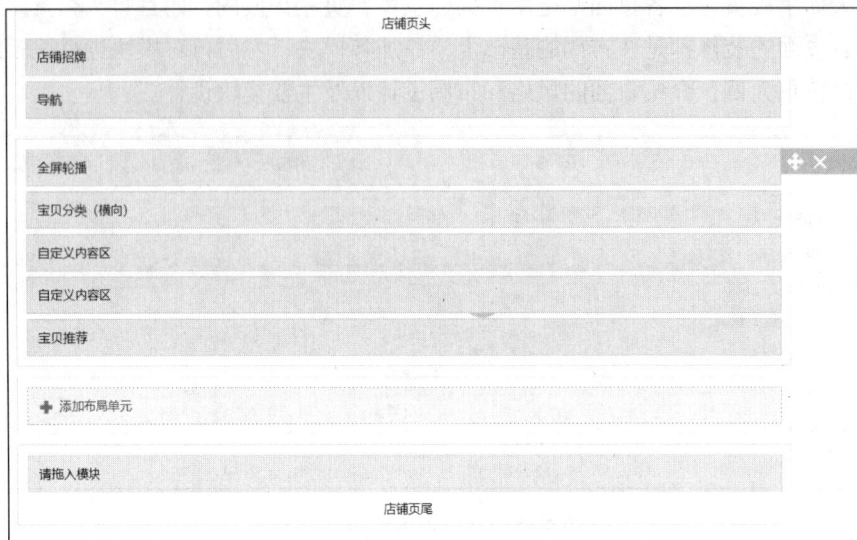

图 5.22　布局管理页面

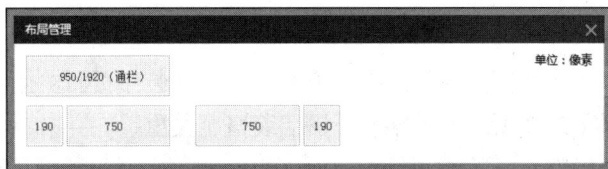

图 5.23　布局单元的类型

表 5.1　电脑端页面装修模块

宽度（像素）	模 块 名 称
190	宝贝推荐、宝贝排行、默认分类、个性分类、自定义区、图片轮播、友情链接、客服中心、生意参谋、无线二维码、充值中心、宝贝搜索、Flash 模块、公益广告
750	宝贝推荐、自定义区、图片轮播
950	宝贝推荐、自定义区、图片轮播、友情链接、宝贝搜索、满返、红包、购物券、小黄条、满减、Flash 模块、公益广告、网店招牌、特价专区、宝贝排行（个性化）、宝贝分类（横向）
1 920（智能版）	悬浮导航、全屏宽图、全屏轮播

一般来说，网店首页应包含以下基本模块。

（1）网店招牌，作为网店的门面，营销型的网店招牌可以呈现店内特色商品及热销商品的信息。

（2）导航，用于引导买家快速查看店内信息，一般作为分类展示商品的入口。

（3）图片轮播，给人以震撼的视觉效果，是促销活动的必备模块。

（4）宝贝分类，方便买家根据不同类目查看商品。

（5）宝贝搜索，为买家提供快速通道，使其搜到店内符合自己要求的商品。

（6）宝贝推荐，对店内的商品进行推荐展示。

利用系统默认装修模块制作网店首页相对比较简单，但是视觉效果比较单一、呆板，在具体操作中还可以利用自定义内容区的模块，通过代码加图片的方式获得更好的效果。

5.3.2 主要模块设计

下面介绍网店招牌、导航、图片轮播、促销活动区等模块的设计。

1. 店铺招牌

店铺招牌是网店首页的主要内容，用来展现网店的特色，打造网店品牌。店铺招牌应当能够让买家对网店的名称、经营范围以及商品特色一目了然。

（1）店铺招牌的尺寸。店铺页头高度为 150 像素（已包含导航），一般淘宝网店建议招牌尺寸为宽 950 像素、高 120 像素，如果招牌的高度加上导航的高度刚好为 150 像素，可避免招牌发布后导航被挤掉而不能显示的问题。

（2）店铺招牌编辑。店铺招牌有默认招牌、自定义招牌两种类型。默认招牌是一张背景图片，根据需要选择是否显示网店名称。背景图片可以通过选择淘宝网图片空间中的图片或本地上传图片的方式插入并保存。用这种方法添加的店铺招牌是静态的，不能添加热点实现链接引流。自定义招牌可以使用 HTML 语言编写，其中可以包含多张图片，并可以实现超链接功能等。如果自定义区内没有内容，就无法显示店铺招牌。

注意：编辑好店铺招牌之后，需要发布才能在客户端显示，其他模块同样如此。

2. 导航

导航是买家浏览网店的快捷通道，它可以帮助买家从一个页面跳转到另一个页面。设置导航的目的是给买家提供清晰的指引，因此，导航内容应当保证店内商品、促销活动、优惠信息能被买家看到，从而提高浏览率和转化率。

导航可以采用系统提供的默认模块来编辑，打开导航编辑器，点击"添加"就可以添加导航内容了。导航内容一般包括"宝贝分类""页面""自定义链接"等，如图 5.24 所示。对设置好的内容可以进行位置调整或删除操作。

导航默认宽度是 950 像素，如果想实现通栏效果，可以设置页头背景图。背景图高度为150 像素，下方高度为 30 像素的色块与导航条颜色一样。页头的具体设置如图 5.25 所示。

图 5.24 导航设置

图 5.25 页头的具体设置

3. 图片轮播

图片轮播可以让网店在有限的空间内尽可能多地轮流展示商品的信息，如"爆款"、促销活动、特价等。如果没有图片轮播模块，可以在网店装修页面的"布局管理"中添加"图片轮播"或"全屏轮播"模块。图片轮播一般应当放置在首页重要的位置，如放在页面主体的顶部等。

图片轮播所用的图片一定要突出主题信息，买家更倾向于查看那些能够清楚地看到细节和获取信息的图片，因此网店要避免使用那些杂乱而没有明确主题的图片。

图片轮播除了可以通过系统自带模块来实现，也可以使用自定义内容添加代码来实现。

【例5.3】为网店添加"全屏轮播"模块，展示店内主推商品的信息。

（1）从装修页面左侧点击"模块"标签，并将模块列表中的"全屏轮播"模块拖动到页面右侧，如图5.26所示。

图5.26　选择"全屏轮播"模块

（2）点击"全屏轮播"模块右上角的"编辑"，打开编辑窗口，如图5.27所示，分别输入或选择图片的地址和链接地址。

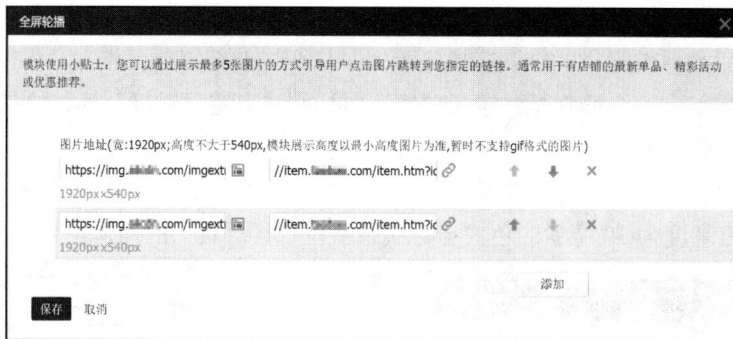

图5.27　全屏轮播设置页面

（3）点击"保存"。

4. 促销活动区

促销活动区主要用于展示满减、包邮、红包、优惠券、抽奖等促销信息，对提升店铺流量有一定帮助。促销活动区一般放置在首页上方比较醒目的位置，能够有效地吸引浏览者的视线。

在促销活动区可以添加红包、满返、购物券等模块，这些模块必须先设置好相关活动，才可以在客户端展示。

5. 商品分类

商品分类也是店内指引买家浏览商品的重要途径。商品分类有竖向和横向两种形式。竖向模块尺寸为150像素（指宽度，下同），包括默认分类和个性化分类两种【见图5.28（a）、（b）】，其中，默认分类显示所有的商品分类，而个性化分类可以根据需要选择部分分类来显示。横向模块尺寸为 950 像素，如图 5.28（c）所示。

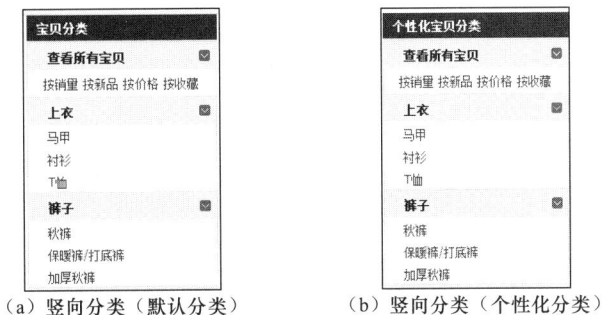

（a）竖向分类（默认分类）　　　　（b）竖向分类（个性化分类）

（c）横向分类

图 5.28　商品分类

6. 商品展示区

商品展示区主要用于展示商品，展示既可以通过系统自带的"宝贝推荐"等模块实现，也可以通过自定义内容实现。

"宝贝推荐"模块是展示商品的主要模块。将该模块拖到页面中，点击模块就可以设置推荐商品的方式。推荐方式有自动推荐和手工推荐两种，自动推荐可以按照排序、分类、关键字、价格范围等进行推荐，如图 5.29 所示。在"电脑端显示设置"选项卡中可以设置每一行展示的商品个数，一般设置为四个比较合适。手工推荐则需要卖家手动选择要展示的商品。

通过自定义内容区也可以展示商品。其过程是利用专业网店装修工具选择商品展示模板，提供商品链接提取信息，然后生成代码，并将代码复制到自定义内容代码编辑窗口中。

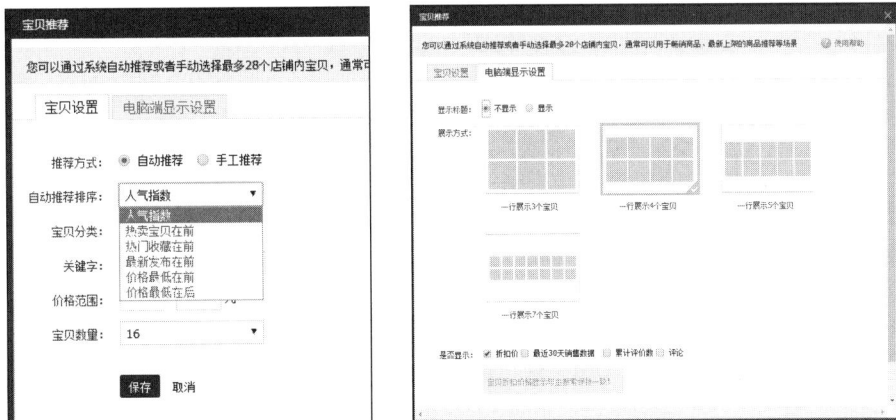

（a）"宝贝设置"选项卡　　　　（b）"电脑端显示设置"选项卡

图 5.29　"宝贝推荐"模块的"宝贝设置"和"电脑端显示设置"选项卡

7. 页尾

一般要为页尾添加"自定义内容区"模块，卖家可以根据需要加入图片链接、公告信息、促销信息等。

5.4 商品详情装修

商品详情页是网店运营中非常重要的部分，它是买家进入网店后购买商品时一定会看的页面，商品详情页做得好不好，对商品的销售有着直接的影响。卖家按"千牛卖家中心"→"商品"→"商品管理"→"商品装修"的顺序点击，可以打开"商品装修"页面，如图5.30所示，商品装修主要包括单个商品装修和批量投放两种方式。

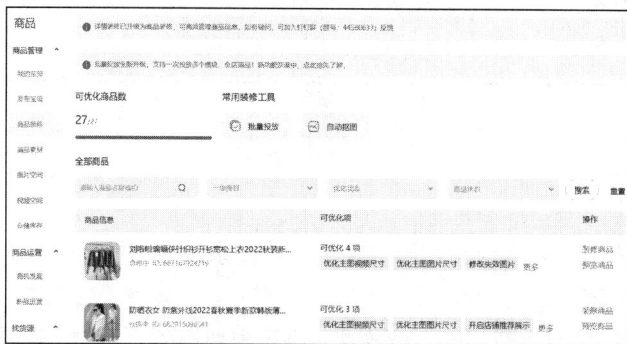

图5.30 "商品装修"页面

5.4.1 单个商品详情装修

点击图5.30中某个商品右侧的"装修商品"，即可对该商品进行装修，装修内容包括"主图""店铺推荐""图文详情"三个模块，如图5.31所示。

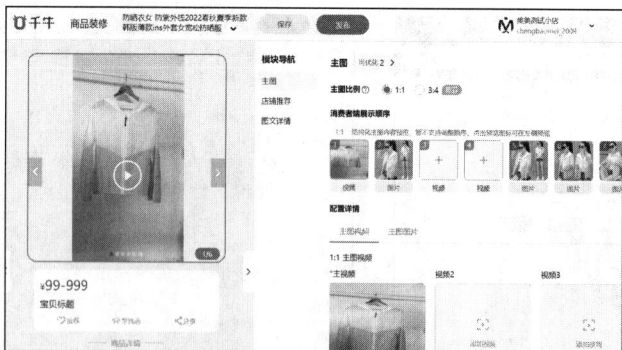

图5.31 单个商品装修页面

1."主图"

"主图"装修包括主图视频和宝贝图片，此处可以添加或更换商品视频和图片。

视频的比例应当控制在1:1或16:9（画面上下不留黑），建议尺寸为750像素×1 000像素及以上；视频时长为 5～60 秒（建议 30 秒左右，有利于被优先抓取）；内容要突出商品的一两个核心卖点。

电脑端商品图片尺寸为 700 像素×700 像素以上，手机端商品图片可以采用 3:4 的图片，建议尺寸为 750 像素×1 000 像素。

2. "店铺推荐"

"店铺推荐"功能可以对使用新版图文详情编辑器发布的商品详情中的店铺推荐模块进行自定义排序，全店在售商品数至少有 7 个（不包含赠品、邮费）才能展示"店铺推荐"模块。

3. "图文详情"

点击图 5.31 中的"图文详情"可对商品详情进行装修，如图 5.32 所示。卖家可以根据商品类型选择"基础模块""营销模块""行业模块""自定义模块"进行添加，然后对各模块进行编辑，主要模块如图 5.33 所示。

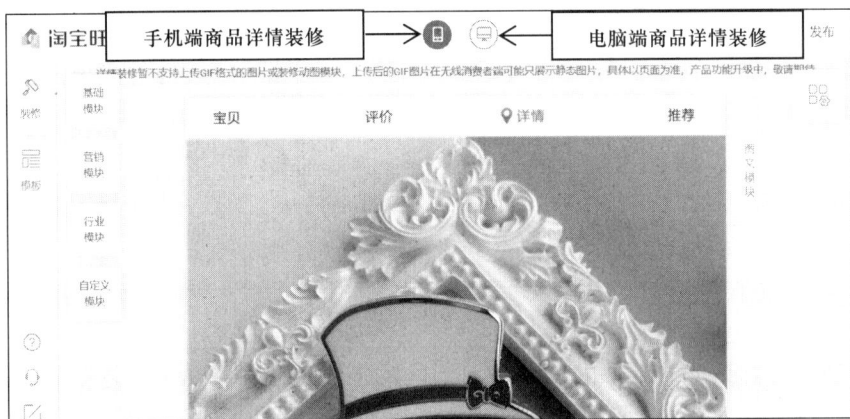

图 5.32 商品详情装修页面

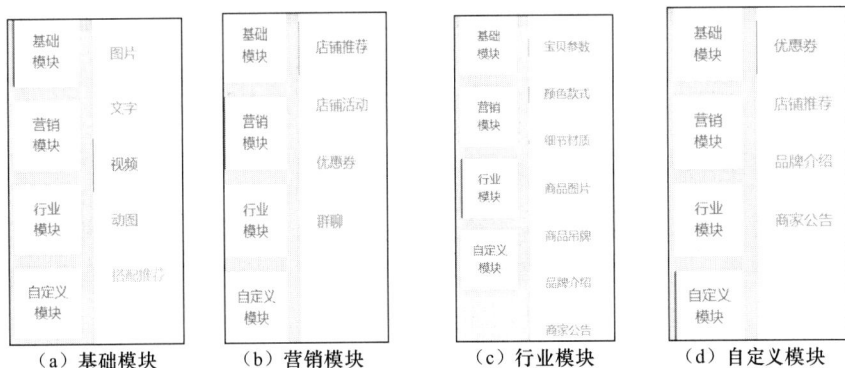

（a）基础模块　　　（b）营销模块　　　（c）行业模块　　　（d）自定义模块

图 5.33 商品详情装修模块

这些模块的使用方法是，点击某一模块内系统自动提供的模板，该模板将出现在详情编辑区域，在右侧编辑器中可以进行替换文字或图片、增加链接等编辑操作。例如，按"行业模块"→"宝贝参数"的顺序点击（见图 5.34），选择其中一款系统提供的商品参数模板，则该模板就会被添加到详情编辑区域，如图 5.35 所示。

图 5.34 "宝贝参数"模块

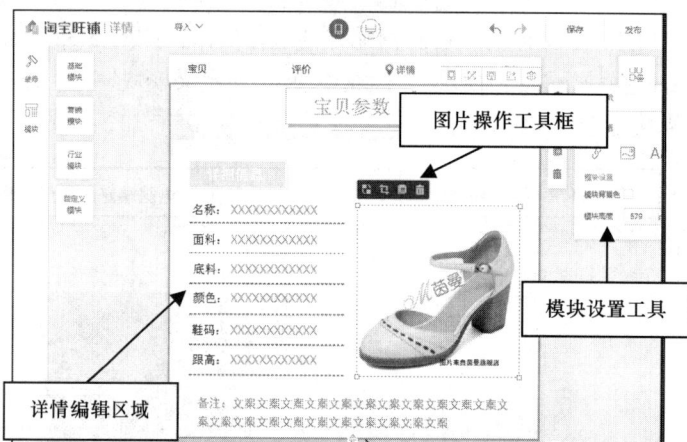

图 5.35 "宝贝参数"模块装修页面

装修页面的中间区域为详情编辑区域，在该区域选中模块的某一元素会弹出相应的工具框，如选中文字会弹出文字操作工具框，从中可以将文字设置为粗体或斜体、修改字体及字号、复制和删除文字等；选中图片会弹出图片操作工具框，从中可以进行替换、裁剪、复制和删除图片操作；选中热链会弹出热链操作工具框，从中可以更改热链、预览热链内容、复制或删除热链。而利用右侧的模块设置工具可以添加链接、文字、图片等元素，也可以设置模块的高度和背景色等。

当商品详情编辑完成后，需要点击页面上方右侧的"发布"，商品详情才会更新显示。

5.4.2 商品详情批量投放

店内许多商品详情都有共同的内容，如商家品牌、商家公告、商家营销活动等，如果每个商品都要单独制作详情内容，重复劳动太多，会影响工作效率，而批量投放功能就是用来解决这个问题的。批量投放的操作过程是先选择模块，然后进行投放设置，选择投放在哪些商品的详情，最后确认投放。

【例 5.4】制作商品公告模块，利用批量投放功能投放在店内所有商品上。

（1）制作图片，以图片的形式描述商品的质量、色差、尺寸、退货等相关信息，并将图片上传至图片空间。

（2）点击"批量投放"，进入批量投放页面，如图 5.36 所示。

（3）选择投放模块，如果已经创建模块，可直接选择；如果没有模块，则需要新建投放模块。批量投放模块包括"店铺活动""优惠券""店铺推荐""群聊""品牌介绍""商家公告"

等，如图 5.37 所示。

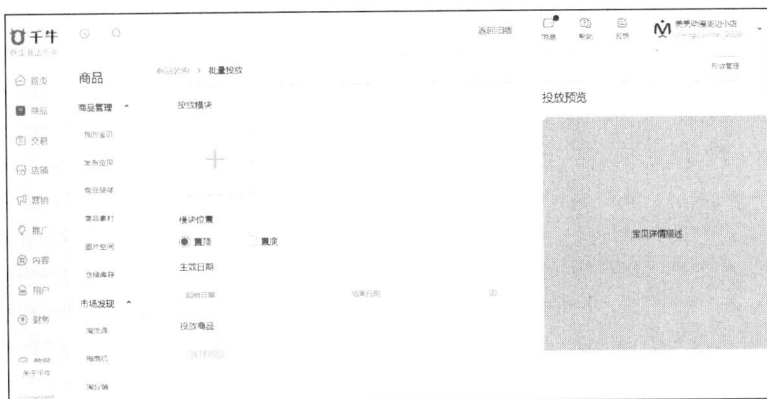

图 5.36　批量投放页面

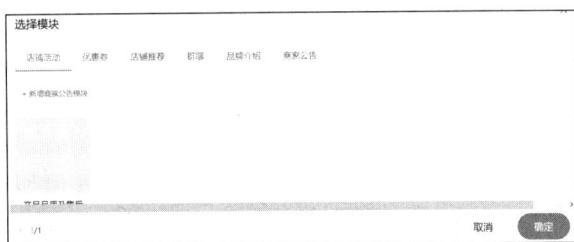

图 5.37　批量投放模块选择页面

（4）选择"商家公告"模块，点击"新增商家公告模块"，进入图 5.38 所示页面。

图 5.38　创建商家公告模块

（5）对商家公告进行编辑，删掉文字，插入制作好的图片，如图 5.39 所示，然后对编辑好的模块进行命名并保存。

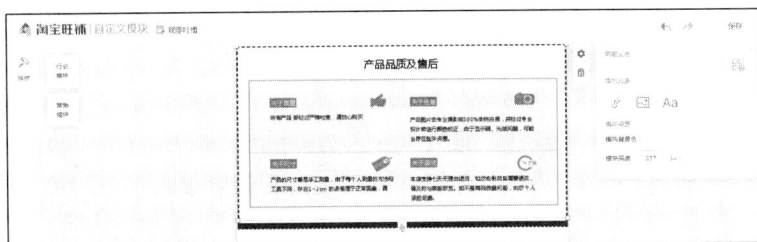

图 5.39　编辑商家公告

（6）返回批量投放页面，选择新建的"商品公告"模块，设置模块位置和生效时间并选择要投放的商品，如图5.40所示，点击"确认投放"完成投放。

图 5.40　设置投放信息

📖 本章小结

　　网店装修不仅是网店运营的基础，也是提升网店形象的关键。好的装修会让人赏心悦目，增加买家对网店的信任。

　　本章首先介绍了网店装修的基础知识，包括装修的目标、内容及方法等。网店装修的主要目标是体现网店风格，给买家带来良好的浏览体验，使买家对网店产生认同感和信任感，进而促进销售。网店装修主要包括手机端页面装修和电脑端页面装修，由于目前无线流量占据主要地位，所以本章着重讲解了手机端页面的装修。商品详情装修也是店铺运营的关键环节，当店内商品需要编辑详情时，卖家可以通过店铺装修的"商品装修"功能来提高工作效率。

📖 课后习题

一、名词解释

　　网店装修　店铺招牌　页面容器

二、单项选择题

1. 网店装修的目标不包括（　　　）。
   　A. 体现网店风格　　　　　　　　　　B. 方便买家浏览和购买
   　C. 给买家带来良好的浏览体验　　　　D. 降低商品成本

2. 对电脑端默认商品详情装修时，在描述信息中能够添加（　　　）。
   　A. 特价模块　　　B. 商品推荐模块　　　C. 图片轮播　　　D. 自定义内容区

3. 淘宝网店电脑端页头装修可以通过（　　　）实现通栏效果。
   　A. 页头背景色　　B. 页头背景图　　　C. 页面背景色　　　D. 页面背景图

4. 下列说法错误的是（　　　）。
   　A. 促销广告图不能形式大于内容

B.　重要信息以第一主题的形式传递

C.　促销广告图上可以放多种主题信息，促销信息越多越吸引人

D.　重点文字可以适当加粗，也可以使用高对比度的色调来突出显示

5.　淘宝网店详情描述区域的宽度应为（　　　）像素。

A.　720　　　　　　　B.　740　　　　　　　C.　750　　　　　　　D.　790

三、判断题

1.　电脑端网店招牌最多只能添加两个。（　　　）

2.　电脑端网店招牌只能是一张图片。（　　　）

3.　网店招牌和导航属于网店的页头。（　　　）

4.　电脑端轮播图片尺寸必须是950像素×500像素。（　　　）

5.　默认商品详情装修可以将所有商品共有的描述通过自定义内容区实现。（　　　）

6.　手机端页面装修直接将模块拖入页面进行编辑即可。（　　　）

四、简答题

1.　在网店首页上如何展示商品才能使买家的浏览体验更好？

2.　手机端页面装修的过程是怎样的？

3.　手机端页面容器的作用是什么？

4.　简述智能商品详情装修的过程。

实训任务

实训任务一：电脑端网店装修

1.　对电脑端网店首页进行装修，添加基础模块，如店铺招牌、导航、图片轮播、营销活动、商品分类和商品推荐等，并利用"稿定设计"等辅助装修工具对其进行编辑。

2.　对各商品进行商品详情装修。

3.　在商品详情页面批量投放店铺商品推荐。

实训任务二：手机端网店装修

1.　对手机端网店首页进行装修。

2.　在同一个容器内放置多个模块，实现千人千面的效果。

视野拓展

新版旺铺图片类模块尺寸要求	新版旺铺整体介绍和装修流程	页面装修：容器化的千人千面编辑器	Tab导航升级及设置教程

第6章 网店搜索引擎优化

【知识框架】

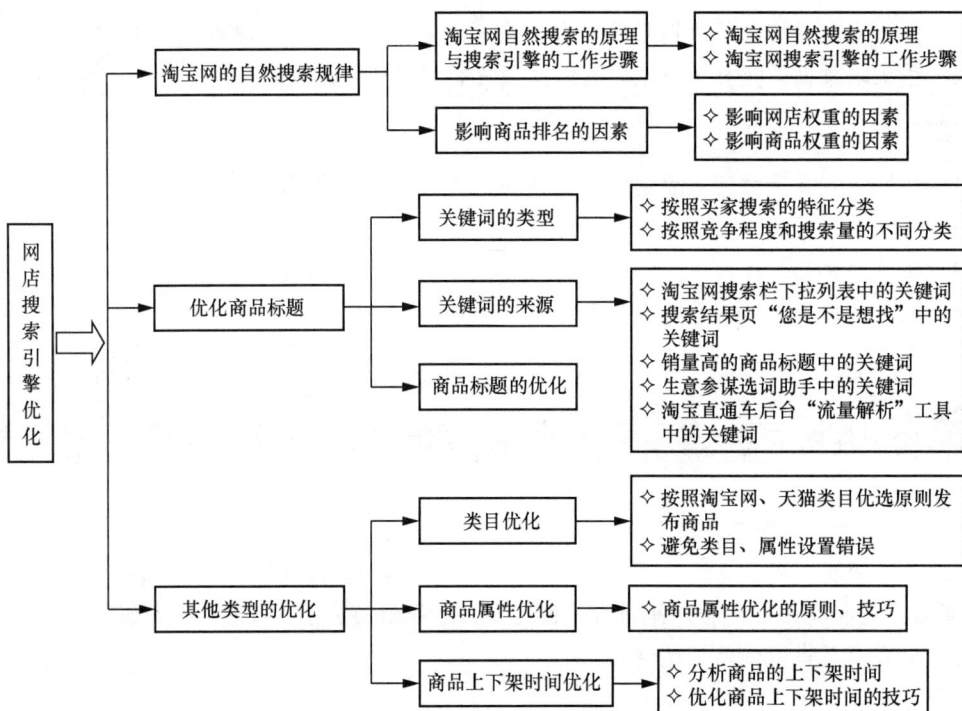

【学习目标】

1．了解影响商品排名的因素。

2．学会商品标题的设置与优化。

3．学会淘宝网的类目优化、商品属性优化和商品上下架时间优化。

搜索引擎优化（Search Engine Optimization，SEO）是利用搜索引擎的搜索规则来提高网站或者网店在搜索引擎中的自然排名，以获得自然搜索流量。网站 SEO 主要是指通过站内优化（如网站结构调整、网站内容建设、网站代码优化等）及站外优化（如站外推广等），提高网站的自然搜索排名及企业产品曝光度的活动。网店 SEO 主要分为两种：第一种是网店在站外搜索引擎（如百度等）中的优化；第二种是提升网店在淘宝网内的自然搜索排名，通过优化网店商品标题、类目、属性、上下架时间等来获取较好的排名，从而获取淘宝网搜索流量。

本章主要介绍第二种。搜索引擎优化对提升网店自然搜索流量起着至关重要的作用。

6.1 淘宝网的自然搜索规律

下面介绍淘宝网的自然搜索规律。

6.1.1 淘宝网自然搜索的原理与搜索引擎的工作步骤

6.1.1.1 淘宝网自然搜索的原理

通常来说，自然搜索流量是指当买家在搜索商品时，卖家不用付费，其网店的商品自然获得的流量，其中，买家点击一次就算一次流量。一个网店能不能有长远的发展，自然搜索流量起着关键的作用，网店自然搜索流量稳定，对网店的转化率和人气会有积极的影响。淘宝网店的自然搜索流量一般占总流量的三四成。了解淘宝网的自然搜索原理可以帮助卖家更好地制定 SEO 策略，图 6.1 所示为淘宝网自然搜索的原理示意图，它反映了关键词自然搜索的整个流程。

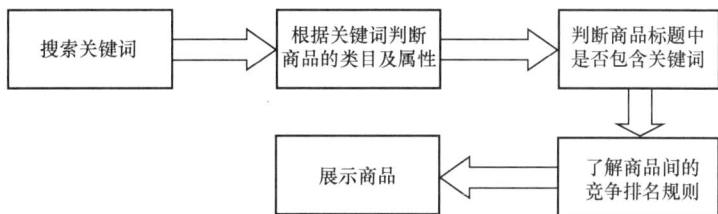

图 6.1 淘宝网自然搜索的原理示意图

从图 6.1 可以看出，对商品的类目、属性和标题进行筛选为最初的筛选环节，之后再进行竞争排名，从而得到最终的展现排名。

6.1.1.2 淘宝网搜索引擎的工作步骤

根据淘宝网自然搜索的原理，商品的类目、属性、标题以及商品间的竞争排名规则是淘宝网自然搜索的关键，那么当买家在搜索栏中输入关键词时，淘宝网的搜索引擎是怎样工作的呢？

1. 提取关键词

当买家使用关键词进行搜索时，搜索引擎工作的第一步是"猜"，即"猜"买家到底想要搜索到什么结果，然后把结果提取并推荐出来。例如，买家输入"牛仔裤"，搜索引擎会按照商品的排名等条件，罗列出与关键词"牛仔裤"相关的关键词，如牛仔外套、牛仔女、牛仔裙、牛仔外套女、牛仔连衣裙等，图 6.2 所示为在淘宝网搜索关键词"牛仔裤"的结果。

我们可以发现，搜索引擎搜索出来的商品共有 100 页，每页展现 48 件商品，共 4 800 件商品，这些商品都是从淘宝网筛选出来的，其实买家搜索出的商品远远多于 4 800 件，而买家一般只会翻看前几页，所以抢占好的排名非常重要。

图 6.2 在淘宝网搜索关键词"牛仔裤"的结果

在这个过程中,淘宝网搜索引擎对买家输入关键词的"猜"可以分为三个阶段。

(1)匹配关键词。淘宝网搜索引擎"猜"买家输入的关键词并非毫无根据,而是对买家在某个时段内搜索关键词的行为进行记录和概率统计的结果,从而"猜"出买家想要什么。比如,买家输入"小米",淘宝网搜索引擎会猜出买家可能想要一部小米手机,而不是可食用的小米,从而将小米手机推荐给买家。

(2)匹配类目。淘宝网搜索引擎会对提取出来的商品进行类目匹配。比如,买家搜"牛仔裤"时,搜索引擎就会展现出"品牌""选购热点""裤长""女装"等分类,从而便于买家进一步根据类目筛选要找的商品,如图6.2所示。

(3)个性化推荐。淘宝网的个性化推荐一般是根据买家上网时留下的痕迹,从而去判断买家的本次搜索倾向于要找什么样的商品。例如,通过分析买家曾经买过哪些商品、把哪些商品放入了购物车、收藏过什么商品或网店等,去判断买家本次搜索会倾向于要什么样的商品。

可见,在淘宝网上输入的关键词在很大程度上是给搜索引擎"看"的,从而让搜索引擎"猜"出搜索某关键词的买家真正需要的商品。

📖 **小贴士**

淘宝网搜索引擎筛选商品的步骤

淘宝网搜索引擎筛选商品的过程分为六个步骤:①相关性筛选(类目相关、属性相关、标题相关和店铺相关,不相关的商品会被直接屏蔽);②违规过滤(虚假交易、重复铺货、SKU违规等其他违规,有过违规行为的商品会被直接屏蔽);③优质网店筛选(优先选择权重高的网店);④优质商品筛选(优先展示权重高的商品);⑤下架筛选(淘宝网将很多优质商品筛选出来之后,会将商品按照下架时间来排序,越临近下架的商品权重越高);⑥个性化推荐(根据买家上网时留下的痕迹,判断其本次搜索会倾向于购买什么样的商品)。

2. 商品排序

淘宝网搜索排名越靠前的商品,获得的展示机会就越多,得到的流量也就越多。为了给众多商品排出顺序,搜索引擎需要进行一番计算。一般来说,搜索引擎主要考虑商品综合权重的分值,商品的综合权重又分为两个方面:一是网店权重,通常情况下,影响网店权重的因素有旺旺在线时长、店铺层级、店铺动态评分和信用等级、跳失率、动销率和滞销率、纠纷退款率、降权、回头客、消费者保障服务等；二是商品权重，一般影响商品权重的因素有标题关键词的匹配性、商品属性的完整度和准确率、商品主图和详情、点击率、转化率、交易量、评价、收藏率和加购率、上下架时间等。图6.3所示为商品的综合权重。

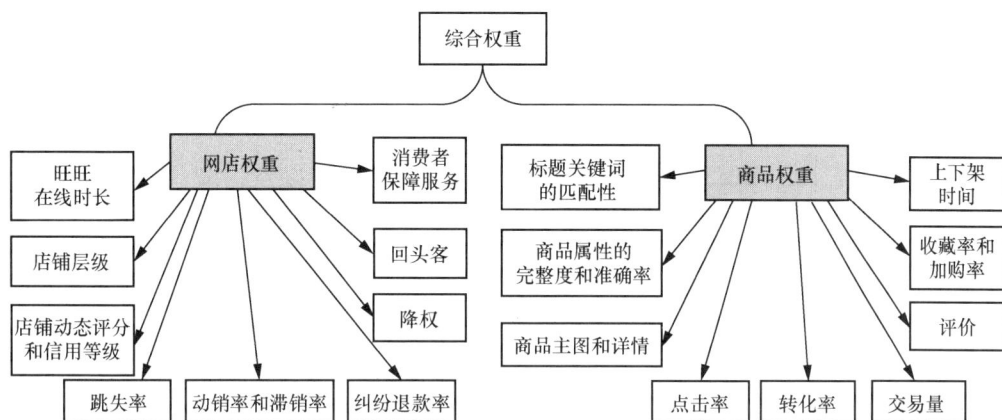

图 6.3　商品的综合权重

> **小贴士**
>
> **权重**
>
> 　　权重是一个相对的概念，是针对某一指标而言的。某一指标的权重是指该指标在整体评价中的相对重要程度。权重是指要从若干评价指标中分出轻重来，一个评价指标体系相对应的权重就组成了权重体系。某淘宝网店的权重较高，说明淘宝网对该网店的评价较高，就有可能将该网店排到搜索结果页面的前面；某商品的权重较高，说明淘宝网对该商品的评价较高，就有可能将该商品排到搜索结果页面的前面。一般来说，淘宝网搜索引擎排序时主要考虑的是商品综合权重（网店权重与商品权重的综合）的分值。

6.1.2　影响商品排名的因素

影响商品排名的因素主要有影响网店权重的因素和影响商品权重的因素两方面。

> **小贴士**
>
> 影响网店权重的因素

6.1.2.1　影响网店权重的因素

1．旺旺在线时长

在淘宝网搜索时，位于前几页的网店的旺旺几乎始终保持在线。旺旺在线和旺旺的回复响应时间都是影响搜索排名的因素。当然，如果卖家实在太忙，可以给旺旺设置自动回复，作为一种快速响应。

2．店铺层级

店铺层级是淘宝网根据卖家最近30天的成交力、营销力、商品力、粉丝力和合规力综合计算的层级，从生意参谋首页可以看到店铺层级，如图6.4所示。店铺层级越高，得到的流量就越多。其中，在"店铺层级诊断"模块中可以查看当前店铺数据及提升建议。

3．店铺动态评分和信用等级

店铺动态评分主要包括描述相符、服务态度和物流服务等三项指标。淘宝网将店铺动态评分与同行业的平均水平相比较，超过平均水平的网店权重较高，低于平均水平的网店权重较低。

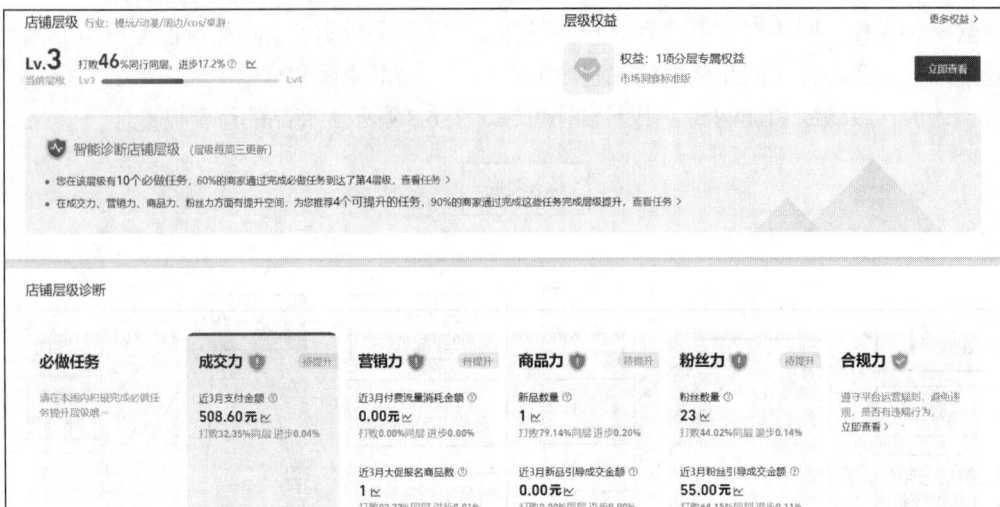

图 6.4　店铺层级

淘宝网店的信用等级是根据买家评价得出的，店铺每得到一个"好评"就能够积累信用分 1 分，中评不得分，差评扣 1 分。网店信用等级越高，越有利于搜索排名。

4. 跳失率

跳失率是指统计时间内买家只浏览了一个页面就离开的访问量与总访问量的比率。淘宝网根据买家在网店的停留时间和跳失率来判断商品描述是否吸引人，买家停留时间越长、在网店中浏览的页面越多，跳失率就越低，就越有利于提高搜索排名。

5. 动销率和滞销率

动销率是指在一定周期内有销量的商品数量与全部上架销售的商品数量的比值。一般以 30 天为一个周期，比如，网店有 10 件商品，30 天内有 6 件商品卖出，那么动销率就是 60%。

滞销商品是指在最近 90 天之内，无编辑、无浏览、无成交的商品，系统会把滞销商品下架至"滞销下架宝贝"，"滞销下架宝贝"中的商品永远不会被买家搜索到。滞销率为滞销商品数量与全部上架销售的商品数量的比值。滞销商品越多，滞销率就越高，网店的权重也就越低。登录千牛卖家中心，选择"商品"→"商品管理"→"我的宝贝"→"滞销下架宝贝"（见图 6.5）即能看到网店内哪些商品为滞销商品。

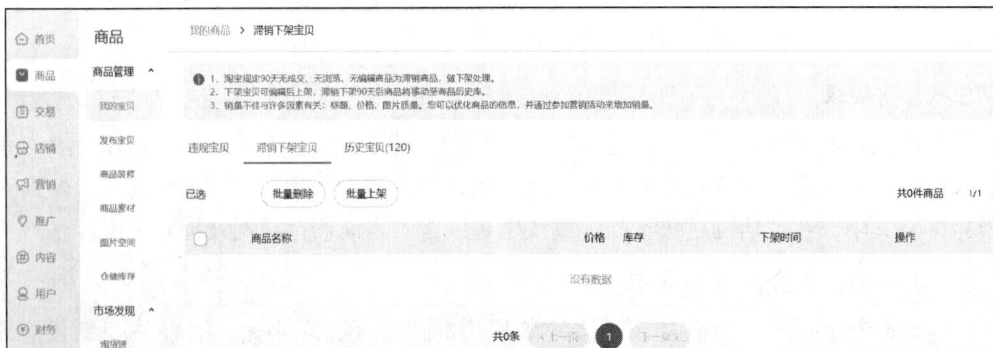

图 6.5　查看滞销商品

一般来说，卖家如果能够做到在 7 天之内每种商品都至少有一笔销量，网店的动销率就会提高，这对提升网店的权重也有利。通常情况下，对网店而言，动销率为 80%是及格线，90%是优秀，100%为最好。建议卖家将滞销商品进行重新编辑或下架，以便提升网店的权重。

6. 纠纷退款率

退款率是指 30 天内成功退款笔数占成交笔数的比例。纠纷退款笔数是指买卖双方未自行协商达成协议，由淘宝网介入并且判定为支持买家及维权成立的退款笔数总和。纠纷退款率是指 30 天内纠纷退款笔数占成交笔数的比例。

退款率和纠纷退款率是判断商品质量和服务质量的重要指标，退款率比同行高的网店，排名会降低，而有纠纷或纠纷退款率高的网店，会被淘宝网做降权处理。

7. 降权

当淘宝网判断网店出现违规行为时，会对网店进行降权处理，因此卖家要熟知淘宝网的规则，避免出现违规行为。被降权的主要原因有炒作信用、故意堆砌关键词、重复铺货、邮费作假等。目前最长的降权时间是从最后一次不规范的操作开始计算，30 天左右结束降权。

8. 回头客

回头客越多的网店，排名会越靠前。同理，商品复购率越高的网店，排名也会越靠前。

9. 消费者保障服务

淘宝网的消费者保障是指卖家通过淘宝网发布商品信息并向买家出售商品时，根据消费者保障协议约定的条款和条件及淘宝网其他公示规则的规定，应履行商品如实描述、7 天无理由退货、其他保障等消费者保障服务义务。网店加入消费者保障服务要交纳一定的保证金，卖家支付宝账户上的这部分资金将被冻结。是否加入消费者保障服务会影响店铺商品的排名。登录千牛卖家中心，选择左侧的"淘宝服务"，点击"消费者保障服务"，按照提示的步骤进行操作即可加入消费者保障服务；如果想加入更多的淘宝服务，可点击"加入服务"进行设置，如图 6.6 所示。

图 6.6　加入消费者保障服务

6.1.2.2　影响商品权重的因素

1. 标题关键词的匹配性

一般来说，淘宝网中商品标题中的关键词要使用该商品所在类目下的热搜关键词，同时，商品的详细描述中最好也包括热搜关键词，这样更有利于提升搜索排名，图 6.7 所示为商品详情描述中的热搜关键词。

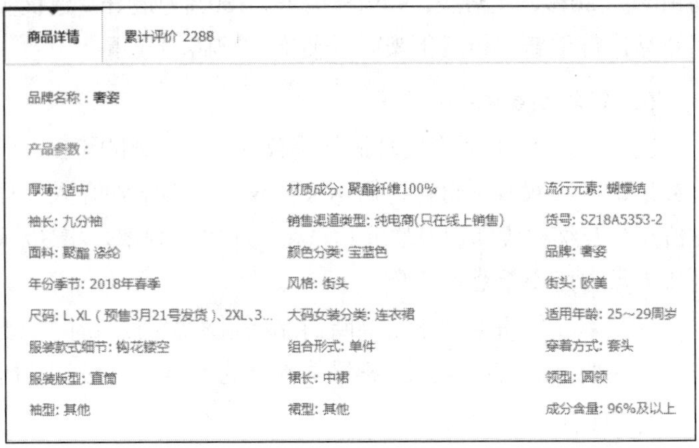

图 6.7　商品详情描述中的热搜关键词

2．商品属性的完整度和准确度

卖家在填写商品属性时，必须尽量完整且定位准确。尽量完整是指尽量按照淘宝网中列举的条目填写完整；定位准确是指描述商品的类目和属性时必须准确，如平底鞋，必须填写为平底鞋，不能写成高跟鞋等，否则容易被淘宝网降权。

3．商品主图和详情

商品主图应该真实反映商品最直观的部分，要避免让过多的文字、图片掩盖商品的真实面貌，要努力让买家通过商品主图了解商品的细节。为了更好地提升买家的搜索购物体验，淘宝网搜索引擎会对质量较差的主图进行流量限制。

如果商品主图能在第一时间吸引买家的注意力，商品详情又能给买家提供与商品本身密切相关的信息，就能提高商品的购买转化率。一般而言，商品详情对商品自然排名的影响主要体现在转化率、跳失率和访问时间等方面，如果这些指标均表现优秀，那么淘宝网搜索引擎会认为商品的主图和详情比较符合买家的需求，从而提升其权重。

4．点击率

点击率是指商品被点击的次数与被显示次数之比。新品上架后的随机展示概率是相似的，在固有的展示次数里，如果点击率高，则表示该商品的标题和图片的搭配比较合理，能够获得不错的关注度，淘宝网则会继续增加该商品的展示机会；反之，如果点击率过低，商品可能会被降低排名。

5．转化率

转化率是指进店的所有访客中成功交易的人数所占的比例，也是商品能否得到买家认可的一种体现。一般来说，转化率高的商品，商品特点描述详细、商品展示图片清晰，并符合买家的实际需求，买家对商品的信任度也较高，淘宝网将对这类商品的排名进行提升。对于转化率过高的商品，为了鉴别真伪，淘宝网将对其进行人工审核，审核合格则给予提升排名的处理，但商品如果被发现存在刷信誉、刷单等情形，则会做降权处理。

6. 交易量

交易量分为商品总交易量和最近 30 天的交易量，淘宝网搜索引擎会以最近 30 天的交易量作为参考。交易量越大，商品的权重越高。

7. 评价

买家对商品的评价对商品在淘宝网的排名有影响。淘宝评价的内容字数、淘宝评价有没有追评、追评的字数、淘宝评价有没有晒图等都会影响排名。

8. 收藏率和加购率

收藏量和加购量从侧面反映了网店或商品的受欢迎程度。收藏率是收藏人数与访客数的比值，加购率是将商品加入购物车的人数与访客数的比值。淘宝收藏率和加购率的提升，意味着网店转化率有提升的潜在动力，也会提升网店或商品的排名。

9. 上下架时间

在淘宝网，商品即将下架时会获得排名提升和更多的展示机会。不同商品上架要分时段，这样才可以保证商品在一天的不同时段都有展示。在交易高峰时段，卖家最好能在线提供服务。

> **📖 小贴士**
>
> **淘宝网的"千人千面"**
>
> 根据淘宝网的"千人千面"排名算法，不同的买家搜索同样的关键词，淘宝网展现的商品排名是不一样的，一般第一名的位置是不变的，其他的商品排名都会针对不同的人群进行匹配，卖家可以利用这个机制，找出商品的对应人群，进行商品优化。

6.2　优化商品标题

6.2.1　关键词的类型

商品标题一般是由若干关键词组合而成的，长度最多为 30 个汉字（60 个字符）。商品标题优化的目的是使商品标题符合买家的搜索习惯以及提高商品被搜到的概率，卖家可以尽可能地组合各种与商品相符的长尾关键词。根据不同的分类法，关键词可以分为不同类型。

6.2.1.1　按照买家搜索的特征分类

按照买家搜索的特征，淘宝网的关键词可以分为如下几类。

1. 核心关键词

核心关键词是指商品的名称或俗称。在商品有多种习惯称呼的情况下，可以多设几个核心关键词，以满足更多人的搜索需求。例如，马铃薯、土豆、洋芋、potato 指的是同一种食物，卖家就可以选择里面最常用的一两个习惯称呼作为该商品的核心关键词。

核心关键词也可分为精准核心关键词和模糊核心关键词。比如，"牛肉干"就是一个精准核心关键词，而牛肉干属于零食，"零食"就属于一个模糊核心关键词。如果某商品的可选关键词比较少，那么商品标题就可以兼有精准核心关键词和模糊核心关键词；如果商品的可选关键词比较多，那么建议多采用精准核心关键词。

2. 属性关键词

属性关键词是指商品的风格、材质及颜色等与属性相关的词语。例如，对于服装来说，风格属性关键词包括"淑女""校园""韩版"等，材质属性关键词包括"纯棉""蚕丝"等。非标品行业会经常使用风格属性关键词，而标品行业则更多使用材质属性关键词。

3. 促销关键词

促销关键词是指关于清仓、折扣、甩卖、赠礼等活动信息的关键词，这类关键词往往最容易吸引买家。因此，卖家经常推出各种促销活动，并将"特价""清仓""打折""大降价"等关键词体现在商品标题中，从而有效地吸引更多人的关注，提高商品和网店的浏览量。

4. 品牌关键词

如果卖家自己的品牌或者代理的品牌有足够的影响力，那么可以在商品标题中加入品牌关键词。品牌分为商品品牌和网店品牌，增加商品品牌关键词可以为买家提供更精确的搜索信息，而增加网店品牌关键词可以为买家提供一个具体、可记忆、便于查找的网店品牌，这对于提高网店知名度和打造品牌都有现实的意义和显著的效果。

5. 人群关键词

人群关键词是指商品销售中针对的目标人群，如"老人""小孩""青年""女性"等关键词。人群关键词经常在一些面向人群比较具体的商品中使用，如内衣等。

6. 功能（功效）关键词

功能（功效）关键词是指描述商品的实际用处或效果的关键词。这类关键词包括"显瘦""保温""保鲜"等，一般在化妆品类商品中使用较多。还有一些功能性比较强的标品也经常使用功能（功效）关键词，如保温杯、空调、保鲜饭盒等商品。功能（功效）关键词在这类商品中属于必加词。

6.2.1.2 按照竞争程度和搜索量的不同分类

按照竞争程度和搜索量的不同，淘宝网的关键词可以分为顶级关键词、二级关键词和长尾关键词。

1. 顶级关键词

顶级关键词是对商品的基本描述，如女装、男装、鞋靴、箱包、笔记本电脑等类目，其名称本身即为顶级关键词。这类关键词搜索量非常大，但是新手卖家很难通过顶级关键词获得较多的流量。

2. 二级关键词

二级关键词是对商品属性的介绍，商品材质、颜色、风格等都属于商品属性，一般由两三个词组成，搜索量大，相当于淘宝网下拉列表中的词语（业内称之为"下拉词"，指在搜索栏中输入关键词后出现的联想词），如"旅行双肩包""落地电风扇""平跟凉鞋""碎花连衣裙"等都是二级关键词。新手卖家要尽量避免直接与大卖家在二级关键词上竞争。

3. 长尾关键词

长尾关键词是指能为网店带来搜索流量的非核心关键词，一般由三个或者多个关键词组成，搜索量不大，但是可以给网店带来较大的流量，如"夏季平跟凉鞋""书包中学生男""女装夏装 2022 新款潮套装女"。长尾关键词主要通过品牌关键词、人群关键词、功能（功效）关键词、行业关键词及通用关键词进行组合。新手卖家可以采用这类关键词制作商品标题。

商品标题一般是"长尾关键词+二级关键词+顶级关键词"的组合。顶级关键词、二级关键词受销量、信用、店铺动态评分、转化率、收藏量的影响最大。长尾关键词搜索精准度较高，卖家可以通过生意参谋等找这类词。小卖家在选择关键词的时候，不要一味地追求搜索量排在前几名的词，可以找一些竞争小、搜索量较多的词，也就是卖家少、买家搜索较多的词，这样可以避开那些热款商品。

6.2.2 关键词的来源

关键词是描述网店商品及服务的词语，选择适当的关键词是提高网店访问量的第一步。卖家可以通过以下途径来选择关键词。

1. 淘宝网搜索栏下拉列表中的关键词

选择关键词的一个重要技巧是选取买家在搜索时经常使用的关键词。在淘宝网首页输入商品关键词，搜索栏会自动匹配最近搜索量大的关键词，有时买家也会选择搜索栏下拉列表推荐的词语。例如，在搜索栏中输入"连衣裙"，会自动弹出一个下拉列表，如图 6.8 所示，"连衣裙"为核心关键词，"连衣裙女"为二级关键词，"连衣裙 2022 秋季新款"为长尾关键词。

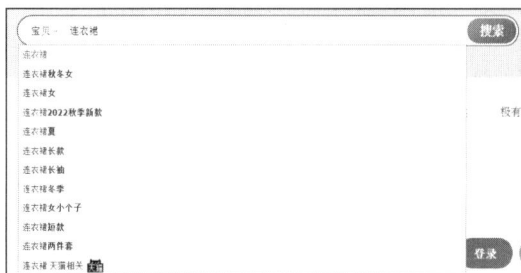

图 6.8 淘宝网搜索栏下拉列表中的关键词

2. 搜索结果页"您是不是想找"中的关键词

图 6.9 中，矩形框所标记的"您是不是想找"中的选项为搜索热词，即二级关键词，卖家可以适当对其中的词加以提炼，将其变为自己商品标题的关键词。

图 6.9 搜索结果页"您是不是想找"中的关键词

3. 销量高的商品标题中的关键词

在淘宝网搜索关键词时，默认是"综合"排序，卖家可以选择"销量从高到低"排序，这时排名靠前的商品的标题设置做得一般都比较好，可以从这些商品标题中获取关键词，如图 6.10 所示。

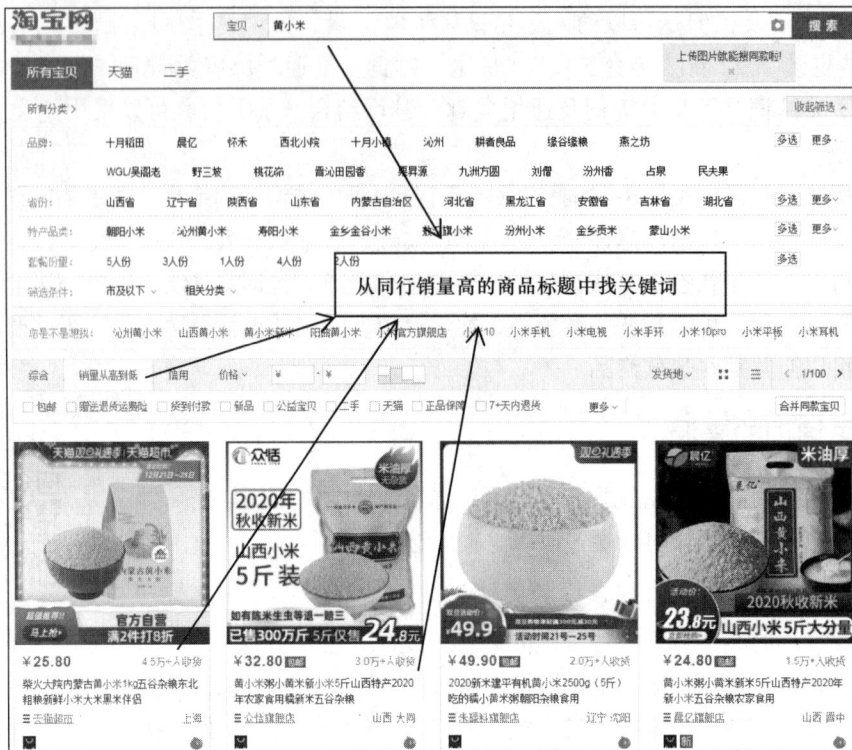

图 6.10　销量高的商品标题中的关键词

4．生意参谋选词助手中的关键词

生意参谋是卖家专用数据分析工具，可以免费订购。进入生意参谋首页后，依次点击"流量"→"选词助手"可以打开图 6.11 所示的页面。通过选词助手，卖家可以快速查找关键词，验证和调整关键词投放策略；了解买家在店内的搜索行为，明确买家的需求；找到更多适合网店的可拓展关键词，用于调整广告投放策略、优化标题或品类规划。

图 6.11　生意参谋选词助手中的关键词

5．淘宝直通车后台"流量解析"工具中的关键词

进入千牛卖家中心，点击"营销中心"→"我要推广"，进入淘宝直通车，依次点击"工

具"→"洞察工具"→"流量解析",在"关键词分析中"框中输入"黄小米",点击"查询"后可以显示相关词推荐列表,如图6.12所示。

图 6.12　淘宝直通车后台"流量解析"工具中的关键词

> 📖 **小贴士**
>
> **淘宝网使用关键词的相关规定**
>
> 淘宝网使用关键词的相关规定为:①标题中不能加入与商品无关的名字和功效陈述;②不能乱用与本商品无关的热推关键字;③不能使用非该商品制造或生产公司的品牌名称;④不得与其他商品和品牌相比较,标题中不得出现贬低其他商品和品牌的词语;⑤不能在标题中使用"最高""最好"等词语进行陈述;⑥不允许任何商品在标题中添加对赠品、奖品的描述;⑦不能以任何理由在同一件商品的标题中使用多种属性关键词;⑧不得在标题中添加未获得的授权及未提供的服务等。

6.2.3　商品标题的优化

1. 商品标题应挖掘高搜索量、低竞争的长尾关键词

有时,在使用相关推荐词、系统推荐词进行搜索时,会发现有些商品的在售数量虽不多,但是搜索量却不小,这些高搜索量、低竞争的关键词通常能为网店引来不少流量,所以卖家要经常主动挖掘这些长尾关键词并将其应用到商品标题中。

2. 商品标题应尽量突出商品的卖点

商品被买家搜到后,如果标题中没有直观展示买家需要的信息,就无法吸引其点击,这就相当于商品虽然获得了展示的机会,却没有有效提高点击率,从而无法实现销售。

> 📖 **小贴士**
>
> 淘宝搜索引擎优化中常犯的错误
>
> [二维码]

3. 不宜频繁地修改标题

不宜频繁地修改标题,标题的变化幅度也不能太大,以每周对局部词做一次替换为宜。

通过生意参谋来监控商品，应重点关注的是标题中哪些关键词给网店带来了流量，哪些关键词连展示机会都没有带来，连续观察一到两周之后，就需要将没有带来展示机会的关键词替换为新的关键词，将能给网店带来流量的关键词保留。对于热卖的商品，修改其标题时一定要慎重，最好不要轻易改动标题。

4. 商品标题中空格的处理和紧密排列

如果标题中要加的关键词本身带空格，那么这个空格就可以保留，如果是两个独立的关键词，我们需要将其组合到标题中，加不加空格都可以。一般情况下，一个标题中最多可以出现两三个空格，这样能使标题显得紧密。

优化商品标题还应该注意紧密排列的原则。例如"无袖连衣裙"可以拆分为"无袖"和"连衣裙"两个关键词，而通常情况下，买家搜索"无袖连衣裙"时，系统会优先展现紧密排列的、关键词为"无袖连衣裙"的商品。

5. 要尽可能避免关键词内耗

一般来说，对于同一时间内的相同关键词，一个网店通常最多只能有两款商品排到展示的第一页，其他页面也有类似的约束。假如一家网店有五款连衣裙，销量接近，下架时间也比较接近，而且商品标题都包含"2022 夏季新款"，那么就会出现关键词内耗，可能会有三款商品的展示机会被浪费。为此，卖家应挑出其中的三款商品，修改其标题中的关键词，不采用"2022 夏季新款"，不与另外两款商品发生关键词内耗，这样有助于获得更多的展示机会。因此，品类相同、下架时间接近、销售权重接近的多款商品，如果拥有相同的关键词，卖家应适当替换掉一些关键词，以获得更多的展示机会。

6. 制作商品标题时不可刻意追求"标准化"

制作商品标题时，应尽量让标题生动、自然一些，不可刻意追求"标准化"，否则不利于为买家带来个性化的购物体验，会影响商品的转化率和复购率。

7. 标题优化应与属性优化、上下架时间优化相配合

为了达到更好的效果，标题优化应与属性优化、上下架时间优化相配合，且标题不能一成不变，应根据流量情况进行反复测试。

📖 **小贴士**

问：商品标题中关键词位置的变动对搜索权重有影响吗？

答：商品标题中关键词位置的变动对搜索权重没有影响，修改标题时，可以变更关键词的位置。

6.3 其他类型的优化

6.3.1 类目优化

淘宝网、天猫的类目是指为适应买家有针对性地选购各种各样的商品而对商品做出的分类，同时也能对网店起到规范和引导作用。

淘宝网商品的搜索，大部分是通过输入关键词来进行的，还有很多买家根据商品的类目进行搜索，或者将关键词和类目相结合，先用关键词找出相关商品，再通过类目做进一步的筛选。

1. 按照淘宝网、天猫类目优选原则发布商品

淘宝网、天猫掌握着大量的数据，可以根据数据统计出买家在搜索某些关键词时侧重购买哪个类目下的商品。同时，淘宝网、天猫也能够清楚地统计出该关键词对应的商品每天在哪个类目下成交量最多，从而将该类目作为优选类目。

比如，在淘宝网、天猫搜索关键词"连衣裙"时，会发现搜出来的结果无论是自然搜索结果页面，还是右侧和底部的直通车商品展示，几乎都是女装，而不是童装或其他服装。实际上，"连衣裙"不仅属于"女装"类目，也可以属于"童装"类目，毕竟"童装"类目下也有"儿童连衣裙"。因为"女装"类目下的"连衣裙"成交量最大，所以搜索引擎会优先匹配"女装"类目，而且搜索出来的商品也全部是女装，如图 6.13 所示。

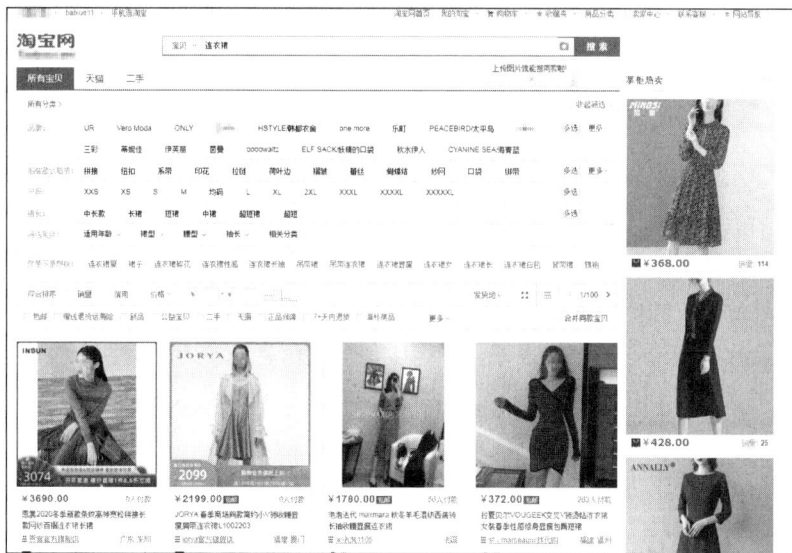

图 6.13　在淘宝网首页搜索"连衣裙"出现的页面

当然，如果买家希望购买"儿童连衣裙"，那么在搜索栏中搜索"儿童连衣裙"，出来的结果几乎都是"童装"类目下的商品。

再如，要发布一款孕妇连衣裙，选择类目时应选择"孕妇装"还是"女装"呢？实际上，在淘宝网、天猫的搜索栏中搜索"孕妇连衣裙"时，系统推荐的第一类目是"孕妇装"下的"连衣裙"（见图 6.14）。假如把"孕妇连衣裙"放在"女装"类目下，商品即使很好，也难以被展示。

一般而言，发布商品时，如果不确定商品属于哪个类目，可以用一个精准的关键词在搜索栏中进行搜索，然后选择系统推荐的排名第一的类目。另外，商品所属的类目往往是分级的，为此，要从一级类目开始，一级一级地正确选择，确保类目层次准确、清晰。

2. 避免类目、属性设置错误

由于淘宝网的类目众多，新手卖家很可能因为搞不清楚而选错商品的类目和属性，也有部分卖家故意错放商品类目，希望以此获取更多的流量。不管是出于哪种原因选错商品的类

目或属性，都会给商品带来负面影响，甚至使商品被降权。

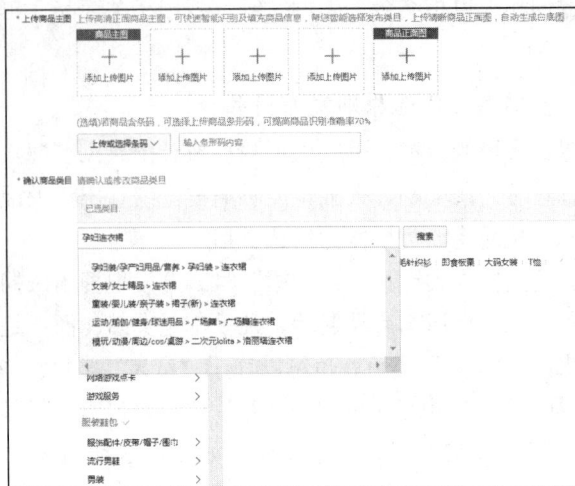

图 6.14 "孕妇连衣裙"类目的选择

（1）类目与商品不相关。这种情况最直接的影响就是在淘宝网搜索商品的标题时找不到该商品。

（2）属性设置有误。例如，一个卖家售卖手机，在进行商品编辑时，属性里有多个内存选项，如设置有误，该商品就有可能被降权。

（3）类目划分不清晰。在为商品划分类目时，卖家首先要明确商品是给谁用的，要考虑其使用的场景，以及对应的使用人群。此外，建议卖家将商品有辨识度的信息放在标题中，如商品名称、品牌名称、型号等。一般来说，标题中包含的信息越多，越有利于买家进行选择。

很多卖家在选择类目的时候比较随意，没有从根本上认识到类目选择的重要性。实际上，卖家在后台上传商品的时候，类目准确度越高，商品属性填写越完善，商品排名就越靠前，越容易被买家精准搜到，从而增加网店流量。

6.3.2 商品属性优化

商品属性的优化直接影响其转化率。

6.3.2.1 商品属性优化的原则

（1）必须正确。填写商品属性时，不能写错。

（2）必须齐全。淘宝网所给的属性栏要全部填写完整，不能空着。

（3）必须含有关键词。商品属性中一定要含有关键词，如"短裙女白色""短裙""白色"就是商品属性关键词。

📖 **小贴士**

正确填写商品属性的重要性

①淘宝网、天猫搜索引擎调用的参数主要是标题，其次就是商品属性；②从淘宝网首页的类目进去看到的商品，有的标题中并没有包含类目词，但同样能被展示出来，就是因为商品属性中有该类目词；③淘宝网在搜索时会选取相应类目中具备某些属性的商品，然后进行排序，如果商品属性填写不完整或者填写错误，就会导致商品在淘宝网按类目调用时被遗漏，这样商品就失去了按类目展示的机会。

6.3.2.2 商品属性优化的技巧

1. 充分了解商品特性

卖家在开始销售商品前，必须清楚地了解应该从哪些方面去分析商品的属性，在商品发布界面列出对应的属性，如图 6.15 所示。卖家可根据自己对商品的了解列举属性，属性要尽量列全。

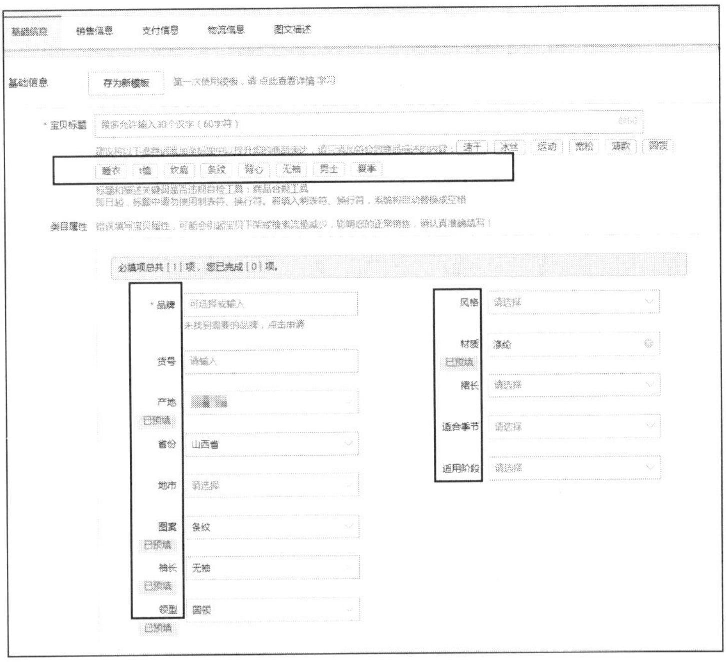

图 6.15　填写商品属性

2. 填写商品属性的技巧

（1）商品属性填写的准确程度，以及与市场的匹配程度，会影响其搜索排名，从而影响访问流量。因此，淘宝网、天猫的卖家要努力优化商品属性。下面举例说明属性优化的技巧。比如，发布一款孕妇连衣裙时，在其属性栏中可加入"韩版、欧美、休闲、原创设计"等风格，卖家要根据实际情况分析并选择。如果网店整体风格强调的是韩版，那么服装属性一栏可以侧重于填写韩版；如果网店没有明显的风格，只是想知道填写什么样的属性对搜索有利，能够带来更多的流量，那么就需要进行数据分析了。比如，可以分析在淘宝网、天猫上搜索"孕妇连衣裙"的买家喜欢哪种服装风格。通常情况下，哪种风格被搜索得越多，就意味着在其他条件不变的情况下，哪种风格获得的流量更多。

（2）填写商品属性时，不必一味追求搜索量大的属性关键词，而是要选择适合自己商品的属性关键词。这是因为，搜索量越大的属性关键词，竞争越激烈，所以如果卖家要选择热门关键词，就要有足够的条件争取到较高的权重。相对而言，有些关键词搜索量小，竞争也不那么激烈。具体选用哪种属性关键词，卖家应根据市场及自己的情况来决定。

6.3.3　商品上下架时间优化

商品上下架时间是影响商品排名的因素之一，越临近下架的商品，排名越有可能靠前。

对于小卖家或者新开设的网店而言，受成本和网店等级的影响，很多推广活动都无法参加，此时设置商品上下架时间就成了获取商品流量非常有效的手段。针对新品，淘宝网有流量扶持政策，新品更有可能排在前面。卖家一定要抓住上下架时间点做好网店的营销活动，提高网店的流量和转化率。

6.3.3.1　分析商品的上下架时间

1. 根据不同的消费人群分析最佳的商品上下架时间

在进行网络购物时，不同的消费人群会有不同的消费习惯和消费时间。卖家通过分析某行业商品每天和每周的访问高峰，可以基本确定消费人群的主要购物时段，从而有针对性地设置商品的上下架时间，以引入更多的有效流量。如目标消费人群为上班族的商品，其销售高峰一般是上班休息时间和下班后的时间，在这两个时段里，商品的有效流量最多。淘宝网提供了很多经营数据分析工具，利用这些工具均可对买家年龄、性别、消费时间等进行分析，从这些分析工具中提取的数据即可作为设置商品上下架时间的依据。

2. 分析行业上下架情况与网店上下架情况

分析行业上下架情况主要是为了避开实力强劲的竞争对手，有针对性地规划商品的上下架时间。热门行业中的中小卖家在市场中的竞争力比大卖家弱，如果商品上下架时间与大卖家一致，则很可能在商品下架时无法获取靠前的排名，因此通过分析大卖家的商品上下架时间，中小卖家可以避开与其正面竞争。如果是竞争力较强的卖家，则可参与流量高峰期的竞争，以实现流量的最大化。

6.3.3.2　优化商品上下架时间的技巧

卖家为了更多地引入流量，需要将商品的上下架时间设置为目标买家的主要消费时段，同时要避开流量极少的时段，除此之外，还可通过一些小技巧来优化商品的上下架时间，以更好地获得流量并留住有效流量。

1. 商品上下架周期

淘宝网的商品上下架周期为 7 天，即从商品上架开始计算，7 天后即为商品下架的时间，如果商品的销售情况正常，淘宝网会继续自动上架该商品。由于淘宝网卖家的数量非常庞大，同一时段下架商品数量众多，或者卖家将下架时间设置得不合理，导致部分商品就算设置了下架时间，也无法获得良好的展示机会，此时就需要优化商品的上下架时间。

例如，某卖家在周五 11:30 发布了一件商品，那么到下周五的 11:30 即为一个周期。假如自发布之日起，自然搜索每天能带来 60 个访客，那么临近下架时间时，在不考虑其他因素的情况下，该商品会优先展示在其他商品前面。当然，在实际的商品排名中，搜索引擎会综合考虑各种因素，但是上下架时间是其中重要的一个方面。

2. 将商品上下架时间设置在流量高峰时段

一般来说，淘宝网周一、周五两天的流量最大，因此很多卖家都把商品设置在周一或周五上下架。另外，卖家还需要了解每天目标买家上网的主要时段，如 8:00—12:00、14:00—17:00、20:00—22:00 均为访问量较大的时段。当然，具体时间安排应以本行业目标消费人群的活动时间为依据。

3. 商品上下架时间分布

在设置商品上下架时间时，一般以引流商品为主，然后合理分配其他商品的上下架时间。注意，网店商品不要在相同或者较短的时段内全部上下架，最好合理分布在一周中分批上下架，以使网店在一周中能保持稳定的搜索排名。

4. 将上下架时间与竞争对手错开

高峰时段的流量多，但是众多的卖家一窝蜂地选择在高峰时段上下架商品，这就意味着每家网店平均获得的流量不会很多。按照淘宝网展现规则，当关键词被搜索时，最多可以展现两款同店商品。为了让同类商品获得更多展现机会，同类商品也应进一步分开，上下架时间不要过于集中，从而获得更多的流量。同时，卖家还要分析竞争对手，比如，若本店的"爆款"跟竞争对手的"爆款"存在差距，就要主动将其上下架时间和竞争对手错开，以免受到影响；若本店"爆款"已经是行业内的"爆款"，那么就要将其调整到流量最大的时段上下架，从而获得尽可能多的流量。

一般来说，选择整点上下架商品的网店较多，如果同类商品的卖家数量众多，可能会减少商品的展示机会，因此建议避开整点上架。

注意： 商品上下架时间不要轻易改动，否则会影响商品临近下架时间时的权重，并会对其排名有影响。因为很多类目的商品的下架时间是影响排名的重要因素，所以对下架时间的优化，也一定要在上架之前完成。

本章小结

网店的搜索引擎优化对提升网店自然搜索流量起着至关重要的作用。本章从淘宝网的自然搜索规律、优化商品标题、其他类型的优化等方面介绍了网店搜索引擎优化的相关知识，旨在让读者掌握网店搜索引擎优化的方法和技巧，有效提升网店的流量和转化率。希望读者通过本章的学习，可以有效地为网店引入流量，提升转化率，最终提升网店的销售额。

课后习题

一、名词解释

网店 SEO　跳失率　动销率　滞销率　商品权重　点击率　转化率　纠纷退款率

二、单项选择题

1. 淘宝网店的 SEO 主要是（　　　）。

　　A. 淘宝网的站内优化　　　　　　　　B. 淘宝网的站外优化

　　C. 网店在淘宝网内的搜索排名　　　　D. 网店在淘宝网外搜索引擎的排名

2. 计算淘宝网店的动销率，一般以（　　　）为一个周期。

　　A. 30 天　　　　B. 90 天　　　　C. 10 天　　　　D. 60 天

3．计算淘宝网店的滞销率，一般以（　　　）为一个周期。

    A．30 天　　　　　　B．90 天　　　　　　C．10 天　　　　　　D．60 天

4．新手卖家最好选择（　　　）关键词。

    A．顶级关键词　　　B．二级关键词　　　C．长尾关键词　　　D．类目关键词

5．一般来说，对于相同时间内的相同关键词，一个网店在同一页面中最多有（　　　）商品能被搜到。

    A．不固定　　　　　B．1 件　　　　　　C．2 件　　　　　　D．3 件

6．纠纷退款率是指（　　　）内退款纠纷笔数占成交笔数的比例。

    A．30 天　　　　　　B．90 天　　　　　　C．10 天　　　　　　D．60 天

7．商品上下架周期为（　　　）。

    A．7 天　　　　　　B．14 天　　　　　　C．30 天　　　　　　D．90 天

8．下面的关键词中，属于"二级关键词"的为（　　　）。

    A．凉鞋　　　　　　　　　　　　　　B．平跟凉鞋

    C．平跟凉鞋女夏季新款　　　　　　D．平跟凉鞋女夏 2018 新款

三、多项选择题

1．淘宝网的 SEO 应主要优化（　　　）。

    A．类目　　　　　　B．商品上下架时间　C．标题　　　　　　D．属性

2．淘宝网排名规则中的"相关性"主要包括（　　　）三个方面。

    A．类目相关　　　　B．属性相关　　　　C．标题相关　　　　D．图片相关

3．（　　　）对搜索权重是有帮助的。

    A．停留时间长　　　B．无跳失　　　　　C．上下浏览　　　　D．快速浏览

4．影响网店权重的因素有（　　　）

    A．跳失率　　　　　B．消费者保障服务　C．回头客　　　　　D．店铺动态评分

5．下面的关键词中，属于"长尾关键词"的为（　　　）。

    A．凉鞋　　　　　　　　　　　　　　B．平跟凉鞋

    C．平跟凉鞋女夏季新款　　　　　　D．平跟凉鞋女夏 2023 新款

四、判断题

1．优化商品标题时，不宜频繁地修改标题，变化幅度也不能太大。（　　　）

2．商品标题中关键词位置的变动对搜索权重有影响。（　　　）

3．新手卖家可以通过顶级关键词获得较多的流量。（　　　）

4．动销率为 60% 是及格线。（　　　）

5．编写商品标题时，要尽量追求"标准化"。（　　　）

6．商品标题中某个关键词带空格和用文字隔开的效果是一样的。（　　　）

7．淘宝网店做促销时，可以在商品标题中添加对赠品、奖品的描述。（　　　）

8．很多卖家在选择类目时，如果不知道该放在哪个类目，可选择"其他"类目。（　　　）

9．填写商品属性时，不必一味追求搜索量大的属性关键词，卖家要选择适合自己商品的属性关键词。（　　　）

10．越临近下架的商品，排名越有可能靠前。（　　　）

11．网店的多种商品可以在相同或者较短的时段内上架。（　　　）

12．商品上下架时间不能轻易改动。（　　　）

五、简答题

1．简述淘宝网自然搜索的原理。

2．影响网店权重和商品权重的因素分别有哪些？

3．你如何理解上下架时间对商品排名的影响？简述优化商品上下架时间的技巧。

4．淘宝网搜索引擎筛选商品共分为哪几步？分别是什么？

5．淘宝网搜索引擎包括哪些处罚重点？请对其进行简要分析。

实训任务

实训任务一：分析影响商品排名的因素

在淘宝网搜索自己网店中的商品，然后回答下面的问题。

1．如果有的商品搜不到，请分析其原因。

2．如果有的商品能搜到，但排名靠后，请分析其原因。

实训任务二：商品标题的优化

1．为自己淘宝网店的某一商品编写有利于在淘宝网被搜索到的标题，灵活组合三种级别的关键词，并说明标题中每一个关键词的类型。

2．用生意参谋或其他查找关键词的工具或方法，查找上面编写的商品标题中的每一个关键词，说明关键词选择是否合理，如果不合理应该如何优化。

实训任务三：类目优化与属性优化

1．查找自己的淘宝网店中的某一款商品，分析其类目放置是否合理，如果不合理应该如何优化。

2．在淘宝网发布"孕妇连衣裙"商品，分析为什么不能选择"连衣裙"类目发布，应该选择怎样的类目发布。用截图的方法来分析说明。

3．如果要发布"孕妇连衣裙"，应该如何选择属性（用截图的方式表示）？请说明为什么这样选择。

视野拓展

如何提高淘宝搜索排名

如何用内容营销来驱动长尾词搜索引擎优化？

标题优化的法则

第7章 网店营销和推广

【知识框架】

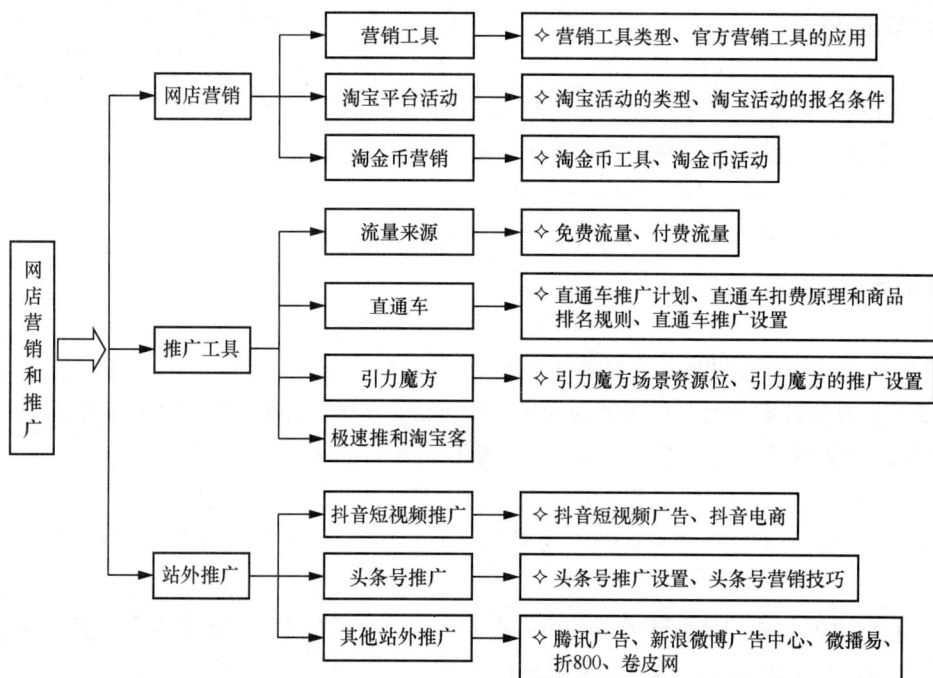

【学习目标】

1. 学会在淘宝网店内设置营销活动。
2. 学会在淘宝网推广淘宝网店和商品。
3. 学会利用其他网站推广淘宝网店和商品。

网店的营销是指买家上门后，利用有效的促销宣传手段促成交易，简单来说就是要让买家"选择我们"。网店的推广是指通过一定的媒介有计划地进行网店传播的活动，简单来说就是要让买家"知道我们"。网店营销与推广首先面临的就是流量问题，网店的流量即网店的访问量，它直接影响网店的销量。

对于网店而言，其流量主要有站内流量和站外流量。有了流量以后就要考虑如何提升网店转化率，提升网店转化率的途径主要是做网店营销。

7.1　网店营销

网店营销主要用于提升网店转化率、网店销量、客单价和网店复购率等。网店营销包括创建店内营销活动和参加平台营销活动两种方式。店内营销活动是运营网店时不可缺少的营销活动，按时间长短可分为三种，即短期活动（常见的为1～3天，最多不超过1周）、中期活动（一般为15～30天，最多不超过90天）、长期活动（常年进行的一些活动，如VIP活动等）。平台营销活动一般包括聚划算、百亿补贴、淘抢购和天天特卖等活动。

7.1.1　营销工具

店内营销活动就是以品牌推广、新品预售、清仓处理、积累买家为目的，以节日、事件为载体，通过限时打折、满就送、赠送优惠券、包邮等手段有计划实施的一系列促销活动。店内营销活动通过营销工具来实现，常用的营销工具如下。

7.1.1.1　营销工具类型

1. 官方营销工具

淘宝网的千牛卖家中心提供了一些营销工具，如优惠券、单品宝、店铺宝、搭配宝等。按"千牛卖家中心"→"营销"→"营销工具"的顺序点击，即可看到这些营销工具，如图7.1所示。

图7.1　官方营销工具

2. 服务市场提供的营销工具

进入千牛卖家中心，点击"服务"进入服务市场，选择"流量/运营/管理工具"→"打折促销"，在出现的页面中可以选择订购合适的促销工具进行店内营销，如美折促销、欢乐逛、促销宝、火牛、掌中宝、好店长、促销魔方、全民促销、宝贝团、百宝箱、无

> **小贴士**
>
> **B店和C店**
>
> B店是指B2C类网店，天猫上开设的网店一般属于B店。C店是指C2C类网店，淘宝网上的普通店铺都叫C店或集市店。

线宝等。图 7.2 所示为服务市场页面。

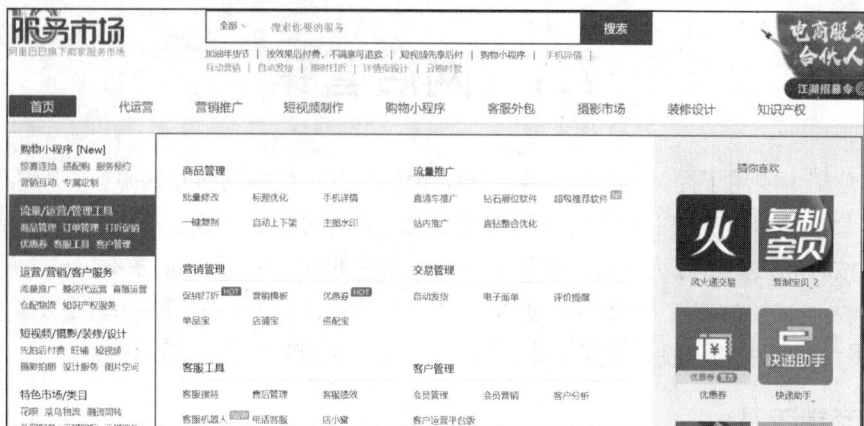

图 7.2 服务市场页面

在服务市场搜索栏中输入"促销工具"进行搜索，出现图 7.3 所示的页面。在这些促销工具的使用上，B 店和 C 店是有明显差别的，一般淘宝网官方提供给 B 店卖家的促销工具是免费的，而提供给 C 店卖家的大部分工具是收费的，C 店卖家在购买之前可以选择试用版进行体验。

图 7.3 服务市场促销工具

7.1.1.2 官方营销工具的应用

官方营销工具主要用于店铺引流、提升转化率、提升客单价等目的。其中，店铺引流工具包括优惠券、裂变优惠券和权益中心；提升转化率工具包括单品宝、赠品、全店包邮和 N 元任选等工具；提升客单价工具包括店铺宝和搭配宝。选择相应的工具即可创建各种促销活动。

1. 优惠券

优惠券是一种虚拟的电子券，卖家可以在不用现金充值的前提下针对新买家或者不同等级的会员发放不同面额的优惠券。卖家还可以通过优惠券向买家提供一些优惠措施，如包邮等。所有优惠券的创建及设置都是通过官方营销工具"优惠券"来实现的。

优惠券包括商品优惠券、店铺优惠券两种类型。

（1）商品优惠券：定向优惠，买家购买特定商品可凭券抵扣现金。

（2）店铺优惠券：全店通用，买家购买全店商品可凭券抵扣现金。图 7.4 为某店铺优惠券的页面截图。

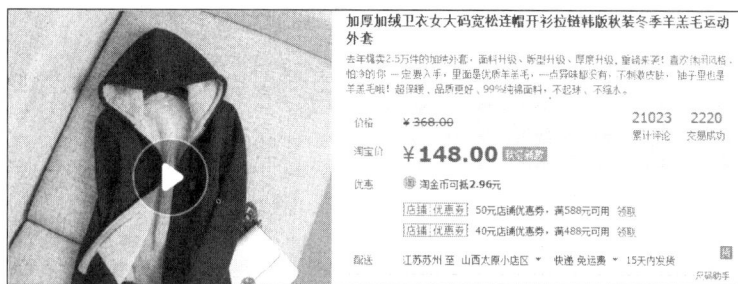

图 7.4 某店铺优惠券的页面截图

📖 **小贴士**

裂变优惠券

裂变优惠券是以"邀请领券"的形式来吸引网店新粉丝和新买家的，适合好友社交传播，是拉新引流"神器"。例如，买家抽中裂变优惠券的大额父券后，被告知只有分享给 3~5 个好友才能领取，于是将其分享给好友，被分享的好友看到分享的优惠券链接或淘口令后，打开淘宝，进入店铺，获得子券，并发现"分享得大额券"活动，再次发起共享，继续裂变触达 3~5 位好友。裂变优惠券建议设置为店铺优惠券，这样其分享范围和使用范围会更广；如果设置为商品优惠券，则一定要选择应用于"爆款"商品。

2. 权益中心

权益中心主要用于针对会员设置权益，如图 7.5 所示。权益中心页面包括"权益市场""权益管理""权益投放""数据看板"等功能。卖家可以在权益市场购买红包、限直播间可用红包、淘金币、优酷会员、淘票票优惠券等权益，然后投放在权益直发、猜你喜欢短视频、店铺宝买赠权益活动、支付宝花呗金、淘宝群聊红包喷泉及淘宝直播等渠道。"数据看板"则可以查看活动产生的数据。

图 7.5 权益中心

3. 单品宝

单品宝即原"限时打折"，可支持 SKU 级打折、减现、促销价。单品宝是淘宝网提供给卖家的一种网店促销工具，订购了此工具的卖家可以在自己网店中选择一定数量的商品，在一定时间内以低于日常价的价格进行促销。

单品宝具有如下功能。

（1）活动创建。借助单品宝可以设置促销时段，并精确到秒；优惠方式包括打折、减现、促销价等，图 7.6 为单品宝促销活动。

图 7.6　单品宝促销活动

（2）活动管理。借助单品宝可以设置未开始、进行中、已结束三种活动状态，还可以一键重启已结束的活动。

（3）商品管理。借助单品宝可以修改商品的优惠信息。

4. 店铺宝

店铺宝即原"满就减（送）"，为网店级优惠工具。它支持创建部分商品或全店商品的满减、满折、满包邮、满送权益、满送赠品等营销活动。

店铺宝具有如下功能。

（1）活动创建。满减活动起始时间精确到秒，优惠内容包括满送优惠券、打折、减现、包邮、赠品、送权益等，优惠对象支持定向人群等。

（2）活动管理。店铺宝支持活动状态筛选、活动名称搜索，可一键重启已结束的活动以及暂停进行中的活动等。

（3）活动数据分析。店铺宝支持参加活动商品的基础数据分析。

图 7.7 所示为店铺宝"满就送"活动的页面截图。

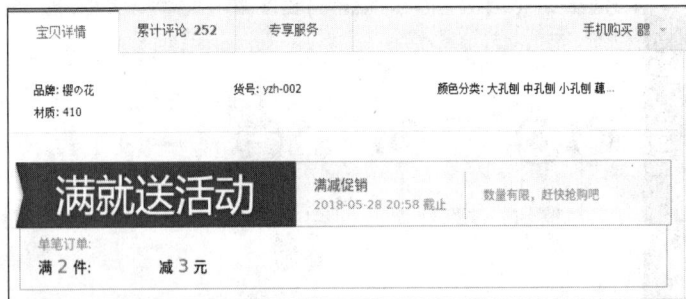

图 7.7　店铺宝"满就送"活动的页面截图

5. 搭配宝

搭配宝即"搭配套餐"，为商品关联搭配工具。搭配宝加入了智能算法，用以推荐合适的搭配商品，提升客单价和转化率。"搭配套餐"是将几种商品组合设置成套餐来销售，通过促销套餐让买家一次性购买更多商品。搭配宝可以提升网店销售业绩，提高购买转化率和商品曝光率，节约人力成本。此工具目前不支持虚拟类商品。图 7.8 所示为某网店搭配宝活动的页面截图。

图 7.8　某网店搭配宝活动的页面截图

搭配销售的注意事项如下。

（1）一个套餐最多可以同时搭配五件商品，套餐中每件商品都可以由买家评价。

（2）套餐的总价要低于单件商品原价的总和。如果套餐的总价高于单件商品原价的总和，系统将自动按原价总和销售。

（3）套餐中的商品关联性要强。搭配商品时要注意商品结构的搭配，关联性一定要强，否则强制搭配不仅不会带来有利的结果，反而可能会降低买家的购物热情。

6. N 元任选

N 元任选是一种凑单型的新营销方法，将单价相近的商品加入活动商品池，组成固定优惠价，如 99 元任选 3 件。N 元任选对买家来说，可以固定价格购买一组商品，灵活性强，更好凑单；对卖家来说，可提升人均购买件数和人均购买单价。图 7.9 所示为某网店 N 元任选活动的页面截图。

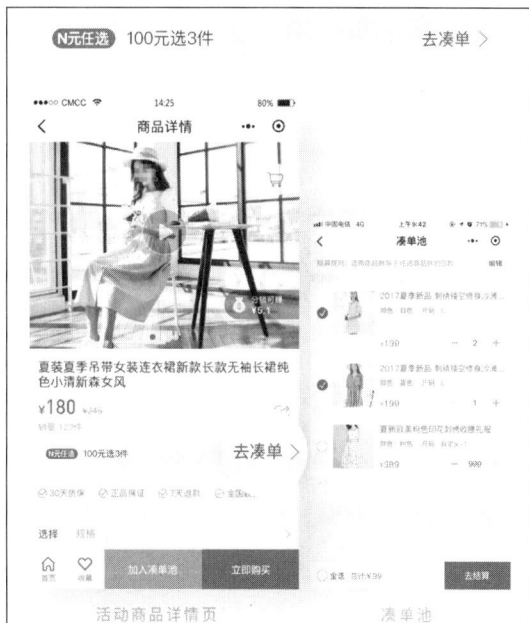

图 7.9　某网店 N 元任选活动的页面截图

7.1.2　淘宝平台活动

淘宝平台活动是网店流量的重要来源之一，无论是收费还是免费，网店一旦参加，都将获得巨大的流量。

目前，淘宝活动主要通过淘宝商家营销活动中心报名。卖家依次点击"千牛卖家中心"→"营销"→"营销活动"→"活动报名"，可以看到平台正在进行的活动，如图 7.10 所示，从中选择合适的活动点击"立即报名"即可进入淘宝商家营销活动中心，并在打开页面中点击"去报名"即可进入淘宝商家营销活动中心，如图 7.11 所示。

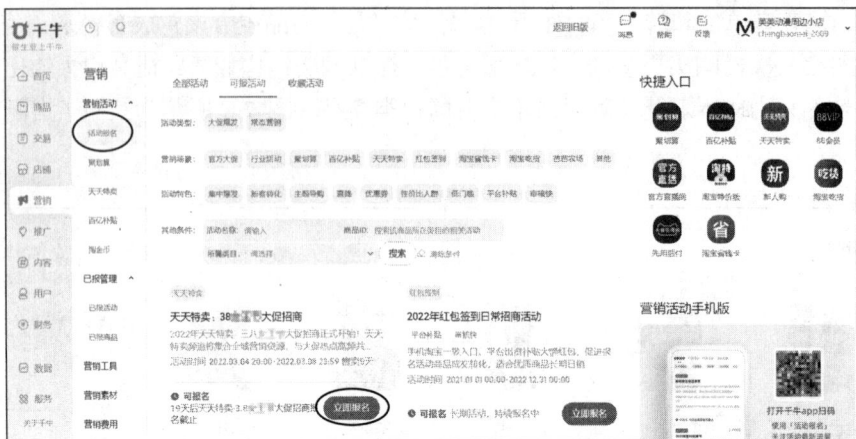

图 7.10　营销活动页面

图 7.11　淘宝商家营销活动中心

7.1.2.1　淘宝活动的类型

在淘宝商家营销活动中心可以看到，淘宝网的活动可分为"大促爆发""常态营销"两种类型。选择"可报活动"，可以筛选出网店能参加的淘宝网的营销活动。选择合适的营销活动，点击"立即报名"，即可报名参与该活动，如图 7.12 所示。

图 7.12　淘宝网的活动类型

1. "大促爆发"

"大促爆发"的营销场景主要有官方大促、聚划算、天天特卖，其中聚划算和天天特卖既属于"大促爆发"活动，又属于"常态营销"活动。

淘宝网官方大促最重要的有"两新一促一节"四大活动。"两新"指每年4月春夏服饰新品发布、8月秋冬服饰新风尚，"一促"指每年6月年中大促，"一节"指"双十一"狂欢购物节。除了这些活动，还有一些大的活动，如淘宝创业节、制造好货、淘宝年货节、岁末折扣季、淘宝嘉年华、淘宝99划算节等。此外，还有在节日，如元旦节、春节、中秋节、国庆节等开展的促销活动。

2. "常态营销"

"常态营销"的营销场景主要有行业活动、聚划算、百亿补贴、天天特卖等，点击进入相应的营销活动，查看报名条件，符合条件的网店均可报名参加。

（1）行业活动。行业活动主要指类目频道和类目主题的活动。每个一级类目都属于自己的类目频道，频道内会有固定的频道活动及不定期的主题活动。

一般卖家参加的活动都是有层级的，卖家可以根据网店实际情况参加相应的活动。刚开始，卖家可以积极参加类目活动，提升网店基础销量。因为类目活动主题和引入人群的匹配相对精准，前期参加类目活动可以带来较好的流量转化效果，网店基础销量、店铺动态评分都可以得到很大的提升。然后，卖家可以关注渠道活动，渠道活动带来的流量比类目活动带来的流量大，可以使网店流量稳定增长。最后，如果类目活动和渠道活动都参加过且效果良好，网店也有基础销量，并且基础销量权重已优化到一定程度，卖家就可以整合全年运营规划，争取参加大型平台活动了。

（2）聚划算。聚划算是淘宝网的团购频道。一般来说，聚划算的活动包括商品团、品牌团、聚名品、聚新品、品牌清仓等，参与的商品类别有美容类、彩妆类、女装类、男装类、男鞋女鞋类、配饰类、箱包类、金银珠宝类、母婴类、保健品类、食品类、大型运动器械类、家居家纺类、汽车用品类，几乎所有淘宝商品都囊括其中。

（3）百亿补贴。百亿补贴是指平台或卖家在供货价基础上给买家一定的让利以打造全网低价。2019年"双十二"，淘宝上线了"聚划算百亿补贴"，当天，百亿补贴就吸引了超过500万人次的访问。

淘宝网的百亿补贴有两种进入方式，一种是点击手机淘宝首页的聚划算频道，进入后就能看到百亿补贴的入口，如图7.13所示；另一种是直接登录手机淘宝后，在搜索栏中输入"百亿补贴"，就可以看到百亿补贴入口（天猫App和电脑端暂不支持），如图7.14所示。

（4）天天特卖。天天特卖联合源头供应商提供高性价比商品，参加活动的商品除在天天特卖频道展示外还有机会在淘宝特价版、支付宝、手淘主搜等渠道展示。天天特卖意图打造一个"C2M智能中台""天天特卖定制工厂"，其目标是成为新制造的生态服务平台。一方面，天天特卖根据阿里巴巴所积累的数据对产品销量进行预测，从而对工厂产能做出判断，以减少产能过剩；另一方面，结合菜鸟、阿里云、1688等阿里系业务，为中小工厂提供仓储配送、云计算、小微贷款等服务。

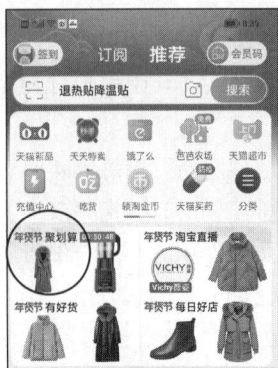

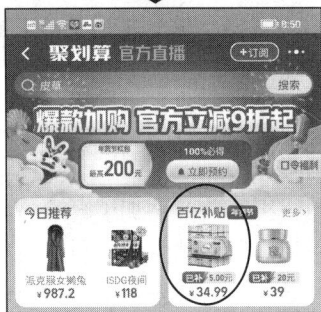

图 7.13 从聚划算中进入百亿补贴

图 7.14 搜索进入百亿补贴

天天特卖有爆款商品推荐、日常活动和大促活动三类，其中日常活动又包括低价狂欢、品牌折扣、超级爆款等频道。

7.1.2.2 淘宝活动的报名条件

淘宝官方和第三方平台为卖家提供了一系列的活动，以帮助卖家提升流量、促进销售，但这些活动基本上都是有条件的。一般而言，这些活动对卖家的要求主要体现在以下几个方面。

1. 网店资质要求

网店资质包括开店的时间，B 店、C 店级别，参加买家保障计划，实物交易占比，店铺动态评分，违规级别要求等。由于 B 店是淘宝网重点扶持的对象，因此，绝大部分活动都对 B 店开放。而 C 店根据级别不同，能参加的活动也有差别。为了体现淘宝网对不同级别网店的照顾，一些活动仅限 B 店参加，而另一些活动仅限 C 店参加。一般网店参加淘宝营销活动，需满足以下几个条件。

（1）网店需支持淘宝消费者保障服务。

（2）近半年店铺动态评分三项指标均值不得低于 4.6（开店不足半年的自开店之日起算），主营一级类目为保险、特价酒店/特色客栈/公寓旅馆的网店除外。

（3）除特殊类型网店外，网店实物交易占比需在 95%及以上。

（4）除特殊主营类目外，网店的近 30 天纠纷退款率必须小于 0.1%。

2．商品要求

一般来说，淘宝网对商品近 30 天的销售数量和好评数量、参加活动商品数量、价格折扣及佣金等都有要求。

3．无违规要求及发货时限要求

淘宝网的活动对网店和商品都有无违规要求及发货时限要求等。

7.1.3　淘金币营销

淘金币是手淘 App 的免费营销工具，包括淘金币全店抵扣、淘金币频道基础推广工具及淘金币活动等。点击"千牛卖家中心"→"营销"→"营销场景"→"淘金币"，可以进入淘金币卖家服务中心，如图 7.15 所示，开通淘宝币工具后全店商品将立即支持最高 3%淘金币抵扣优惠。

图 7.15　淘金币卖家服务中心

1．淘金币工具

在淘金币卖家服务中心页面中部，可以看到主要的淘金币营销工具，包括金店金币抵扣、金币店铺粉丝运营、直播亲密度工具、金币频道推广和金币流量保障等工具，如图 7.16 所示，点击"去看看"可以进入相应工具设置页面。

图 7.16　淘金币主要工具

（1）全店金币抵扣。卖家通过设置金币抵扣优惠让利消费者，获得手淘搜索、猜你喜欢、商品详情等醒目透标，可以吸引千万级淘金币高活用户下单。淘金币抵扣默认为 3%，也可以设置为 5% 或 10%。另外，卖家可以设置高比例折扣商品和不参加抵扣的商品。

（2）金币店铺粉丝运营。金币店铺粉丝运营对于拉新、增粉、推广商品等都是非常有益的，主要在金币频道进行推广，包括引导用户浏览 10 秒送金币、定向推广商品送金币、引导用户进直播间送金币的功能。

（3）直播亲密度工具。开通直播亲密度工具后，直播间将获得更高的流量权重。卖家通过发放淘金币奖励，引导用户更多参与直播间互动和购买。开通该工具的前提条件是先开通金币频道推广工具。

（4）金币频道推广。卖家用获得的淘金币在金币频道的搜索和信息流获取流量，推广商家店铺、商品、直播等，并按用户点击消耗淘金币。该工具要求卖家店铺信用等级需在 3 钻至 5 金冠之间才能开通。

（5）金币流量保障。该工具分为店铺保量和直播间保量两种形式，通过保量计划，卖家可以根据自己的需求，自由选择进店或进直播间的确定性展示机会，更好地为店铺或者直播间引流吸粉，通过短期流量提升，帮助店铺实现大促前"蓄水"及大促当日流量爆发。该工具要求卖家为天猫商家，已经开通金币频道推广工具，且金币余额大于 400 万。

2. 淘金币活动

在淘金币卖家服务中心页面的第三屏可以看到"淘金币招商活动"，如图 7.17 所示，分别是"超级抵钱——30%、50% 抵扣""天天特卖——30% 抵扣""淘金币 U 先试用"。点击"立即报名"可以查看相应的活动要求。

图 7.17　淘金币招商活动

7.2　推广工具

在竞争激烈的网店运营中，流量至关重要，只有保持店铺和商品的高曝光率，才能吸引更多的人关注商品，挖掘到更多的潜在客户。

7.2.1　流量来源

网店流量按来源不同主要分为站内流量和站外流量两大类。站内流量指由淘宝网本身带来的流量,是卖家主要的流量渠道。站外流量是指从淘宝网以外的其他互联网平台获取的流量,如在微博、微信、抖音等站外媒体获取的流量。网店流量按是否付费主要分为免费流量和付费流量。

1. 免费流量

(1)淘宝搜索流量,指在淘宝网直接搜索商品进入网店的流量(卖家需要做好淘宝网店关键词的搜索引擎优化)。

(2)淘宝收藏流量,指从收藏内容进入网店的流量。

(3)淘宝管理后台流量,指从淘宝管理后台进入网店的流量,如已完成订单或者已将商品加入购物车未完成订单的买家等从相应订单进入网店。

(4)类目流量,指从淘宝首页类目入口进入网店的流量。例如,买家在淘宝首页的类目列表中选择"女装"→"毛衣",然后在"毛衣"的类目搜索结果中点击进入一家没有做付费宣传的网店,这就是免费的类目流量。

(5)淘宝关注。淘宝关注是基于移动消费领域的入口,在生活细分领域,为买家提供方便、快捷、经济的手机购物服务。淘宝关注的核心是回归以买家为中心的淘宝活动,每个买家都有自己关注的账号、感兴趣的领域,他们通过淘宝订阅的方式获取相关信息和服务,从而为淘宝卖家带来免费流量。在此过程中,运营者与粉丝可以进行互动。

(6)淘宝其他网店流量,指从淘宝网其他网店(如友情链接的网店)进入的流量。

2. 付费流量

网店流量单纯靠自然搜索流量等免费流量远远不够,卖家还要通过付费推广工具获取流量。目前,在淘宝网最常用的付费推广工具有直通车、引力魔方、极速推、万相台、妈妈 club 及一些站外推广工具等,进入千牛卖家中心,按照"推广"→"推广中心"的顺序点击即可看到各推广工具,如图 7.18 所示。

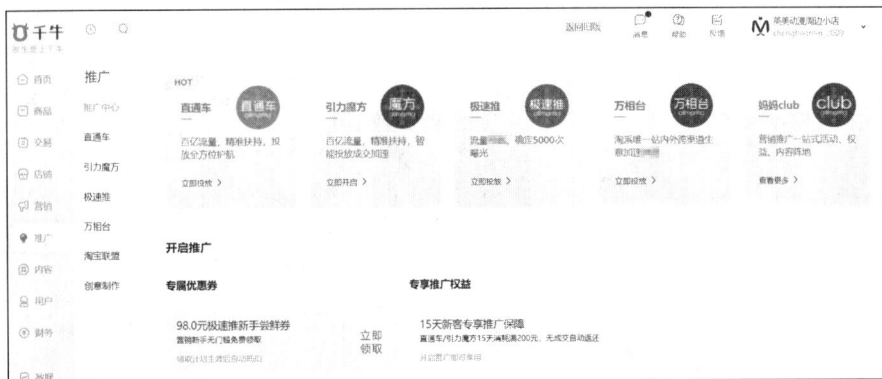

图 7.18　推广工具

7.2.2　直通车

直通车是为淘宝网卖家量身定制的一种推广工具,是按点击次数付费的营销工具,可以实现商品的精准推广。

如果卖家想推广某一件商品,就要为该商品设置相应的关键词、类目出价及商品推广标题。每件商品最多可以设置 200 个关键词,卖家可以针对每个竞价词自由定价,按实际被点击次数付费。

网络广告常见的收费模式

　　每千人印象成本（Cost Per Mile 或 Cost Per Impression，CPM），也称按展现次数收费，是以网络广告送达 1 000 人的成本为单位计费的模式。以 CPM 计费的广告，按展现量计费，不管用户是否点击、下载、注册等，网站都要向广告主收费。

　　每时间段成本（Cost Per Time，CPT），是按广告主在网站投放广告的时长来计费的模式。广告主可以以小时、天、月等为单位来购买广告位，国内很多网站都是按月计费的。

　　每次点击成本（Cost Per Click，CPC），是按点击次数计费的模式。

　　每销售成本（Cost Per Sale，CPS），是以实际销售的商品数量或销售额来计费的模式。简单来讲就是网站帮助广告主销售商品，收取一定比例的佣金。

1. 直通车的推广计划

　　淘宝直通车的推广计划根据匹配技术和展现内容的不同，可以分为标准推广和智能推广等。

　　（1）标准推广。卖家设置与推广商品相关的关键词和出价，在买家搜索相应关键词时，所推广的商品即可获得展示和流量，实现精准营销，卖家按点击次数付费。

> 卖家要开通直通车须满足如下条件：店铺状态正常，用户状态正常，店铺开通时间不低于 24 小时，店铺综合排名符合准入要求，等等。

　　在淘宝网的搜索栏中输入关键词，点击"搜索"，带有"掌柜热卖"标志的商品为直通车商品，手机淘宝搜索结果中带有"广告"标志的商品为直通车商品。图 7.19 所示为电脑端搜索页面左侧、右侧和底部的直通车展示位。图 7.20 所示为手机端直通车展示位。

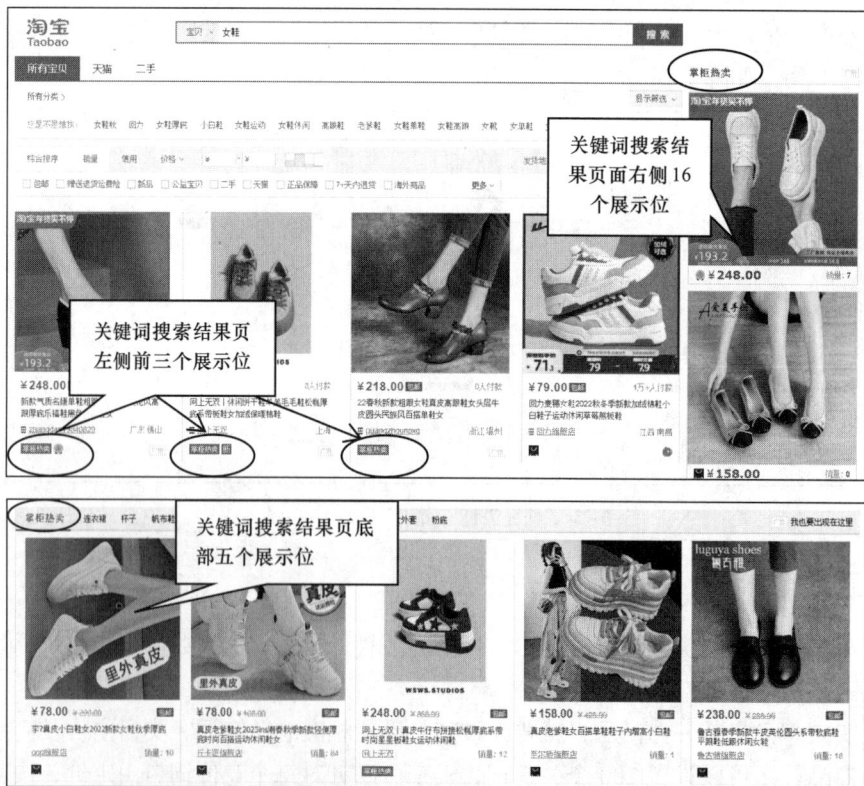

图 7.19　电脑端搜索页面左侧、右侧和底部的直通车展示位

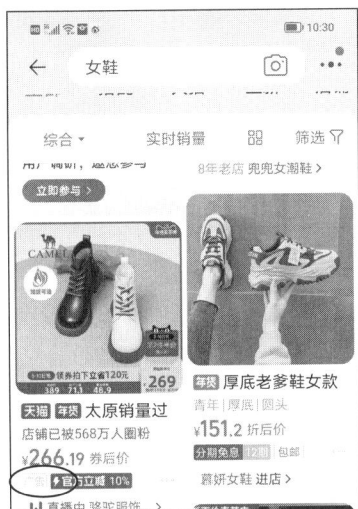

图 7.20　手机端直通车展示位

小贴士

直通车搜索推广展示相关知识

展示形式：在电脑端显著的位置展示创意图、创意标题、价格、销量，并在搜索结果展示位置置上"掌柜热卖"标志或"广告"标志。

展示位置：搜索推广直通车展示位在电脑端主要包括关键词搜索结果页左侧 1～3 个带有"掌柜热卖"标志的展示位、右侧带有"掌柜热卖"的 16 个展示位、底部带有"掌柜热卖"标志的展示位，第一页、第二页等会依次展示直通车商品。在手机端关键词搜索结果页一般每隔 5 或 10 个商品有 1 个带"广告"标志的展示位。

（2）智能推广。系统提供智能推广功能，如果卖家选择"智能推广"，只需要进行简单的计划设置，即可开始推广，系统根据卖家选择的宝贝或者趋势词包，智能匹配高品质流量。

小贴士

直通车扣费原理和排名规则

2. **直通车扣费原理和商品排名规则**

（1）开户预存。第一次开户预存 200 元起，加入时是预付款方式，预付款全部是未来可使用的推广费用。

（2）按点击次数计费。只有当潜在的买家点击推广信息后才进行扣费，单次点击扣费不会超过卖家所设置的出价。

小贴士

不同类目产品直通车优化侧重点

（3）直通车扣费公式：单次点击扣费=下一名的出价×下一名的质量分/自己的质量分+0.01 元。因此，自己的质量分越高，单次点击的费用越低。

（4）投入产出比（Return On Investment，ROI）是指卖家的某项商业活动的投资与得到的经济回报的比值。直通车的 ROI=总成交额/直通车广告的花费。投入产出比越高，说明直通车推广效果越好。

（5）直通车商品排名规则。直通车根据关键词质量分和关键词出价的综合得分确定商品排名。综合得分=质量分×出价。在同等出价的情况下，质量分越高，综合排名越靠前；在排名一致的情况下，质量分越高，单次点击价格越低。卖家都希望以较低的费用获得较靠前的排名，这时就需要提高质量分。

小贴士

直通车质量分

质量分是系统估算的一种相对值，主要用于衡量卖家关键词与商品推广信息和买家搜索意向之间的相关性，其计算依据有很多，如基础分、相关性、创意质量、买家体验等。

1. **基础分**：根据直通车账户近期的关键词推广效果给出的动态得分。
2. **相关性**：关键词与商品标题、类目、属性等信息的相符程度。
3. **创意质量**：推广创意是呈现推广商品特色的核心内容，如创意图片的清晰度、背景色、尺寸都会影响创意效果。
4. **买家体验**：根据买家在店铺的购买体验给出的动态反馈，如商品的点击率的高低、买家对于商品的收藏量、买家是否将商品加入购物车等都对质量分有一定的影响。

3. 直通车推广设置

登录淘宝网的千牛卖家中心，在推广中心页面选择直通车并点击"立即投放"，或者依次点击"推广"→"直通车"，就可以进入直通车后台，如图 7.21 所示。

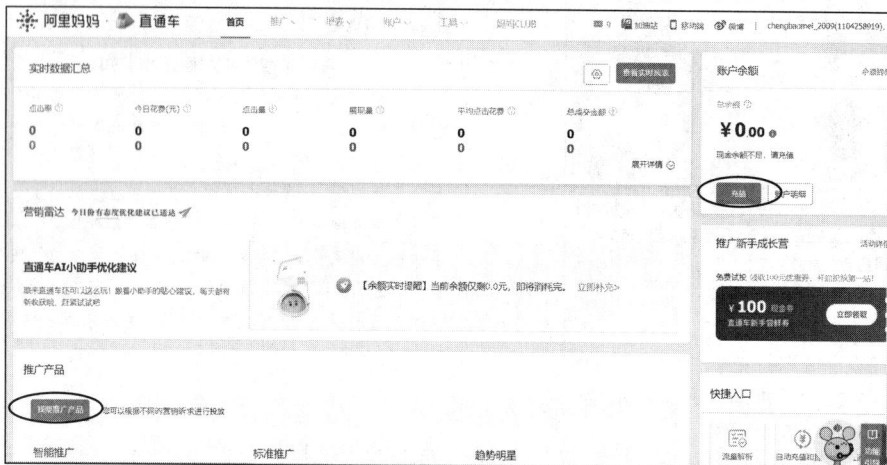

图 7.21　直通车后台

进入直通车后台后可以看到账户余额、实时数据汇总、推广产品等，卖家在进行直通车推广前要先进行账户充值，然后创建推广计划。

> **小贴士**
>
> 商品做了直通车推广，需要优化标题、图片和商品详情页。

创建推广计划可以通过点击"我要推广产品"进入，选择推广方式，并进行推广设置，输入计划名称，设定日限额，点击"添加宝贝"，如图 7.22 所示，选择要推广的商品，然后设置关键词和出价，即可完成直通车推广设置。

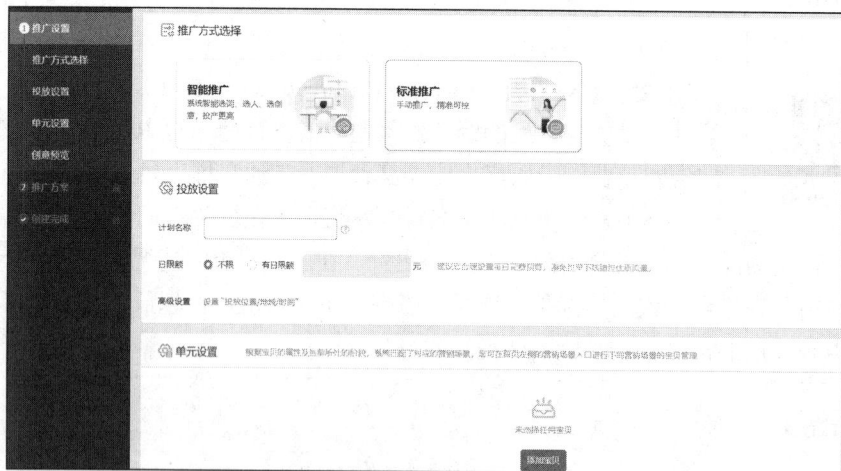

图 7.22　推广设置

直通车推广计划设置好后，卖家可以在后台查看推广数据及账户状态。

7.2.3　引力魔方

引力魔方是原来的超级钻展和超级推荐的融合升级，是一款融合了猜你喜欢和焦点图的全新推广工具。原生的信息流模式是唤醒消费者需求的重要入口，全面覆盖了消费者购前、购中、购后的消费全链路；焦点图锁定了消费者入淘第一视觉，覆盖了淘系全域人群。通过两者的有机结合，同时基于阿里巴巴大数据和智能推荐算法，引力魔方帮助店铺获得潜在目标消费者，激发消费者的消费兴趣，高效拉新，强效促转化，完成营销闭环，提升店铺整体流量，促进店铺生意增长。

1. 引力魔方场景资源位

引力魔方推广资源丰富，囊括了淘系核心渠道：手机淘宝首页焦点图、手机淘宝猜你喜欢（位于首页、购物车页面、支付成功页面）、高德、优酷、支付宝等淘内外核心资源。图 7.23 为手机淘宝购物车页面的猜你喜欢、图 7.24 为手机淘宝首页焦点图。

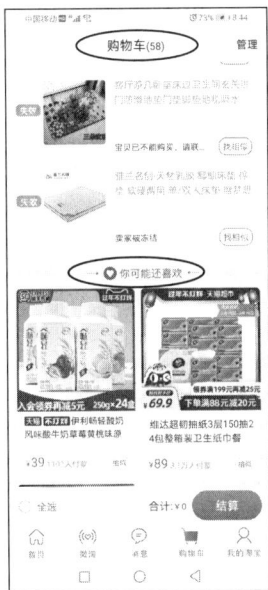

图 7.23　手机淘宝购物车页面的猜你喜欢　　图 7.24　手机淘宝首页焦点图

📖 **小贴士**

问：引力魔方与直通车相比在展现上有何不同？

答：引力魔方在展现上突破了直通车推荐场景，直通车只有商品推荐这一形式，引力魔方则支持商品、图文、短视频、直播间等多种创意形式，更多地展示了推广场景，大大丰富了卖家内容化运营的场景，并增强了卖家与买家的互动。

---

2. 引力魔方的推广设置

（1）登录淘宝网的千牛卖家中心，依次点击"推广"→"引力魔方"，即可登录引力魔方后台，如图 7.25 所示。

（2）推广计划账户搭建的三个层次：计划组、计划和创意，如图 7.26 所示。计划组确定投放方式；计划确定推广投放主体、定向人群、资源位、预算及排期等；创意是展现在平台用户面前的推广内容，包括文字、图片或者视频素材，是影响转化率的关键因素。

（3）推广计划的创建包括四步：设置计划组、设置计划、设置创意、完成创建。

1）设置计划组。计划组有自定义计划和投放管家两种类型。自定义计划允许卖家自定义投放主体、定向人群，投放管家则是系统智能托管投放。

图 7.25　引力魔方后台

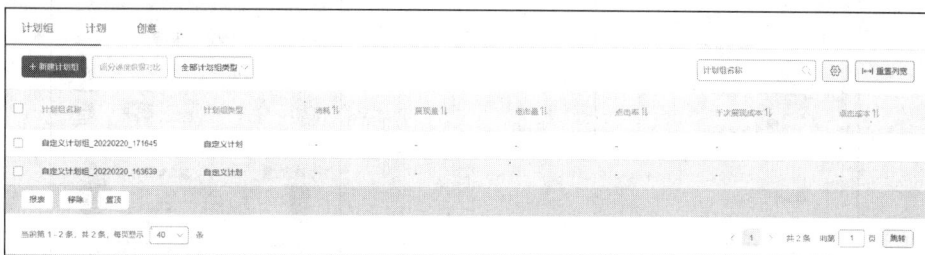

图 7.26　推广计划账户搭建

2）设置计划。设置计划需要确定投放主体、定向人群、资源位、预算及排期。投放主体可以是商品、店铺首页或其他网址；定向人群是指投放的目标人群，可以选择智能定向或自定义两种方式，也可以屏蔽非目标人群；资源位可以选择投放的场景；预算及排期则是设置广告预算及何时进行投放。针对不同的优化目标，付费方式也不同。优化目标为促进曝光时，付费方式为按千次展现付费；优化目标为促进点击、促进加购或促进成交时，付费方式为按照点击次数付费，卖家可以设置每天预算额度。

3）设置创意。创意可以是图片或视频。

4）完成创建。完成上述设置，则该推广计划创建成功。卖家可以在引力魔方后台查看推广数据、设置投放时段和地域，也可以进行暂停或结束投放等操作，如图 7.27 所示。

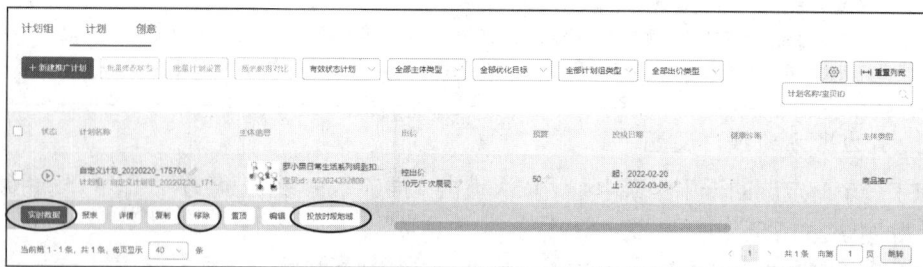

图 7.27　推广计划管理

7.2.4　极速推和淘宝客

7.2.4.1　极速推

极速推是一款帮助卖家快速获得曝光量的推广工具。卖家通过千牛买家中心，点击"推广"→"极速推"可以进入极速推设置界面。

极速推操作简单，只要选中要推广的商品，点击"极速推广"或"批量创建"即可进入推广投放页面，如图7.28所示。选择优化的目标、投放金额，然后点击"立即支付"完成投放，即可快速获得曝光量。需要注意的是，曝光量高，不一定流量就高，但是高曝光量可以帮助卖家寻找更加精准的潜在客户。

图7.28　推广投放页面

7.2.4.2　淘宝客

淘宝客是淘宝联盟的核心"商品"之一。淘宝联盟（即阿里妈妈）隶属于阿里巴巴集团，可通过搜索营销、展示营销、佣金推广及实时竞价等模式，依托大数据实现精准投放，帮助淘宝网卖家实现高效率的网络推广。同时，淘宝联盟也可为合作伙伴提供多元化的盈利模式。例如，淘宝联盟首次引入了"广告是商品"的概念，让广告第一次作为商品呈现在交易市场中。淘宝联盟还可以使广告主和网站主轻松找到对方。

1．淘宝客推广模式

淘宝客的推广模式是一种按销售付费的推广模式，淘宝客只要从淘宝联盟的淘宝客推广专区获取商品代码，任何买家通过淘宝客的推广渠道（个人网站、博客或者社区发的帖子中的链接等）进入淘宝网店并完成购买后，就可以得到由卖家支付的佣金。图7.29所示为淘宝客推广模式。

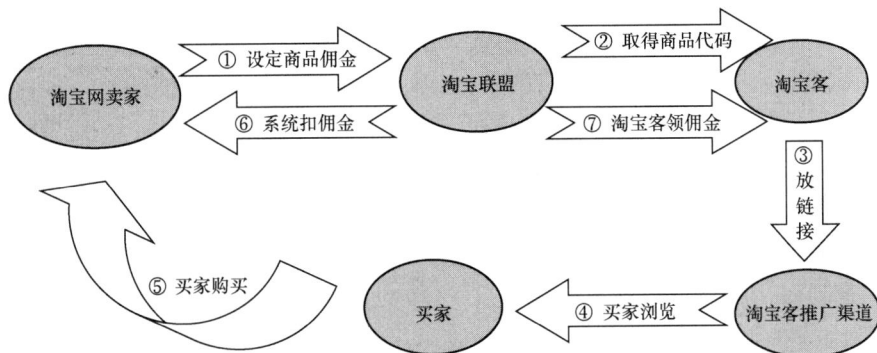

图7.29　淘宝客推广模式

2. 淘宝客推广设置

登录淘宝网的千牛卖家中心，依次点击"推广"→"淘宝联盟"→"查看更多产品"，进入淘宝客后台。如图 7.30 所示。点击"添加主推商品"→"设置佣金比例"，即可完成淘宝客推广设置。

图 7.30　淘宝客后台

7.3　站外推广

站外推广是指利用淘宝网以外的其他互联网平台获取流量，如微博、微信等。

7.3.1　抖音短视频推广

在抖音 App 中，基本上是以视频传递信息的，用户的目的主要是娱乐，商家则利用抖音短视频植入商品的推广信息，让用户在娱乐的同时点击商品的推广信息。抖音短视频可以缩短品牌与用户之间的传播路径，提高广告点击率。

1. 抖音短视频广告

目前抖音官方的推广方式主要有信息流广告、开屏广告、TopView 广告等形式。

（1）信息流广告。信息流广告是在抖音 App "推荐"页面内出现的广告，即在用户日常刷得最多的页面内穿插广告。这种广告是在用户上下滑动观看短视频时，不定期插入的。广告页面底部有非常明显的广告标志和操作选项，如"查看详情""抢先报名"等。此时，用户如果对产品感兴趣，就会点击广告进一步了解该产品，进入"立即购买"或"参团"页面即可购买该产品。信息流广告支持竖屏全新视觉体验，支持分享传播方式，如图 7.31 所示。

（2）开屏广告。开屏广告即在抖音 App 启动时展现的广告，广告播放完毕后进入"推荐"页面。这种广告形式视觉冲击力强，支持静态图片、动态图片、视频三种形式，可以帮助品牌实现较强冲击力曝光，但是其费用高，如图 7.32 所示。

图 7.31　抖音信息流广告

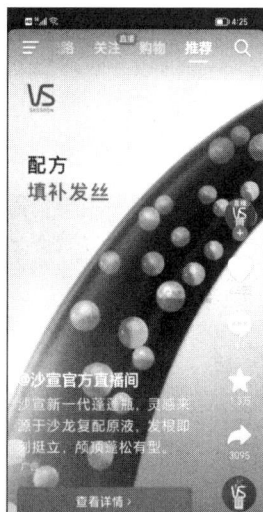

图 7.32　抖音开屏广告

（3）TopView 广告。TopView 广告以"开屏+首条信息流视频"的形式在前 3 秒全屏展示，10～60 秒品牌视频曝光时间，可多样化展示品牌信息，打造品牌的引爆式传播力。图 7.33 所示为 TopView 广告设计的产品路径和跳转逻辑。

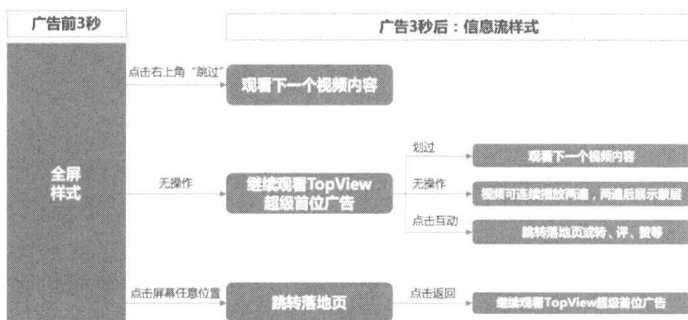

图 7.33　TopView 广告设计的产品路径和跳转逻辑

（4）其他广告形式。抖音还有抖音挑战赛、固定位广告、搜索广告、贴纸等创意、互动类的广告形式，将内容分发与商业营销相结合以助力企业在抖音内形成营销闭环。

2. 抖音电商

用户在抖音花费的碎片时间和整块时间可以转化为强大的购买力。用户在观看短视频的过程中处于最放松的状态，在这种状态下非常容易产生购买行为。

（1）开通商品橱窗。打开抖音，进入个人主页，点击右上角的 的功能键，依次点击"创作者服务中心"→"商品橱窗"→"开通小店"，如图 7.34 所示。选择认证类型，根据提示填写认证资料，审核通过后，即可开通商品橱窗。

（2）开通商品橱窗后，商品分享权限随之开通，接下来就

图 7.34　开通商品橱窗

可以通过抖音的短视频或直播间进行带货了。

（3）卖家进入抖音，选择直播商品，点击"直播"标志，如图7.35（a）所示。买家进入图7.35（b）所示页面，点击"购买"可以直接购买商品；或者点击下面的"小黄车"，进入图7.35（c）所示页面，可以选择商品进行购买。

| (a) | (b) | (c) |

图7.35　抖音直播带货

7.3.2　头条号推广

头条号是主要的信息流投放媒体之一，致力于帮助企业、机构、媒体和自媒体在手机端获得更多被推荐和关注的机会，实现品牌传播和内容变现。头条号可为今日头条提供优质原创内容，今日头条则通过智能推荐引擎对这些优质内容进行精准分发，使其获得更多曝光。

1. 头条号推广设置

（1）登录电脑端头条号，进行身份验证后，即可使用文章、视频、微头条、问答、音频等功能，如图7.36所示。

图7.36　电脑端头条号创作者后台

（2）登录手机端今日头条 App，点击右上角的"发布"，即可选择微头条、文章、问答、视频、直播发布内容，如图 7.37 所示。

小贴士

头条号、今日头条、今日头条极速版 App

头条号作者可以通过发布文章、视频、问答等方式来获取阅读量，然后赚取收益。

今日头条 App（普通版）面向的是创作者，页面右上角有"发布"按钮，主要面向头条号、问答、微头条作者以及有阅读习惯的忠实用户。

今日头条极速版 App 主要面向关注新闻资讯的用户，重在阅读，功能精简。

（3）选择撰写"文章"。登录电脑端头条号创作者后台完成文章编辑，在发文设置区勾选"投放广告赚收益"复选框，如图 7.38 所示，然后再进行收益设置，如图 7.39 所示。

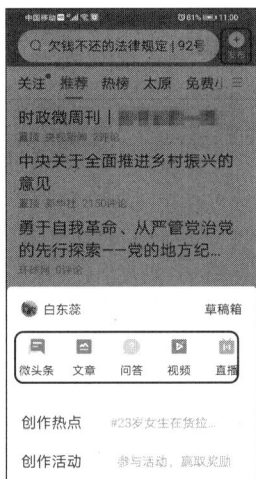

图 7.37　手机端今日头条 App 创作者后台

图 7.38　在电脑端头条号后台完成文章编辑

登录今日头条 App，完成文章编辑，点击编辑页面右下角的"设置"，进行广告设置选择。只有选择"头条广告"才有机会获得收益，选择"不投放广告"或"自营广告"则无法获得收益，如图 7.40 所示。

图 7.39　收益设置

图 7.40　今日头条 App 广告设置

（4）通过电脑端头条号创作者后台→数据→收益数据→创作收益，或通过今日头条 App→

我的→创作中心→收益提现，可查看文章创作收益数据。

2．头条号营销技巧

（1）优化关键词。系统需要通过识别标题关键词和正文关键词等来对文章特征进行分析，好的标题可以使系统识别更多关键词，并且识别更精准，从而实现更好的个性化精准推荐。例如，一篇育儿类文章，如果标题和正文看上去都像旅游类文章，那么系统就会将其推送给对旅游类内容感兴趣的用户，文章的点开率和读完率就都不会太高，如果文章的点开率和读完率很低，有效推荐量也就比较小。

（2）撰写合适的标题。标题应该体现一篇文章最核心、最吸引人的内容。在今日头条，如果其他因素恒定，点开率越高，则推荐量越大。影响推送的因素中，除点开率之外，系统对账号的综合判定也很重要。如果一个账号为了吸引用户的眼球而使用名不副实的标题，会严重影响用户体验，系统识别后会对账号内容自动过滤，该账号的推送量会受到很大影响。因此，文章作者应该恰如其分地拟定文章的标题。

7.3.3 其他站外推广

1．腾讯广告

腾讯广告是基于腾讯社交网络体系的效果广告平台。通过腾讯广告，买家可以在微信广告、QQ广告、腾讯视频广告、腾讯新闻广告、腾讯看点广告、优量广告、腾讯音乐广告等诸多平台投放广告，进行商品推广。作为主动型的效果广告，腾讯广告能够智能地进行广告匹配，并高效地利用广告资源。

登录腾讯广告后台后，点击"广告资源"进入图7.41所示的页面。点击"登录"，企业广告主和个人广告主在此可投放相应的广告。

图 7.41　腾讯广告资源

2．新浪微博广告中心

新浪微博广告中心是基于新浪微博的海量粉丝，把企业信息广泛传递给粉丝和潜在粉丝的营销渠道，它会根据买家的属性和社交关系将信息精准地投向目标人群，同时，它也具有普通微博的全部功能，如转发、评论、收藏、点赞等。新浪微博广告中心可以通过置顶商品推荐信息推荐商品，是一种付费的广告形式。

3．微播易

微播易是数据驱动的短视频KOL（Key Opinion Leader，关键意见领袖）交易平台（见图7.42）。微播易以"科技让新媒体传播更简易"为使命，依托平台社交大数据、订单交易数据和AI营销技术，为广告主解决社交媒体、短视频投放触达难、精准难、高效率难、高ROI难等问题，提供一站式 KOL 资源采买服务、社交大数据服务、社媒传播策略服务。

图 7.42　微播易首页

该平台云集了优质短视频自媒体、直播网红账号及社交媒体，其资源横跨微信、微博、美拍、秒拍、快手、B站、抖音、一直播等多个社交平台，致力于通过社交网络行为目标（Social Network Behavioral Targeting，SNBT）专利技术和精细化媒体运营，帮助广告主找到并找对买家，用好自媒体资源。淘宝网卖家可以借助这些社交平台对网店进行推广。

小贴士

SNBT

SNBT 是微播易独有的专利技术，可根据 57 项数据指标实时分析平台旗下各类账号数据，确定各类账号的隐形属性，帮助广告主找到最精准的广告投放路径。

4. 折 800

折 800 是一家商品限时特卖网站，淘宝网、天猫中的网店都可以选择通过参加折 800 的活动来推广宣传自己的商品。进入折 800 网站，点击右上方的卖家中心，注册后，进入卖家中心后台（见图 7.43），点击"淘宝天猫合作"，将淘宝网店绑定后，参与活动的商品即可获得在折 800 网站中进行展示和出售的机会。

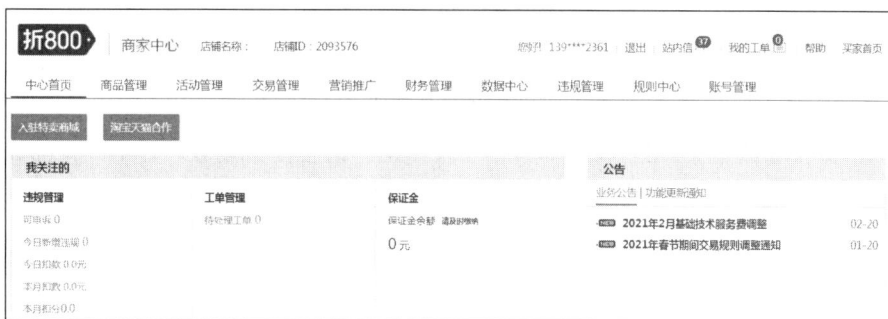

图 7.43　折 800 卖家中心后台

5. 卷皮网

卷皮网是一家服务于买家日常生活的平价电子商务平台，专注于为买家提供平价的商品和更好的购物体验，以创新"平价零售"模式为买家提供服饰、家居产品、母婴用品等优质商品。淘宝网的卖家可以通过卷皮网首页的"商家入驻"入驻卷皮网，在卷皮网上展示出售商品或参加活动。

本章小结

网店营销与推广首先面临的就是流量问题，网店的流量即网店的访问量。对于网店而言，其流量主要分为站内流量和站外流量，有了流量之后就需要提升网店转化率。本章介绍了网店营销与推广的内容，旨在让读者掌握网店营销与推广的各种方法和技巧，有效提升网店的流量和转化率。

课后习题

一、名词解释

店内营销活动　站内流量　站外流量　淘金币　CPM　CPT　CPC　直通车　淘宝客

二、单项选择题

1. 营销活动促销的本质是（　　　）。
   A. 免单　　　　　　B. 限时购　　　　　　C. 折扣　　　　　　D. 销售
2. 直通车的扣费原理是（　　　）。
   A. 按照每千人印象成本计费　　　　　B. 按照每时间段成本计费
   C. 按照每销售成本计费　　　　　　　D. 按照每次点击成本计费
3. 在直通车里，ROI 的含义是（　　　）。
   A. 投入产出比　　B. 转化率　　　　C. 关键词搜索次数　　D. 点击率
4. 引力魔方通常是按照（　　　）和 CPC 方式来计费的。
   A. CPT　　　　　B. CPM　　　　　C. CPA　　　　　D. CPS
5. 推广工具中按成交量付费的工具是（　　　）。
   A. 直通车　　　B. 淘宝客　　　　C. 引力魔方　　　D. 淘宝订阅
6. 下面流量中，不属于免费流量的是（　　　）。
   A. 淘宝收藏流量　B. 淘宝客　　　　C. 淘宝搜索流量　　D. 淘宝订阅流量

三、简答题

1. 从网店流量来源和网店转化率角度考虑，一般来说，网店推广分为哪几种类型？请简单介绍网店的主要流量来源。
2. 淘宝网官方营销工具主要有哪些？在淘宝网上找出使用优惠券的网店，并总结优惠券的类型。
3. 淘宝网的活动分为哪几种类型？请具体分析每一种类型。
4. 淘宝网活动报名的入口主要有哪些？一般而言，淘宝网活动对卖家的要求主要体现在哪些方面？
5. 淘宝网卖家开通直通车需要满足怎样的条件？根据匹配技术和展现内容的不同，直通车可以分为哪几种类型？请在淘宝网上找出相应的展现位置。

实训任务一：淘宝网店内营销活动的设置

1．从单品宝、优惠券、店铺宝、搭配宝、N元任选、购物车营销、淘金币抵扣等淘宝网店内推广工具中至少选择五种对自己的淘宝网店进行营销推广。

2．进入淘宝商家营销活动中心，进行"淘宝活动"报名，每个网店最少报名参加一个活动。

实训任务二：淘宝网站内推广

1．从淘宝网上找出一些使用直通车、引力魔方、淘宝客等推广工具的商品，并讨论使用这些推广工具的条件和技巧。

2．进入淘宝网卖家服务市场，选择几种店内推广和站外推广的方式并应用于自己的淘宝网店。

实训任务三：淘宝网站外推广

1．试着利用抖音、今日头条推广自己的淘宝网店。

2．进入腾讯广告、新浪微博广告中心、微播易、折800、卷皮网等网站，总结每个网站的注册规则和运营机制，至少注册其中的一个网站，并对自己的淘宝网店进行推广。

视野拓展

| 淘宝直通车操作技巧 | 成功打造爆款的技巧 | 淘宝网店如何开通淘宝联盟 |

第8章 网店内容运营

【知识框架】

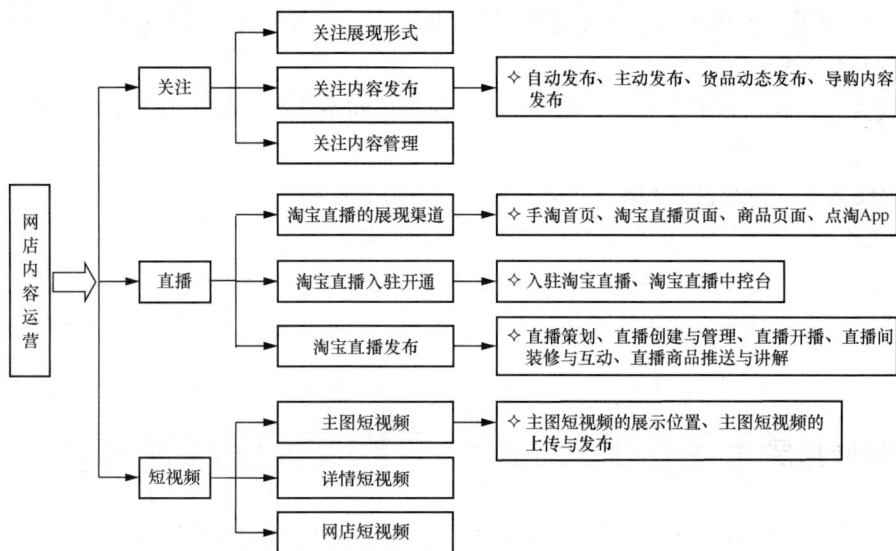

【学习目标】

1. 了解淘宝网店内容运营的主要形式。
2. 学会发布关注内容。
3. 掌握淘宝直播的开通与直播脚本的设计。
4. 学会不同类型短视频制作的规范与方法。

随着移动终端的普及，用户获取信息的渠道越来越多，用户对信息内容的质量要求也越来越高。淘宝内容运营指的是运营者利用平台渠道，用文字、图片、视频或直播等形式将卖家信息友好地呈现在用户面前，并激发用户参与、分享和传播的完整运营过程。本章主要介绍关注、直播及短视频的内容运营。

8.1 关　　注

"关注"是卖家维护新老用户的一个重要渠道，只要用户关注了网店，就可以接收卖家发布的关注内容。卖家可以通过"关注"进行品牌宣传和粉丝维护,包括新品预热、宝贝介绍、活动策划、粉丝互动等,实现吸引新用户、留住老用户的目标。

8.1.1 关注展现形式

卖家发布的关注内容会在淘宝首页的"关注"频道下展示,与"推荐"并列组成淘宝首页的两大频道,如图 8.1 所示。为了引入并适配更多优质内容类供给,并提升用户体验,"关注"频道的样式和功能一直在不断升级优化。用户通过"关注"频道可以获取最快的上新商品信息、最新的直播和内容,以及与用户有关的最划算权益。

"关注"频道第一栏为搜索区,当用户在进行搜索时,会优先出现关注店铺内的相关商品,该功能将搜索范围聚焦在关注的店铺,为卖家提供了更大的私域运营空间。

"关注"频道的账号区显示的是用户关注的所有店铺,用户可以点击"关注店铺"对所关注的店铺进行管理,将需要置顶的店铺设置为星标关注店铺,或者取消某个网店的星标关注,如图 8.2 所示。

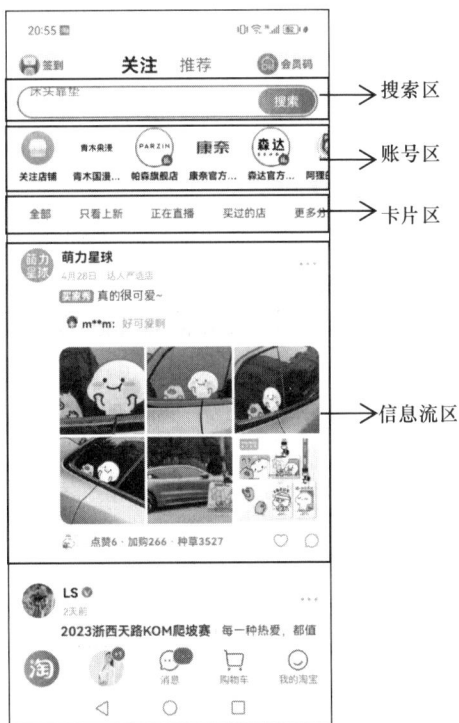

图 8.1 "关注"频道

图 8.2 关注店铺管理

在"关注"频道的卡片区,用户可以通过选择卡片筛选想要查看的内容,如上新信息、正在直播的内容、买过的店发布的内容等,这些内容会展示在信息流区。

8.1.2 自动发布和主动发布

作为在淘宝的自运营阵地,卖家可以把上新、优惠、互动及会员等方面的信息都集中发布在关注中,使用户浏览时一目了然,而且能够一键跳转到卖家的网店。

卖家发布的关注信息主要包括货品动态、导购内容、直播内容、互动玩法和人群权益等五类内容，其中有些内容可以通过系统自动发布，有些则需要卖家主动发布。

自动发布的信息可以通过点击千牛卖家中心→内容→内容创作→关注运营，进入内容发布页面，如图 8.3 所示，点击右上角的"设置"可以开启或关闭自动发布关注信息功能。系统能够自动发布的关注内容包括自动上新、自动内容导购和自动活动等。

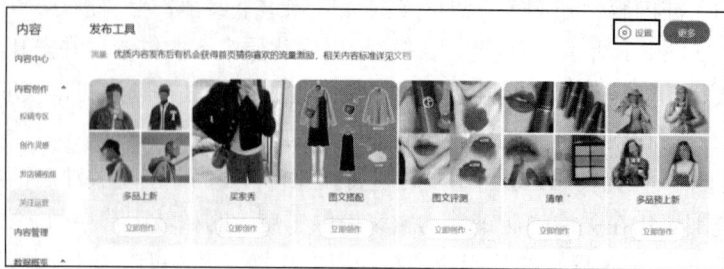

图 8.3　千牛卖家中心关注运营后台首页

（1）自动上新。卖家可以选择开通算法推荐将上新内容智能聚合保存到草稿箱或者自动发布，发布的商品包括预上新和上新两种。预上新包括 2～9 款商品，且开售时间在未来 30 天内；上新为首次上架时间在过去 7 天内的 4～9 款商品。

（2）自动内容导购。开启自动内容导购后，系统将自动为网店同步生产搭配的内容，包含图文搭配、视频搭配等。图文搭配通过短图文真实分享商品搭配方案，帮助用户建立货品认知。视频搭配从卖家发布的短视频内容中自动选择发布。

（3）自动活动。系统将自动为卖家聚合活动内容，包含预售清单、大促清单及商品降价等。

卖家在无充足人力对关注内容进行编辑发布时，可以开启自动发布信息功能。如果卖家需要主动发布关注内容则可以通过千牛卖家中心的关注运营首页（见图 8.3）看到发布工具，其中展示的是 6 个常用发布工具，也可以通过点击右上角的"更多"显示所有关注发布工具，包括货品动态和导购内容两类工具。

8.1.3　货品动态发布

货品动态发布包括多品上新、多品预上新和清单等工具，如图 8.4 所示。淘宝关注货品动态一般围绕"货品"售卖周期生成货品清单，包含新品期的上新、促销期的活动、热销期的榜单/清单。

图 8.4　货品动态发布

1. 多品上新

多品上新是卖家将自己的新品有效进行推广的一种内容形式，新品是指最近 15 天内已经上架并开售的商品。通过多款新品组合内容的发布，可以让粉丝第一时间收到上新相关商品信息以及折扣信息。

多品上新需要设置上新文案、上新宝贝等，然后提交发布即可，如图 8.5 和图 8.6 所示。上新文案主要描述新品信息、权益、卖点等；上新商品可以选择 2～9 款需要发给买家的新品，可发布的商品需为 15 天之内，符合行业新品规则，属于首次上架的新品。

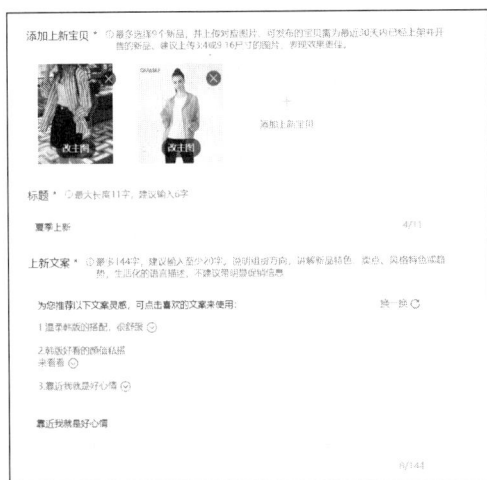

图 8.5　提交上新文案、添加上新宝贝

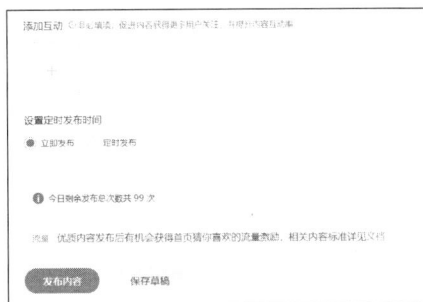

图 8.6　提交发布

多品上新信息发布后，关注网店的粉丝在"关注"频道即可收到网店的上新信息，如图 8.7 所示。

2. 多品预上新

多品预上新是卖家对自己的新品商品信息、上新时间进行提前预告，这样就可以让粉丝提前知道及预约新品，可以帮助新品积蓄流量。

多品预上新的发布与多品上新类似，需要设置预上新文案、预上新宝贝、新品开售时间、互动玩法，然后提交发布即可。

3. 清单

清单是卖家发布同类主题的商品集合，可以让粉丝更集

8.7　多品上新发布效果

中地获取商品相关信息以及促销折扣相关信息，帮助提升关联商品的推荐效率。

清单发布需要设置好清单文案和清单宝贝，选择添加互动，然后提交即可。网店每月应当至少发布一次主题清单，如新品清单、划算清单、双 11 就要买、热销宝贝等主题形式。

8.1.4　导购内容发布

导购内容发布包括直播视频预告、直播图文预告、图文搭配、图文评测、视频搭配、视频评测、买家秀、活动视频、商品视频、图文教程、视频教程和图文日常等工具，如图 8.8

所示。卖家可以围绕商品创作好看、有用的内容，以图文、视频方式引导消费者浏览阅读，完成种草和分享。

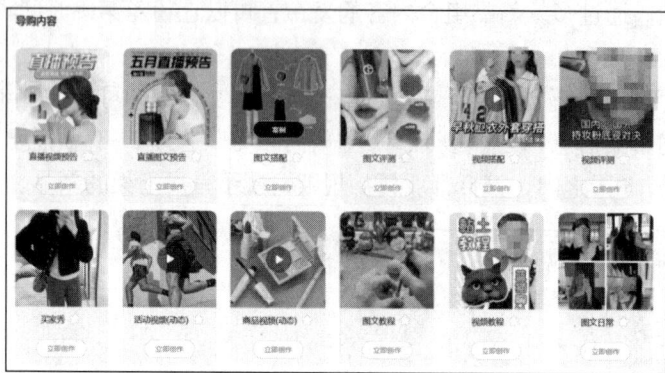

图 8.8　导购内容发布工具

1. 直播预告

直播预告将关注与直播场实现了联动。当卖家准备开展一场直播时，可通过发布图文、视频内容进行预热，将直播时间、直播嘉宾、直播优惠等信息推送给粉丝，引导粉丝设置开播提醒，从而提前锁定直播观看人数。直播预告的发布工具包括直播视频预告和直播图文预告两种。

2. 图文搭配

图文搭配是一种高效导购内容类型，它可以通过短图文真实分享商品搭配方案，帮助粉丝建立货品认知。图文搭配适合服饰、家装品类卖家使用，仅允许该品类卖家在后台发布。

图文搭配的发布需要添加搭配图片和搭配描述，选择添加互动方法，提交发布即可，如图 8.9 所示。

图 8.9　图文搭配制作页面

添加搭配图片时，可以上传 2～9 张商品搭配图，图片的宽高比例可以选择 3:4 或者 1:1，选好后添加搭配图，并且编辑标签和关联宝贝，如图 8.10 所示。

3. 图文评测

图文评测是通过短图文真实分享商品评测报告，帮助粉丝建立货品认知。图文评测适合大快消、消费电子品类卖家使用。

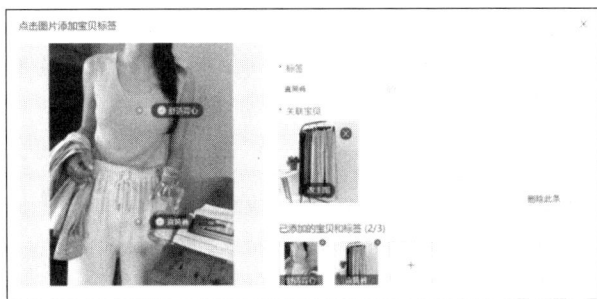

图 8.10　编辑搭配图片的宝贝标签

图文评测的发布需要设置品测图片、评测描述，并选择添加互动，然后提交发布即可。

4. 视频搭配

短视频是卖家将商品通过视觉效果包装之后的一种视频内容形式，通过真人出镜、实拍、真实场景试用等，表现商品的核心卖点，展示商品对消费者生活的提升。根据行业特性的不同，服饰类、家具类行业等商品适合通过多品搭配的方式发布短视频。

视频搭配发布时需要添加搭配短视频，短视频要求在 300MB 以内，时长为 5 秒～5 分钟，并且要添加视频相关商品、视频封面图、相关描述等，然后提交发布即可。

5. 视频评测

家电、数码、彩妆、食品等类目商品适合通过评测的方式发布短视频，视频要求与视频搭配相同。对于新品来说，视频评测的内容可以选择首发评测、开箱体验、彩妆试色等短视频；其他商品则可以选择多品评测、试吃、试用、试玩等内容进行拍摄。

6. 买家秀

买家秀是卖家将优质买家秀进行二次推广的一种内容形式，通过买家秀内容的发布，可以让粉丝获取第三方视角的商品展示，为粉丝提供更多购买决策所需信息，以便其更全面地了解商品。

7. 视频动态

卖家可发布两种视频动态内容，分别是商品视频动态和活动视频动态，其中商品视频动态需要展示新品特色、商品特点；活动视频动态则需要体现品牌日常热点事件。

8. 教程

卖家可以发布视频教程或图文教程用于对商品的使用方法或功能等进行讲解，如果没有真人展示，则需要配文字或字幕说明。

9. 日常

卖家可以发布视频日常或图文日常，内容通常是结合店铺倡导的生活方式、新潮流方向、粉丝日常内容互动和圈层深度话题等，采用生活化素材编辑成视频或图文，如花絮图片视频、秀场图片视频、店铺日常动态和品牌宣传海报等。内容发布后卖家就有机会获得首页猜你喜欢的流量激励。

8.1.5　关注内容管理

点击千牛工作台→内容→内容管理，进入内容管理页面，选择"关注"卡片就可以对关注内容进行管理，如图 8.11 所示。列表中显示的是卖家发布的所有关注内容，对状态为"已发布"的关注信息可以进行查看数据、置顶、评论管理等操作，对状态为"草稿"的关注信息可以进行编辑、删除等操作。

图 8.11　关注内容管理页面

8.2　直　播

淘宝、京东等平台在 2016 年开始利用网络直播做营销活动，拼多多直播功能也于 2020 年正式上线。直播平台作为一种典型的"内容+电商"直播互动媒介，已经和电商场景实现了高度融合，成为电商平台增强用户黏性的手段之一。淘宝直播是阿里巴巴推出的消费生活类直播平台，构建了新零售时代的新型购物场景，同时成为千万网店粉丝运营和互动营销的利器。

8.2.1　淘宝直播的展现渠道

淘宝直播内容涵盖潮搭美妆、珠宝饰品、美食生鲜、运动健身、母婴育儿、生活家居、健康咨询、在线教育、音乐旅行等各类生活领域。淘宝直播作为一种内容营销模式，越来越受到卖家的重视。

淘宝直播的展现渠道很多，如手淘首页、淘宝直播页面、商品页面、网店首页和点淘 App 等，下面简要介绍其中几种。

（1）手淘首页。用户打开手淘，可以在"推荐"频道下方看到推荐的直播，如图 8.12 所示；切换到"关注"频道，在关注网店列表中可以看到正在直播的网店，在"精选"栏目中也可以看到网店正在直播的内容，如图 8.13 所示。

（2）淘宝直播页面。用户在首页的搜索框内输入"淘宝直播"，可以跳转到搜索结果页面，如图 8.14 所示，点击"进入"就跳转到淘宝直播页面，如图 8.15 所示，该页面有品牌好货、直播商城和新奇发现等栏目，用户也可以输入商品或主播名称进行搜索观看。

（3）商品页面。如果卖家正在直播，用户在浏览该店商品时，右侧会有"直播中"提示，点击就可以进入卖家直播间。

（4）点淘 App。点淘 App 是淘宝官方直播 App，贯通短视频和直播频道，如图 8.16 所示。点淘 App 拥有丰富的活动及福利，可以给予用户良好的直播购物体验。

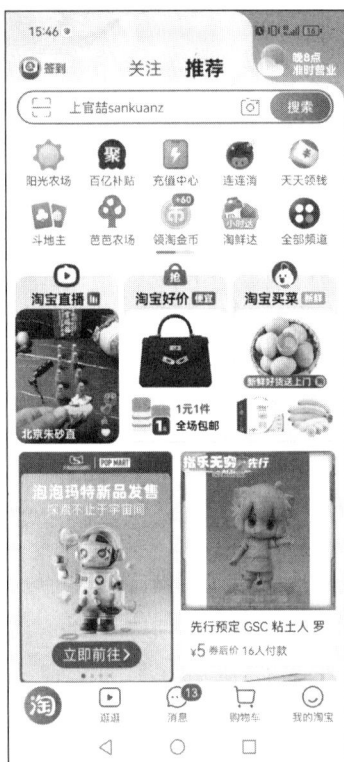

图 8.12 "推荐"频道的直播展示位置

图 8.13 "订阅"频道的直播展示位置

图 8.14 淘宝直播搜索结果页面

图 8.15 淘宝直播页面

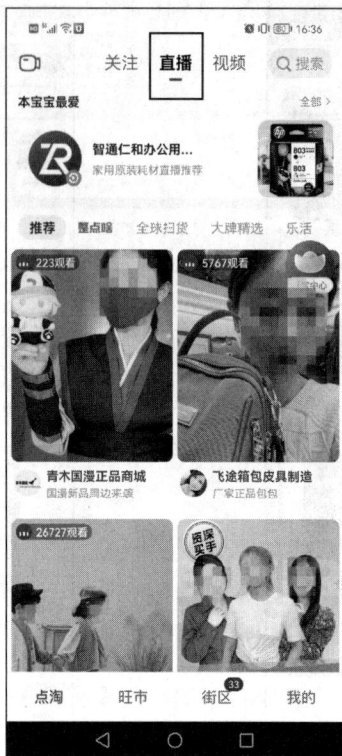

图 8.16　点淘 App 首页

8.2.2　淘宝直播入驻开通

1. 入驻淘宝直播

卖家想要入驻淘宝直播，可以点击"千牛卖家中心"→"内容"→"店铺直播"，打开如图 8.17 所示的页面，点击"立即入驻"，系统提示入驻淘宝直播需要三个步骤：下载淘宝主播 App、点击立即入驻、实人认证，完成后即可入驻淘宝直播。

2. 淘宝直播中控台

入驻淘宝直播后，卖家就可以在千牛卖家中心的淘宝直播中控台对直播进行管理，包括直播管理、直播讲解、直播间装修、直播互动以及数据分析、货品和粉丝管理等。淘宝直播中控台首页如图 8.18 所示。

📖 **小贴士**

淘宝直播入驻过程

图 8.17　淘宝直播入驻页面

网店运营实务（附微课）

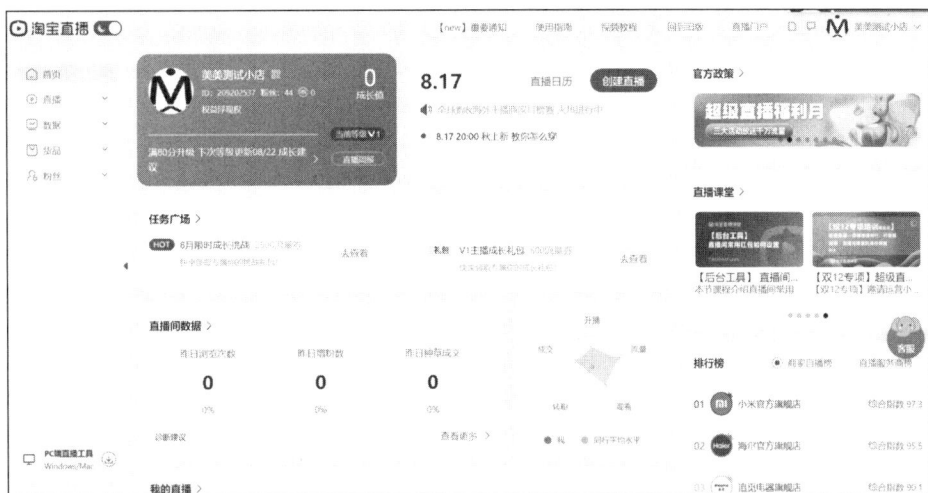

图 8.18   淘宝直播中控台首页

在淘宝直播中控台左侧导航中，包含"首页""直播""数据""货品""粉丝"等五项。"首页"展示网店直播的基本信息、直播日历、直播间数据、直播列表、排行榜及官方政策等；"直播"主要用来管理直播的全链路运营，包括直播管理、直播间装修、直播互动、直播推广、直播体检及智能直播等；"数据"展现的是直播所生成的数据，如成交数据、流量数据等；"货品"主要用于主播与卖家的合作管理、卖家货品准备及佣金管理等；"粉丝"主要用于管理主播的粉丝数据和粉丝运营。

除了直播中控台外，淘宝直播的工具还有电脑端淘宝直播主播工作台和手机端淘宝主播App。直播中控台主要围绕直播，控制直播前中后全链路运营能力；电脑端淘宝直播主播工作台可以帮助专业直播团队及卖家提升电脑端开播推流能力；淘宝主播 App 则是围绕淘宝直播的一个专门为主播服务的平台，主播可以通过该 App 随时随地进行直播。

8.2.3　淘宝直播发布

8.2.3.1　直播策划

不管是个人网店还是企业网店，在直播之前，最好先进行策划，确定直播的目标、分工、预算、流程等。

1．直播目标

直播前要搞清楚本场直播的目标是什么，如回馈粉丝、新品上市或是大型促销活动，要设定当日直播的考核标准，明确直播目标，如带货件数、带货金额、涨粉目标、流量目标等。

2．直播分工

直播参与人员要进行详细分工，对主播、助播、后台客服等的动作、行为、话术应有指导性意见，如主播负责引导观众、介绍产品、解释活动规则；助播负责现场互动、回复问题、发送优惠信息等；后台客服负责修改产品价格、与粉丝沟通、转化订单等。

3．直播预算

任何卖家都不可能有无限的预算，脚本中可以提前设计好自己能承受的优惠券面额或者优惠活动、赠品支出等，提前控制单场（或系列）直播的预算。

4. 直播流程

一般直播流程都要具体到"分钟"，以下为常见的直播流程。

（1）开场预热、活动介绍。直播开场是每一场直播都不能缺少的环节，同时对来直播间的观众表达感谢。在设计直播开场白时，首先要具有亲和力，然后通过痛点等信息引入直播主题，最后以直播内容的亮点来留住更多的人。

（2）商品讲解。虽然不同的直播讲解形式、内容各不相同，但一定要结合产品选择合适的切入点，看看观众到底关注什么内容。比如无人飞行器，是一种较新且操作相对复杂的产品，就需要解锁各种玩法。又如厨房刀具，这种大家都熟悉的产品，则要展示其独特的卖点。

（3）抽奖、互动。提前准备好用于抽奖的产品，然后设计几种不同的抽奖形式，分布在整场直播中，而且主播要不定期提醒观众。

（4）引导成交。很多人不知道该去哪里买、哪里领券、哪里回放等，主播可以根据观众的反馈及时提醒大家下单。

（5）下场直播预热。在直播的结尾，主播要介绍下场直播的活动内容、产品、福利等，让观众继续关注直播间。

8.2.3.2 直播创建与管理

1. 创建直播

做好直播策划后，卖家就可以创建一场直播了。创建直播可以在直播中控台的首页或直播管理菜单页面点击"发布直播"，进入相应页面，如图 8.19 所示。

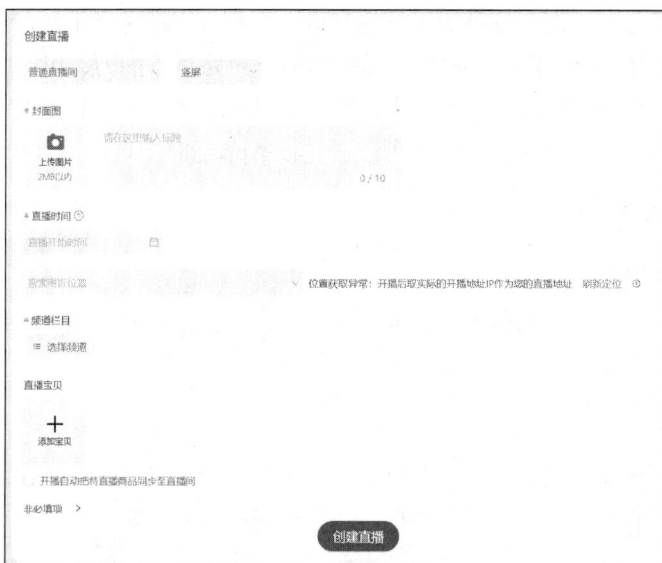

图 8.19 创建直播页面

创建直播需要选择直播形式是横屏还是竖屏；设置好封面图，有利于买家一眼看出直播的活动或商品；设定直播标题，有效地帮助网店获得更多流量和点击量；还需要选择直播时间、频道栏目以及直播宝贝等。

2. 直播管理

创建好直播后，卖家就可以在直播管理中看到直播预告信息，同时可以看到正在进行的直播和已经结束的直播，如图 8.20 所示。对于正在进行的直播，可以查看智能信息卡和直播分享码、进行直播推广、查看直播详情；对于已经结束的直播，可以查看直播分享码、删除直播、回放直播、查看数据详情等；对于预告直播，可以查看直播分享码（手淘扫码即可进入直播间）、删除直播、查看直播详情、正式开播。

图 8.20　直播管理页面

在正式开播前，卖家可以查看预告直播的直播详情，修改直播预告标题，并且进行预告设置，如"设置分享长图""设置预告/开播红包""信息卡装修"等，如图 8.21 所示。

图 8.21　直播详情查看

8.2.3.3　直播开播

在图 8.20 所示的直播列表中，对于预告直播点击"正式开播"就会弹出如图 8.22 所示窗口，提示开播成功，但是需要下载推流端（即电脑端的淘宝直播主播工作台或手机端的淘宝主播 App）推流。

打开电脑端的淘宝直播主播工作台后，点击首页的"我要开播"，打开直播推流页面，如图 8.23 所示，可以看到左侧为直播间设置，中间为直播预览，右侧为直播

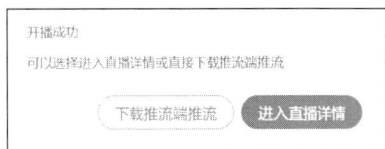

图 8.22　开播成功提示

状况。在中间的直播预览下方点击"选择场次"可以创建一场新的直播，也可以选择已有场次，如图8.24所示。如果选择已有场次，先点击直播预告右侧的"选择本场"返回直播推流页面，再点击"开始直播"就可以开播，直播预览效果将同步到进入直播间的用户端。

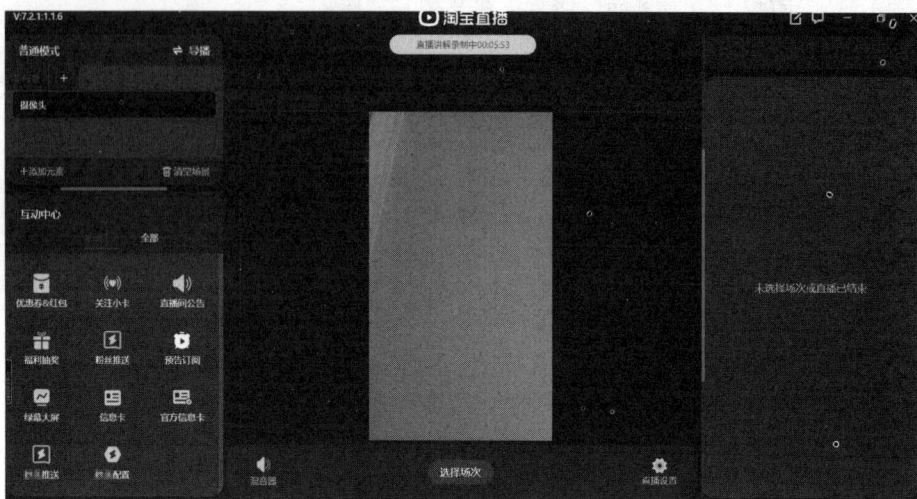

图8.23　直播推流页面

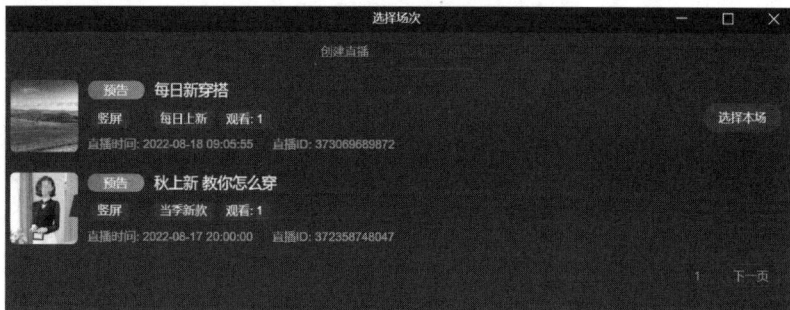

图8.24　选择直播场次

8.2.3.4　直播间装修与互动

在直播开始前或直播中，卖家可以对直播间进行装修或者投放互动活动信息。

淘宝直播中控台的直播装修功能，提供了一系列素材模板，使卖家可以进行个性化修改并一键装修到直播间。装修素材包括"前置贴片""智能商品卡""主播信息卡""2D 绿幕""3D 绿幕""品牌馆封面""互动组件排序"等，如图8.25所示，卖家选定模板进行编辑，生成的素材将保存在"我的素材库"中。

（1）"前置贴片"。主播团队无须在开播前投入大量人力进行货品贴片和海报设计，通过该工具可以快速生成贴片并投放。前置贴片包括营销信息、商品信息及其他自定义信息。

（2）"智能商品卡"。智能商品卡能够将直播场次所关联的商品，批量生成讲解卡片并根据需要投放在直播间内，同时中控台可以跟随主播口播和讲解进程进行卡片播放序列和内容的修正与调换。

（3）"主播信息卡"。主播信息卡可配置主播信息、营销信息、预告信息、营销素材，也可摆上网店的镇店之宝等。

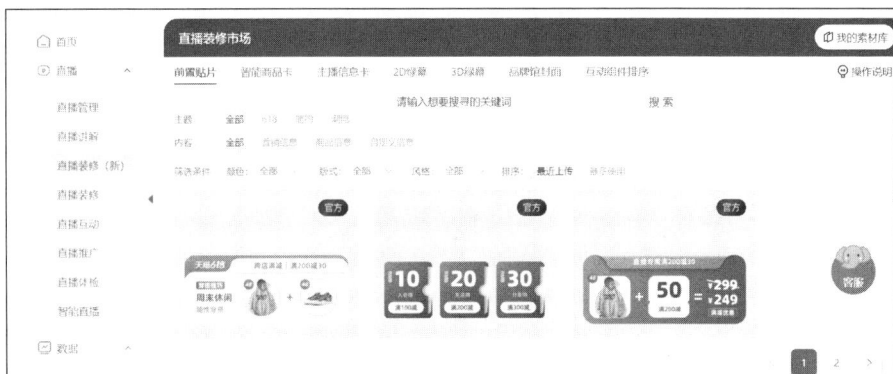

图 8.25　直播装修页面

（4）"2D 绿幕"和"3D 绿幕"。这是基于绿幕和蓝幕的新型演示工具，卖家通过上传素材或使用官方模板，在直播间背景中展示宝贝；配合绿幕使用，以低成本实现影视级特效，打造沉浸式直播体验。

（5）"品牌馆封面"。卖家上传品牌 Logo 图和商品精拍的广告海报并确认后，系统将自动生成品牌馆封面，并在直播间讲解"品牌好货"时展示。

（6）"互动组件排序"。互动组件排序主要是对直播间右侧多个互动组件的排序进行管理。

素材制作好后，可以打开淘宝直播主播工作台的推流页面，在左上方直播场景布置区域添加本地元素或素材中心的素材，如图 8.26 所示；也可以在左下方的互动中心添加对应模块，如图 8.27 所示。

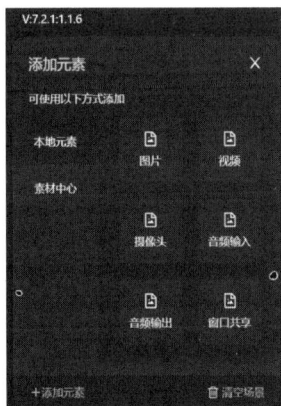

图 8.26　直播场景布置

图 8.27　互动中心设置

直播场景布置可添加的元素包括本地素材，如图片、视频、摄像头、音频输入、音频输出、窗口共享等，需要卖家提前准备好图片及视频等素材，可添加的素材中心中的素材包括利用直播装修模板制作的前置贴片等，可以在直播前设置好。

互动中心可添加的互动工具是在直播开始后才能添加的，包括优惠券&红包、关注小卡、直播间公告、福利抽奖、粉丝推送等。

8.2.3.5　直播商品推送与讲解

淘宝直播的核心功能就是带货，商品可以提前选好放在待直播商品列表中，在直播过程中推送到宝贝口袋，展现给用户，并进行讲解，同时进行录制。

在直播推流页面的直播预览下方有"宝贝口袋""商品上架"链接，如图 8.28 所示。"商品上架"链接可以选择商品直接保存到待推或者推送到宝贝口袋，在"宝贝口袋"链接页面可以看到"宝贝口袋"和"待直播商品"，如图 8.29 所示。"宝贝口袋"中的商品已经推送到直播间，用户可以下单购买，而"待直播商品"是准备推送的商品，用户端看不到。

图 8.28 直播商品推送入口

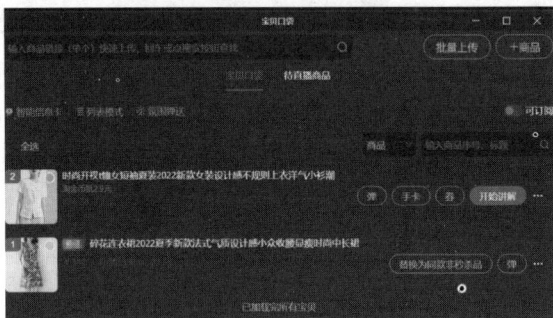

图 8.29 "宝贝口袋"链接页面

对于"宝贝口袋"中的商品，可以点击"弹"，将商品卡片弹到直播间；点击"手卡"，系统会自动提取该商品卖点及直播间花字内容供卖家参考并弹送到直播间；点击"券"则可以对优惠券进行配置及弹送；点击"开始讲解"，系统会自动录制讲解。

切换到"待直播商品"页面，如图 8.30 所示，可以对待直播商品进行手卡、券的弹送，或者推送到宝贝口袋，或者进行讲解。有些卖家在直播时，先进行宝贝讲解，然后上架商品（推送到宝贝口袋）来开展抢购活动。

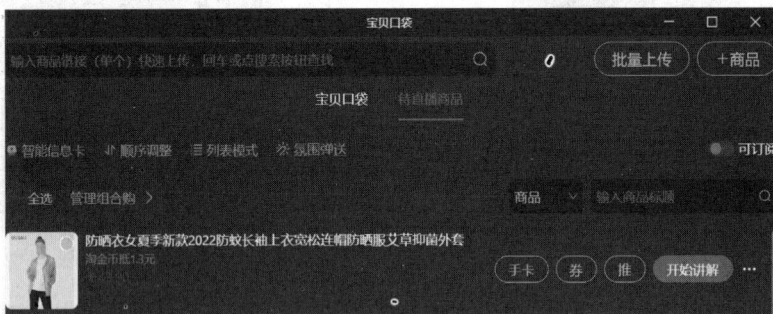

图 8.30 "待直播商品"页面

8.3 短 视 频

短视频即短片视频，是一种互联网内容传播方式，一般是指在互联网新媒体上传播时长在 1 分钟以内的视频。随着移动网络的普及，短视频越来越受欢迎。淘宝短视频的核心目的是促进转化。卖家通过拍摄和发布短视频，展示商品的功能、属性、品牌、用法等内容，让买家充分了解商品，促进买家下单购买。

淘宝短视频主要包括主图短视频、详情短视频和网店短视频等。

8.3.1 主图短视频

1. 主图短视频的展示位置

主图短视频可以有多个视频，包括一个主视频和两个微视频。

主视频展示在主图位置的第一位，打开宝贝页面后，主图短视频会自动播放，如图 8.31 和图 8.32 所示。为商品上传主图视频，系统审核通过后商品将获得冷启动流量支持。同时，添加主图短视频，能够提升买家的浏览体验。短视频能够全面展示商品的功能及用法，增加买家的页面停留时长，有利于提升转化率。

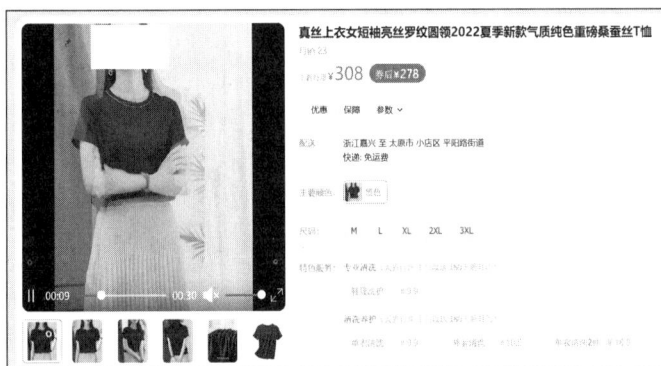

图 8.31　电脑端宝贝页面

图 8.32　手机端宝贝页面

两个微视频上传后，需要系统进行审核，如果符合进入公域的视频质量标准，就可以被微详情推荐，展现在手淘首页"推荐"频道、"猜你喜欢"等栏目，真正实现让买家边逛边买。卖家制作视频时可以优先覆盖"尖货"和核心商品，以便更好地宣传商品。

2. 主图短视频的上传与发布

主图短视频可以在商品发布或者编辑页面的图文描述部分进行上传与发布，如图 8.33 所示。主图短视频的要求如下。

（1）时长要求。系统对主图短视频的时长限制为 60 秒以内，在实际应用中，主图短视频时长根据拍摄内容控制，一般在 30 秒左右，时长太长容易引起买家的厌烦，时长太短则不能全面地展示商品。微视频建议时长保持为 15 秒。

（2）比例要求。主图短视频的尺寸比例有三种，分别为 1:1、16:9 和 3:4。从用户浏览体验和转化效果来看，3:4 的比例比其他比例效果更佳。

（3）内容要求。主图短视频的清晰度要高，内容不能有违规信息。三个短视频内容要相互去重。

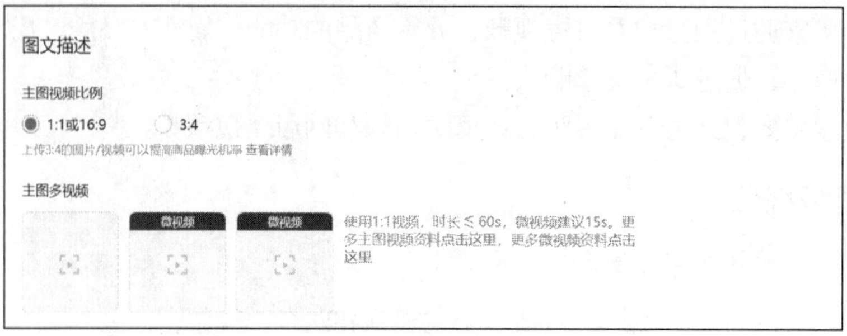

图 8.33　图文描述部分

准备好短视频素材后，点击图 8.33 中短视频的位置就可以进行上传，如图 8.34 所示。主图短视频可选的类型包括"讲解""穿搭""宝贝""其他_微详情专享""测评""使用""推荐"及其他，微视频可选择的类型除了"宝贝"外，与主图视频相同。应用场景需要选择，商品才有机会在相应的渠道被推荐。

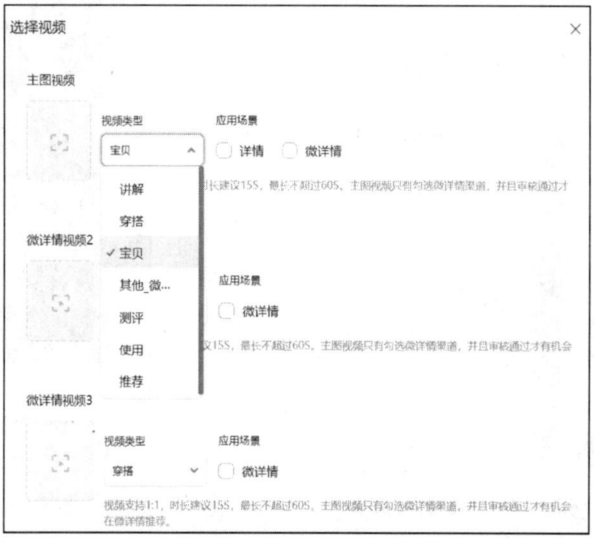

图 8.34　主图短视频上传

主图短视频的上传和发布也可以通过"千牛卖家中心"→"内容"→"内容创作"→"店铺视频"来完成，如图 8.35 所示。该页面不仅支持视频上传、商品视频和店铺视频的发布，还提供了短视频制作工具的入口以及优质参考案例。

图 8.35　发店铺视频页面

8.3.2 详情短视频

打开商品编辑页面，选择"旺铺"装修图文详情，添加视频模块，就可以添加详情短视频，如图 8.36 所示。

图 8.36 商品详情短视频发布

详情短视频的宽高比一般为 16:9，可以和主图短视频一样，也可以不一样，时长一般在 1～5 分钟，详情短视频一般比较长，以介绍商品详细功能和真实细节为主。

8.3.3 网店短视频

网店短视频在网店装修页面选择添加单视频模块就可以发布。网店短视频支持上传比例为 16:9 的视频，视频流前台展示效果佳，用户端沉浸式体验较好。视频时长一般在 10 秒到 10 分钟，建议控制在 15 秒到 2 分钟，节奏明快不要拖沓。视频画质要求在 720P 以上，大小在 300MB 以内。

网店短视频展现在手淘页面上，用户进入相应网店页面点击即可播放。

本章小结

通过网络平台购物，买家往往无法直观感受到商品的效果，只能通过文字、图片、视频、直播等形式来了解商品，因此卖家必须充分利用平台提供的内容运营渠道开展营销。本章主要就淘宝平台介绍了关注、直播和短视频的内容创作发布。

课后习题

一、名词解释

内容运营 关注 直播 短视频

二、单项选择题

1. 以下不能通过系统自动发布的关注内容有（　　　）。

   A. 上新商品　　　　B. 内容导购　　　　C. 自动活动　　　　D. 店铺公告

2. 卖家能够主动发布的关注内容类型包括（　　　）。

   A. 货品动态、导购内容

   B. 货品动态、售后须知

   C. 导购内容、品牌故事

   D. 价格波动、人群权益

3. 卖家开展淘宝直播的工具不包括（　　　）。

   A. 电脑端淘宝直播中控台　　　　　　　B. 电脑端淘宝直播主播工作台

   C. 手机端淘宝主播 App　　　　　　　　D. 点淘 App

4. 主图短视频宽高比例最好是（　　　）。

   A. 1:1　　　　　　B. 16:9　　　　　　C. 3:4　　　　　　D. 2:3

5. 图文描述中，主图短视频最多能上传（　　）个。

   A. 1　　　　　　　B. 2　　　　　　　C. 3　　　　　　　D. 4

三、判断题

1. 卖家发布的货品动态信息会自动推送到关注网店的粉丝的手淘首页"关注"频道。
（　　　）

2. 某主播发布了一场 20:00 的直播预告，如果超过 20:00 还没有开播将会导致预告过期失效。（　　　）

3. 在正式开播前，卖家不可以查看预告直播的详情、修改直播预告标题，或者进行预告设置。（　　　）

4. 除了发布预告时上传的商品外，直播开始后还可以继续添加其他商品。（　　　）

5. 待直播商品在用户端的"宝贝口袋"里不会展示。（　　　）

6. 详情短视频的时长应当控制在 10～60 秒。（　　　）

四、简答题

1. 如何设置关注内容自动发布？

2. 直播前需要进行策划，策划的具体内容有哪些？

3. 在直播过程中如何推送商品？

4. 简要介绍淘宝短视频的类型。

实训任务

实训任务一：关注发布

1. 在手淘首页查看"关注"频道下的内容。

2. 登录千牛卖家中心，开启关注内容自动发布。

3. 利用关注主动发布工具发布一条多品上新信息。

实训任务二：淘宝直播操作

1. 策划一场 10 分钟的直播，并提前发布直播预告，待直播商品最少 1 个。

2. 下载电脑端淘宝直播主播工作台，开始直播。

3. 将待直播商品进行推送后开始讲解，并设置红包互动。

4. 结束直播。

实训任务三：上传主图短视频

制作一个主图短视频，时长为 30 秒左右，比例为 3:4，制作完成后将该短视频上传。

📖 **视野拓展**

淘宝内容营销怎么做	淘宝直播引流推广方法	淘宝直播如何做粉丝营销

第9章 网店客服与客户运营

【知识框架】

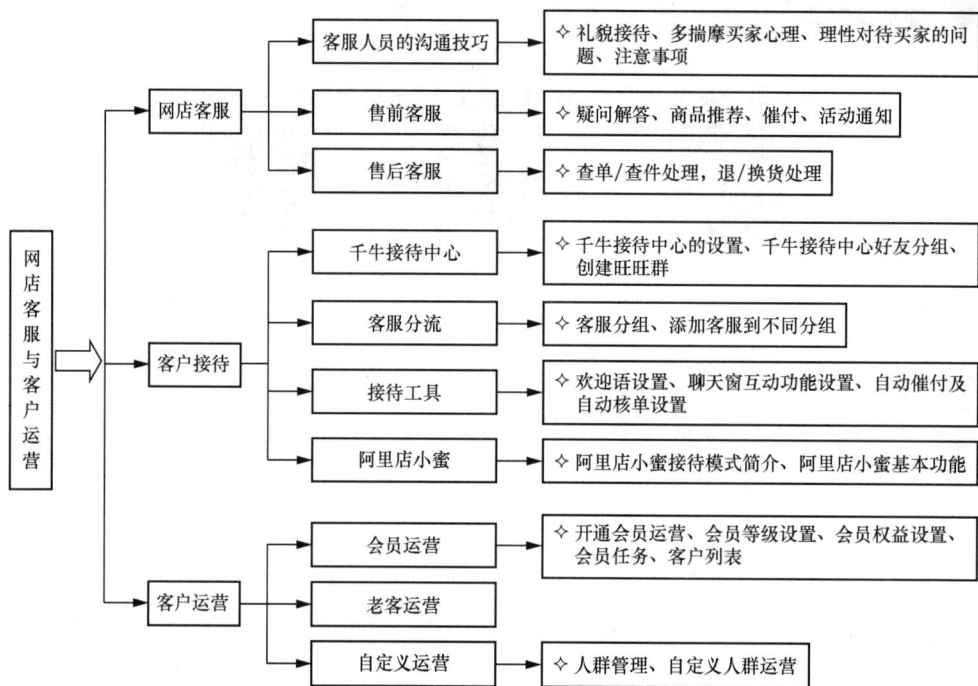

网店客服与客户运营
- 网店客服
  - 客服人员的沟通技巧 → ✧礼貌接待、多揣摩买家心理、理性对待买家的问题、注意事项
  - 售前客服 → ✧疑问解答、商品推荐、催付、活动通知
  - 售后客服 → ✧查单/查件处理，退/换货处理
- 客户接待
  - 千牛接待中心 → ✧千牛接待中心的设置、千牛接待中心好友分组、创建旺旺群
  - 客服分流 → ✧客服分组、添加客服到不同分组
  - 接待工具 → ✧欢迎语设置、聊天窗互动功能设置、自动催付及自动核单设置
  - 阿里店小蜜 → ✧阿里店小蜜接待模式简介、阿里店小蜜基本功能
- 客户运营
  - 会员运营 → ✧开通会员运营、会员等级设置、会员权益设置、会员任务、客户列表
  - 老客运营
  - 自定义运营 → ✧人群管理、自定义人群运营

【学习目标】

1. 了解网店客服人员的沟通技巧。
2. 熟悉售前客服人员和售后客服人员的工作内容。
3. 熟悉接待工具的设置与使用。
4. 掌握会员运营、老客运营和自定义人群运营的方法。

9.1 网店客服

网店客服人员是指在电子商务平台负责销售商品和提供服务的工作人员。这里所说的客服人员是指淘宝网或天猫的在线接待工作人员，其主要工作内容是在线提供销售及售前、售后问题处理服务。一名优秀的客服人员应能够从买家的角度出发进行服务，可以使买家按他的推荐购买商品。

9.1.1 客服人员的沟通技巧

1. 礼貌接待

对于客服人员来说，要善用"您好""请"等常见礼貌用语，必要时可使用表情与图片，拉近与买家的距离。

2. 多揣摩买家心理

客服人员在与买家交流时，要通过分析买家的心理活动来调整自己的沟通和营销方式，以便最大化地满足买家的需求并售出商品。例如，议价是当前客服工作中最常见、最令人头疼的问题，这时客服人员就需要揣摩买家的心理：很多买家并非买不起，而是讨价还价成了习惯，买家只是需要以讨价还价的成功来获得成就感。对于这种买家，客服人员需要声明店内的商品是优质的，销售价格是公司制定的（已经是最低了），价格无法变动，这是原则。此时，大部分买家便不会再在价格上纠缠，对于那些仍然要讨价还价的买家，客服人员可以告知其当前网店有什么优惠活动，或者适当地在运费上给予一些优惠。

3. 理性对待买家的问题

客服人员要善于控制自己的情绪，切忌与买家争执，应平和地解决问题；另外，不要草率地做出决定，在交流的过程中如果买家情绪比较激动，不要采取强硬态度和手段，以免加剧彼此的矛盾；特别要避免对买家实施辱骂、诅咒、威胁等语言攻击或采取恶劣手段对他人实施骚扰等妨害他人合法权益的行为。

4. 注意事项

在销售中，客服人员还需要尽量杜绝如下问题发生。

（1）直接拒绝买家的所有要求。直接或反复拒绝买家后，买家会觉得自己所有的要求都无法得到满足，也就不会在店里购物了。

（2）批评、嘲讽买家。个别客服人员在遇到买家提出的问题存在错误时，会利用自己的专业知识对买家进行批评、嘲讽。在销售过程中，客服人员需要做的是提供更多人性化的服务，而不是为彰显自己的专业能力而打压他人，因为并不是所有的买家都非常了解自己所要购买的商品，所以买家在想法和说法上存在一定的错误是可以理解的。

（3）表示或暗示买家不重要。有些网店的商品为耐用消费品，客服人员会认为买家复购的概率不高，在与已购买家沟通的过程中，会对买家提出的一些质疑或要求表现得不耐烦，在言语间会透露出一丝"有你没你网店一样存活"的态度，这种做法是万万不可取的。

（4）出现变故不及时告知买家。因库存、物流等原因出现变故时，应及时告知买家，等到买家上门询问时才说出实情，就会让买家在这段时间里除了等待外，还会感到不满和焦虑，买家会认为这是网店的借口，最终导致买家产生退货行为。为了杜绝此类事件发生，客服人员在发现异常情况时，应当第一时间与买家进行沟通。

9.1.2 售前客服

售前客服人员负责买家下单付款前的疑问解答、商品推荐、催付和活动通知。

1. 疑问解答

无论实体销售还是网络销售，买家都会对商品及服务提出一些疑问。客服人员应做到有问必答，在解答买家提出的疑问时，可以引导买家，并通过买家提出的疑问了解买家的更多想法。

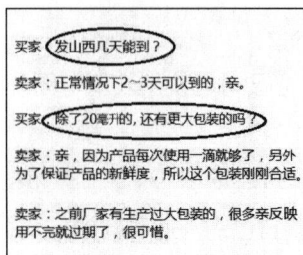

图9.1 解答疑问案例

在图9.1所示的案例中，可以看到买家进行了两次提问，其中一次针对的是物流时间的提问，另一次是针对商品规格的提问。作为客服人员，可以把这两个问题看作买家的正常询问，但如果深入一些，不难看出买家可能的两个需求点：一是买家急需使用这款商品，二是买家对更大规格的包装有需求。通过这两点，卖家可以制定两个解决方案：①如果买家真的着急，是否可以更换默认的快递，选择速度更快的快递？②买家对更大规格的包装有需求，可实际情况是没有，那么如何让买家愿意选择现有的规格呢？当班的客服人员可选择从用量、保质期及新鲜程度上来使买家消除疑虑，选择现有的商品。如果客服人员在服务过程中只是单纯、机械地回答买家的问题，而不能感受到买家的真实需求，往往会使订单白白地流失。

网络购物受限于见不到实物，除了上述简单的疑问外，在购物前期，买家还会对商品提出较多的疑问，销售不同品类商品的网店，客服人员遇到的问题也会不同，这就要求客服人员要对商品非常熟悉，才能保证在解答关于商品及物流的疑问时，做到正确无误、快速、有效。

2. 商品推荐

客服人员顺利完成商品答疑后，会进入一个新的工作流程——商品推荐。

一名优秀的客服人员，一定是善于做商品推荐的，这一点有利于提升交易转化率和快速提高客单价。在网络交易中，要想了解买家的需求，就不能等待买家明确告知其需求，因为在交易过程中买家可能不愿意说出需求或者需求不明确。针对这样的情况，客服人员的处理方式就是获取和明确需求，便于日后更好地利用销售技巧进行商品推荐。客服人员在询问过程中应尽量使用封闭式问题进行询问，以便更加快速、有效地获取答案和了解买家的真正需求。

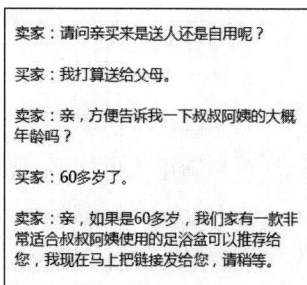

图9.2 了解需求案例

在图9.2所示的案例中，客服人员通过封闭式问题进行提问，确认买家购买商品是准备自用还是送人，当得到的答案是送给父母后，结合网店实际情况，快速锁定店内哪些商品适合推荐给买家，哪些商品次之或不适合推荐，保证买家不会因为所推荐的商品与其想法差异过大而流失。

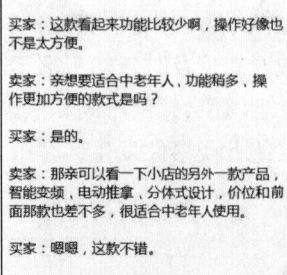

图9.3 再次推荐案例

在图9.3所示的案例中，因为客服人员对买家需求不了解，推荐时没有太多的考虑，推荐结果无法得到买家的认可。通过买家对商品观察后的回答，客服人员发现买家对功能和可操作性有更大的需求，及时调整思路，推荐另外一款更能够满足买家需求的商品。再次推荐前，客服人员对买家需求进行了进一步确认，第二次推荐的商品得到了买家的认可，使交易得以顺利进行。而在实际工作中，因为某些原因，买家的需求表达得不够明确，客服人员未进行深入挖掘，便顺势放弃了再次推荐，这也是订单大量流失的原因。

3. 催付

催付是指买家拍下商品后没有付款，客服人员引导买家付款的行为。在常规交易中，买家拍下商品后，如果 72 小时内没有付款，那么这笔订单将自动关闭。订单关闭也就意味着卖家没有成功卖出商品，对于网店来说就是销售额上的损失。

4. 活动通知

在活动以及活动预热期间，虽然活动在网店页面都会呈现，但并不是所有买家都会看到。为了使活动能达到最好效果，客服人员应将活动主动告知买家。这里主要以使用千牛工作台通知（见图 9.4）的方式为例介绍。

客服人员在与买家沟通过程中，要第一时间把活动通知买家，这样既可提高询单转化率及客单价，又可避免买家抱怨因没有及时收到通知而错过了优惠活动。

除了在与买家沟通时要及时通知其活动外，平时客服人员可以将活动通知曾经聊过的买家，也可以邀请买家加入网店群或者自己创建的群，于活动预热期间，在群里将活动通知买家。在好友分组界面中，右击分组名，选择"发群消息"，如图 9.5 所示，在群发即时消息对话框中，编辑通知内容，点击"发送"即可。

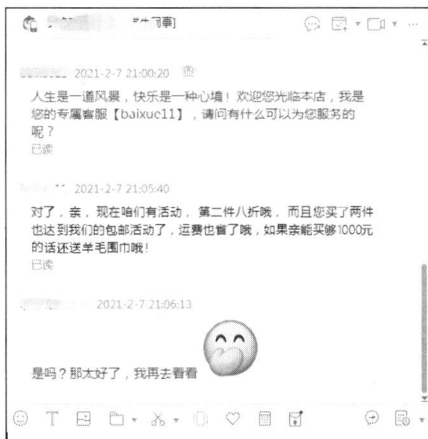

图 9.4　千牛工作台通知

图 9.5　千牛工作台群组通知

9.1.3　售后客服

传统意义上的售后客服是指商品出售后卖家能为买家所提供的各种服务。从电子商务层面来讲，售后客服除了具有一定的功能以外，售后客服本身也是一种促销。好的售后客服，不但可以提升整个交易过程中客户的满意度，还可能是下一次交易的开始。网店售后客服所包含的内容非常多，如查单/查件处理、退/换货处理等，其中涉及退/换货处理的问题比较多。

9.1.3.1　查单/查件处理

在卖家发货后，快递在运送途中或者已经抵达买家手中时，经常会出现各种与物流相关的问题，导致买家必须向客服人员咨询。常见的查单/查件的售后问题如下。

1. 系统显示已经签收，但并非本人签收

在整个线上交易过程中，这种情况出现频率较高，有可能是由于快递被送到了代收点，也有可能是由于快递派送时收件人无法签收而由其他人代收了。遇到这种情况，当买家向客服人员咨询时，客服人员应积极联系快递公司，查询实际收件人，并反馈给买家。

2. 疑难件无法派送

在快递派送过程中，由于联系不到买家、地址错误等原因，造成快递无法派送，而买家由于长时间收不到商品或查看物流状态时显示为疑难件，便会向客服人员咨询。遇到这种情况，客服人员需要马上确认收件人手机号码或核对收货地址，并及时反馈给快递公司，督促其及时送件。

3. 因不可抗力而无法派送

由于洪水、暴雪等气候原因造成的特殊情况，属于不可抗力情况。当遇到这种非人力因素造成不能及时派送快递的情况时，客服人员应该及时跟买家联系，说明原因，努力寻求买家谅解，并跟进最终解决方案的落实。

4. 节假日或特殊节日派件时间延长

在"双十一""双十二"等规模较大的促销活动期间，短时间内会产生大量的商品交易，经常有快递"爆仓"现象发生，买家有可能对预期晚到的快递进行咨询。遇到这种情况，客服人员应如实说明原因，最好是在售前就做好提醒工作。

5. 快递丢失或破损

当买家因出现快递丢失或破损的情况而进行咨询时，客服人员先要安抚买家情绪，及时和快递公司联系确认情况，如果情况属实，应及时回复买家，并做好后续的补救工作。

9.1.3.2 退/换货处理

一般来说，在退/换货环节需要注意的问题有以下几点。

1. 了解退/换货原因

（1）物流原因，主要有逾期不达、货品丢失、物流服务差等问题。

（2）商品原因，主要有商品质量和商品使用方法等方面的问题。商品质量问题包括商品过保质期、商品材质与描述不符或有色差、商品有污损等问题。与商品使用方法相关的问题包括买家对使用方法不了解、对商品特殊使用注意事项不清楚等。

（3）买家主观原因，主要包括买家对客服人员的服务态度不满、对收到的商品不喜欢、拍错号码和颜色等。针对以上问题，客服人员能做的就是向买家讲清事实，引导买家换货或者退回商品，从而降低纠纷退款率。

2. 确认细节

客服人员在买家退货前要和买家确认需要退回的物品是否影响二次销售,在收到退货后,需要检查商品的完整性。

3. 后台操作执行

对于商品、服务及买家喜好等原因造成退/换货的,在了解了退/换货的原因及确认退/换货的细节后,客服人员就需要在网店后台做退/换货处理。退/换货处理的流程如图9.6所示。

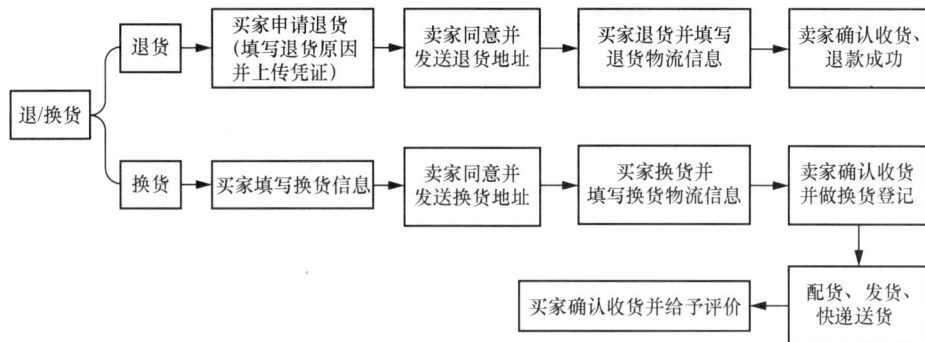

图 9.6 退/换货处理的流程

9.2 客户接待

客户接待主要通过千牛接待中心来实现,卖家可以利用客户接待工具如欢迎语、聊天窗互动、自动催付、自动核单、机器人等提高接待效率。

9.2.1 千牛接待中心

为了能更好地与买家保持长期稳定的关系,卖家需要和买家随时进行互动,这就需要建立与买家沟通的通道。目前,淘宝网常用的即时沟通工具是千牛工作平台的接待中心。

> ### 📖 小贴士
>
> **千牛工作台的运行模式**
>
> 千牛工作台一般有两种运行模式:旺旺模式与工作台模式。旺旺模式以沟通为主,工作台模式以管理为主。工作台模式已与卖家中心合并,利用卖家中心管理网店的相关内容前面章节已做介绍。淘宝网店接待买家、与买家沟通时常用的是旺旺模式。
>
> 旺旺模式由阿里旺旺卖家版升级而来,也称千牛接待中心。阿里旺旺是淘宝的即时交流工具,可以轻松实现在线沟通。淘宝网的用户之所以习惯使用阿里旺旺来沟通和交流,并不仅仅是因为可以即时看到对方的淘宝会员名和相关资料、直接显示网址链接的安全性,更重要的是如果使用外部聊天工具,一旦出现交易争议或纠纷,淘宝网管理方就无法核实会员的真实身份和对话记录的真实性,外部聊天工具上的对话记录无法作为证据用来举证,而使用阿里旺旺则能避免这一问题。

9.2.1.1 千牛接待中心的设置

1. 编辑基本资料

(1)编辑卖家头像。在使用千牛接待中心之前,卖家首先需要对头像等基本资料进行设置。这样不但能让买家对卖家印象深刻，还能体现网店的"个性"。直接点击千牛接待中心悬浮条中的"接待中心"，可以进入"接待中心"页面，点击"接待中心"页面左上角的用户名，点击"修改"可进入修改头像页面，如图 9.7 所示。

（2）编辑买家信息。为了做好客户关系管理，借助千牛接待中心对买家做一些简单的备注是很有必要的。右击某个联系人名字，在弹出的快捷菜单中选择"查看资料"，进入图 9.8 所示的页面。在这个页面上，可以修改该联系人的所属分组，也可以为其编辑一个昵称。例如，可以在昵称中加入其姓名、购买的商品及其型号等作为一个微型备注，下次联系时，可以在最短的时间内知晓该买家的基本情况，尽快进行有效沟通。

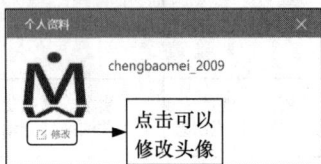

图 9.7　修改头像页面

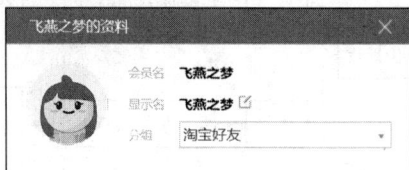

图 9.8　编辑买家信息

2. 快捷回复

充分利用千牛接待中心的快捷短语功能，可以使客服人员在繁忙的时候也能够游刃有余地接待多位买家，提高工作效率。

在千牛接待中心中打开聊天窗口，在小工具中点击" ☺ "图标，如图 9.9 所示。在右侧窗格中点击"新增"，可以打开图 9.10 所示的页面，编辑好之后点击"保存"即可。

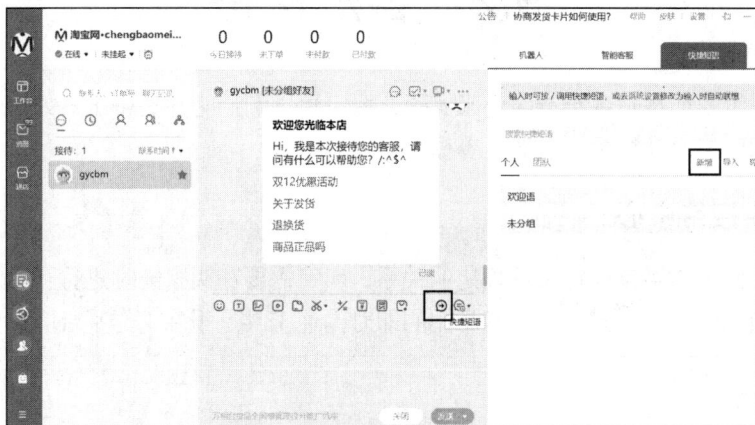

图 9.9　千牛接待中心的聊天窗口

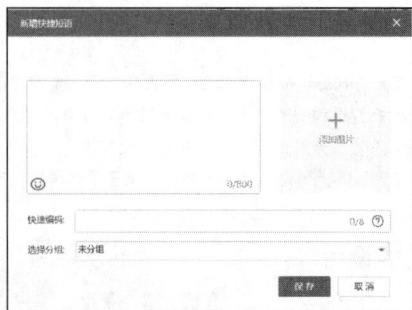

图 9.10　新增快捷短语

3. 消息中心

点击悬浮窗口中的"消息中心"可进入千牛接待中心的消息中心，如图9.11所示。消息中心的消息分为系统消息、服务号消息，这两类消息用户均可自行订阅。

图9.11　千牛接待中心的消息中心

9.2.1.2　千牛接待中心好友分组

当买家通过旺旺向客服人员咨询时，客服人员可以将买家加为好友并放到相应的分组中。客服人员在聊天页面上方点击买家的旺旺名，在打开的买家资料页面可对该买家进行分组，如图9.12所示，如果没有合适的组，可以"新建分组"并将该买家放在新组中。

千牛接待中心好友分组的好处在于当与某位买家再次沟通时，客服人员可以根据该买家的分组标签第一时间判断出买家的需求或特征，也可以在同一组买家中通过群发形式定期推送信息。

图9.12　客户分组

9.2.1.3　创建旺旺群

客服人员也可以将买家添加到旺旺群，通过群与买家建立感情，了解买家对品牌、产品、服务的体验，如图9.13所示，点击＋可以创建新群，如图9.14所示。

图9.13　群管理

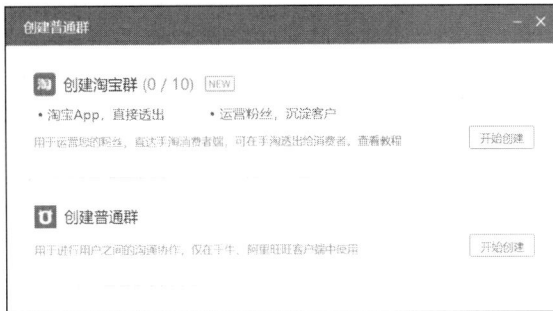

图9.14　创建新群

旺旺群有两种类型，分别是淘宝群和普通群。普通群用于和买家进行沟通合作。淘宝群用于运营粉丝，可以直接触达消费者端，是店铺开展营销活动、拉新促活的有效渠道之一。

创建淘宝群，卖家需要满足以下任一条件：①店铺状态正常、近 30 天成交笔数大于等于 90 笔；②店铺状态正常、店铺近 180 天成交金额在 100 万元及以上。

9.2.2　客服分流

对于规模大一些的店铺，卖家需要区分售前客服、售后客服，可以进行客服分流设置。卖家可以通过点击千牛工作台左侧菜单的"客服"→"分流分组"可进入客服分流管理页面，如图 9.15 所示。

图 9.15　客服分流管理页面

（1）客服分组。在图 9.15 所示的客服分流管理页面右上方，点击"新增分组"，进入"分组小助手"页面，如图 9.16 所示。卖家可以根据实际需求，选择客服分工策略，如果选择区分售前售后咨询，可以点击"执行建议"，系统将自动创建售前和售后两个客服分组，如图 9.17 所示。

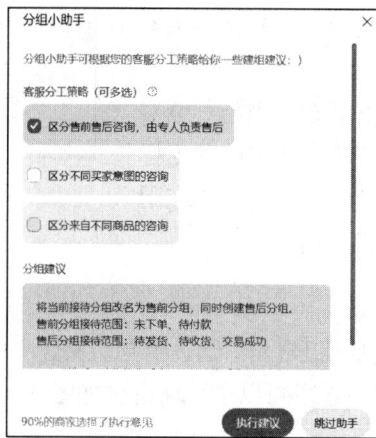

图 9.16　"分组小助手"页面

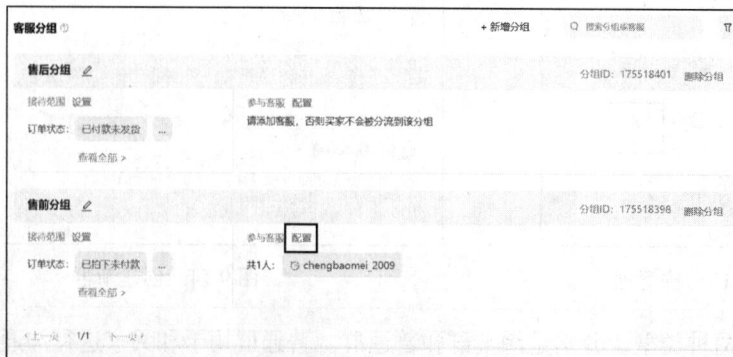

图 9.17　客服分组

（2）添加客服到不同分组。在"客服分组"页面点击"配置"，将售前客服和售后客服的账号添加到对应的分组中，一个客服最多只能添加到一个分组中，如图9.18所示。服务等级设置值越高，该客服的权重就越高，分配给该客服的客户数量越多。需要注意的是，需要提前设置好客服的子账号。

图9.18　客服添加

9.2.3　接待工具

为了提高客服的接待效率，平台提供了接待工具，如欢迎语、聊天窗互动功能、自动催付、自动核单、机器人等，如图9.19所示。

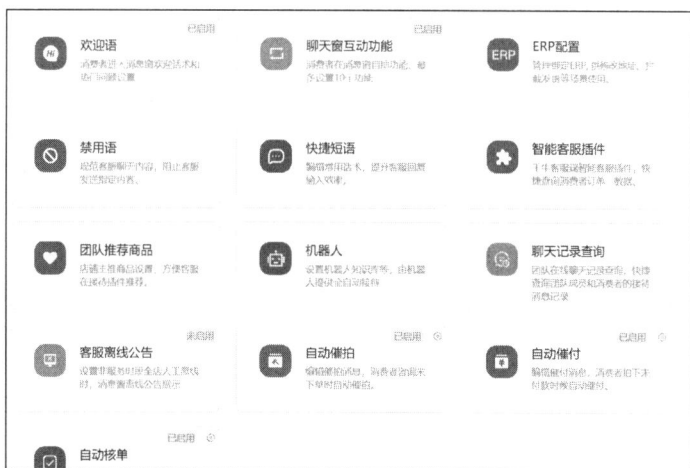

图9.19　接待工具

1. 欢迎语设置

通过设置欢迎语，当消费者咨询后，消息窗可以马上向消费者展示公告与常用问题，提升店铺的服务效率，获得消费者好感。

欢迎语功能可以根据需要开启或关闭，如图9.20所示。欢迎语方案包括基础方案和店小蜜两种，基础方案在此处设置即可，店小蜜方案需要到店小蜜后台进行设置，但是需要在该页面选择店小蜜方案才生效。

图9.20　欢迎语设置界面

欢迎语基础方案一般包括售前通用、售后通用、无人接待时三种类型，卖家也可以针对特定商品进行欢迎语设置。欢迎语模板设置好后需要保存才能生效。

（1）售前欢迎语。消费者进行咨询后，如果没有进行中的订单，则判断为售前场景。卖家可以设置售前欢迎话术及关联问题，如图9.21所示，左侧为编辑区域，右侧为预览效果区域。关联问题一般设置多数消费者购买前比较关注的信息，如优惠活动、发货物流等。

图9.21　售前欢迎语设置界面

（2）售后欢迎语。消费者进行咨询后，如果存在正在进行中的订单，则判断为售后场景。售后欢迎语的设置与售前欢迎语类似，但是关联问题一般是关于物流信息、退换货等的。

2. 聊天窗互动功能设置

聊天窗互动功能在消息窗输入框上方，消费者可自助获得相关服务，最多设置8个功能，如图 9.22 所示。根据售前或售后场景，卖家可以分别配置不同功能，如图 9.23 所示。

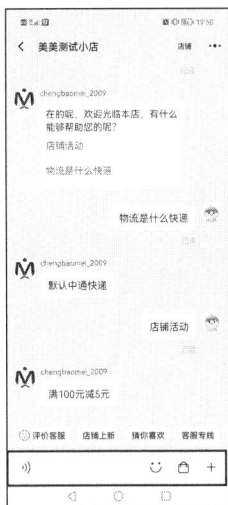

图 9.22　聊天窗互动功能效果

图 9.23　聊天窗互动功能设置

3. 自动催付及自动核单设置

当消费者下单未付款时，适当催付能够提升下单转化率。卖家只要在"催付设置"中设置好催付方案、时间、话术等，然后点击"保存并启用"即可。

自动核单是当消费者付款后，向消费者发送卡片核对订单信息。设置方法与自动催付类似，在核单设置页面设置好发送时间、核单内容等保存并启用即可。

9.2.4　阿里店小蜜

点击接待工具中的机器人工具，可以打开阿里店小蜜页面。阿里店小蜜是阿里巴巴推出的商家版智能客服机器人，可以帮助企业提升团队的服务能力和买家的购物体验。阿里店小蜜的开通很便捷，所有淘宝、天猫商家都可以提交使用申请，一键授权激活后，阿里店小蜜就可以投入使用。

9.2.4.1　阿里店小蜜接待模式

阿里店小蜜的接待模式包括全自动接待模式和智能辅助（半自动）接待模式。

1. 全自动接待模式

全自动接待模式是阿里店小蜜主要的接待模式之一，由阿里店小蜜独立接待买家。具体后台运作过程为：千牛工作台把买家分流给机器人，机器人自动发送欢迎语及快捷卡片，识别并回复买家问题，在此过程中，如果机器人无法识别买家问题，就会进入全自动设置的直连人工场景，可无缝转接人工，如果转接人工失败，则可通过查看接待记录找到转接人工失败的买家，手动分配客服人员。

目前，全自动接待模式有"全店人工优先接待""全店机器人优先接待""混合模式，机器人优先接待"三种分流策略，如图 9.24 所示。

"全店人工优先接待"指的是只有当参与分流的账号全部下线或全部挂起时才会由机器人

开始自动接待。"全店机器人优先接待"指的是买家开始咨询后将优先由机器人接待，当机器人无法解决时转人工处理。"混合模式，机器人优先接待"指的是千牛工作台按照自动化分流分配设置比例的买家由机器人优先接待，其余的买家由人工正常接待。

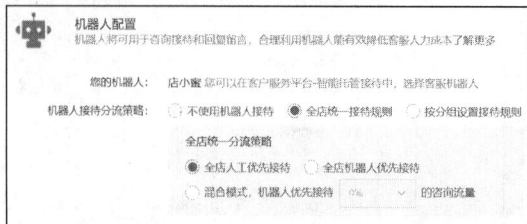

图 9.24　全自动接待模式

2. 智能辅助（半自动）接待模式

智能辅助依附于客服账号和客服人员一起接待买家，它可以代替客服人员自动回复，也可推荐回复内容供客服人员选择，相当于客服人员的智能助手，也称为半自动机器人。

我们可以在以下场景中使用阿里店小蜜接待模式。

（1）客服人员下班后。这种情况下可开启全自动接待模式，选择人工优先接待方式，可及时响应买家，提高询单转化率。

（2）同时接待多人。如果需要同时接待 5～10 人，可开启智能辅助（半自动）接待模式，无须关闭全自动接待模式，选择人工优先接待方式即可。如果需要同时接待 10 人以上，可开启全自动模式，选择助手优先方式，同时开启智能辅助（半自动）接待模式，这样可以降低店铺人力成本，把重复、简单的问题交由全自动接待模式处理，把疑难问题转人工接待，人工接待过程中的简单问题交由智能辅助（半自动）接待模式自动或推荐回复。

小贴士

阿里店小蜜基本功能简介

9.2.4.2　阿里店小蜜基本功能

1. 常见问答配置

常用的回复问题和答案在"常见问答配置"页面编辑。常用问题主要分为行业通用问题、自定义问题等两种类型，根据问题的方向又分为聊天互动、商品问题、活动优惠、购买操作、物流问题、售后问题等六个类型，如图 9.25 所示。

图 9.25　"常见问答配置"页面

我们在添加行业通用问题以及自定义问题的答案时，阿里店小蜜除了能给我们提供文字回复外，对于买家提出的相同问题，还能提供多种不同回复，对于一些复杂问题可在答案后附加图片。

2. 商品知识库

在"商品知识库"页面中，卖家可新增商品自定义知识，回复方式可选择"图文答案回复"或"直连人工服务"，如图 9.26、图 9.27 所示。

图 9.26 "商品知识库"页面

图 9.27 新增某一商品问答配置

选择"直连人工服务"方式，当买家咨询的问题无法在商品知识库中识别，则直接由人工接待。

3. 店铺问答诊断

店铺问答诊断功能可根据卖家店铺的客服接待数据，给出知识优化建议，卖家无须再逐一浏览客服聊天记录即可获取知识库的配置提示。该功能包括：按照智能诊断结果优化商品知识库内容；客服人员可以将其他客服人员以往的回复话术作为回复依据，来维护自己专属的回复话术等。

4. 跟单助手

跟单助手包括配置面板、任务列表、数据看板和话术管理等四个模块，如图 9.28 所示。

图 9.28　跟单助手

（1）配置面板。配置面板包含促进增收、直接增收和售后服务。其中，促进增收用于在咨询过程中进行营销促进，可提升转化率 10%～20%；直接增收用于对历史未成交和已成交买家进行营销，利用店铺私域流量增收；售后服务可为买家提供主动售后服务，提升买家购物体验。

（2）任务列表。任务列表展示了任务名称、任务场景、发送渠道、任务有效期、任务状态及操作等信息。

（3）数据看板。数据看板展示了下单未支付、预售尾款未付、咨询未下单、意向用户唤醒、复购营销、智能私域营销、签收未确认、确认收货后邀评及发送使用说明等信息。

（4）话术管理。话术管理提供自定义话术、自定义人群、自定义语音音色、自定义发送时段的自定义能力，但在外呼场景上要求为服务域场景，营销性质话术不允许外呼。

5. 智能商品推荐

智能商品推荐是系统基于阿里店小蜜"千人千面"的智能推荐算法，在不同场景下，给买家推荐最有可能成交的商品，最终提高客单价，在该页面可设置求购推荐、搭配推荐及其他推荐。

求购推荐：当买家发起求购需求时，系统可通过智能导购进行商品推荐。

搭配推荐：当买家表达出明确的购买意图时，系统可智能搭配推荐商品，提升客单价。

其他推荐：阿里店小蜜可识别无货推荐、凑单推荐、爆款推荐等多种特殊推荐的场景，可一键开启。此功能需要卖家配置两件爆款商品和对应推荐话术，阿里店小蜜将随机选择一个发送给符合条件的买家。

9.3　客户运营

客户信息是网店拥有的宝贵财富，网店的核心就是客户，而客户的忠诚度决定着网店的发展潜力和客户对网店的认可度。客户运营的目的是通过活动、推广、引导等手段，使客户有更好的体验感并产生更多的需求，建立和提升客户的忠诚度。淘宝平台客户运营有会员运营、老客运营和自定义运营等多种方法。卖家可以通过千牛工作台选择"···"→"用户"，进入"用户运营"页面，如图9.29所示。

图 9.29 "用户运营"页面

9.3.1 会员运营

会员运营是客户运营的一个核心组成部分。当客户成为网店的会员之后，卖家要通过各种运营手段让会员对品牌产生信赖感，从而提高会员忠诚度，提升复购率。同时卖家可以通过一些简单的互动，如签到、抽奖等活动吸引会员主动回访，获得免费的高价值流量，带来很好的收藏加购率以及转化率。

小贴士
VIP 会员设置

9.3.1.1 开通会员运营

无论是卖家首次开通，还是之前开通过被关闭了希望重新开通，都需要进行申请审核。在图 9.29 所示页面中点击"去申请"可以进行会员运营的开通申请，申请的第一步需要确认"商家类型"和"所属行业"，如图 9.30 所示。

图 9.30 会员运营申请信息确认

点击"确认"后，进入申请页面，如图 9.31 所示。

卖家需要提前做好申请的准备工作，部分行业要求提前向行业小二提供运营方案，不提供运营方案的概不审核，准备工作完成后按照提示操作即可。通过后台提报之后约七个工作日内，可完成审核。审核通过之后，卖家还需前往客户运营平台完成会员等级设置才能完成开通。

9.3.1.2 会员等级设置

淘宝网后台的会员管理系统将会员分为普通会员、高级会员、VIP 会员、至尊 VIP 会员四个等级。只要是购买商品并完成交易的买家即可自动成为普通会员，而要成为高级会员、VIP 会员、至尊 VIP 会员，则需要满足店内指定的消费条件。下面介绍 VIP 的设置方法。

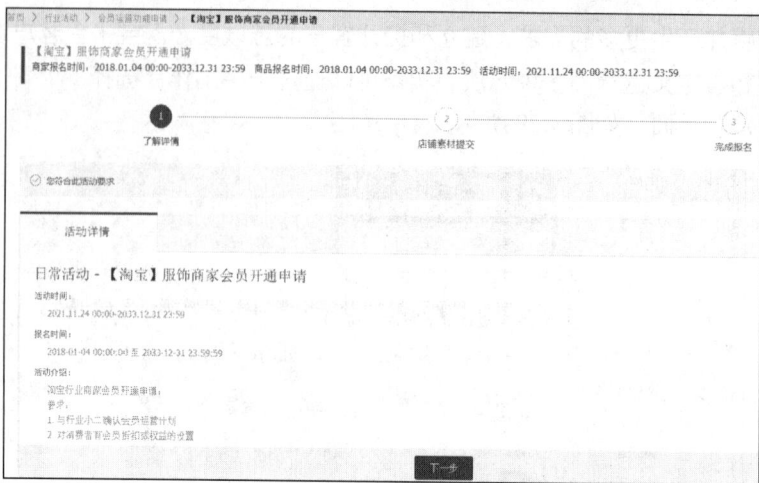

图 9.31　会员运营申请页面

依次点击"客户运营平台"→"忠诚度设置"。如果已经设置过 VIP，在打开的页面中点击"修改设置"，如图 9.32 所示；如果首次设置 VIP，在打开的页面中点击"立即设置"，进入 VIP 设置页面。

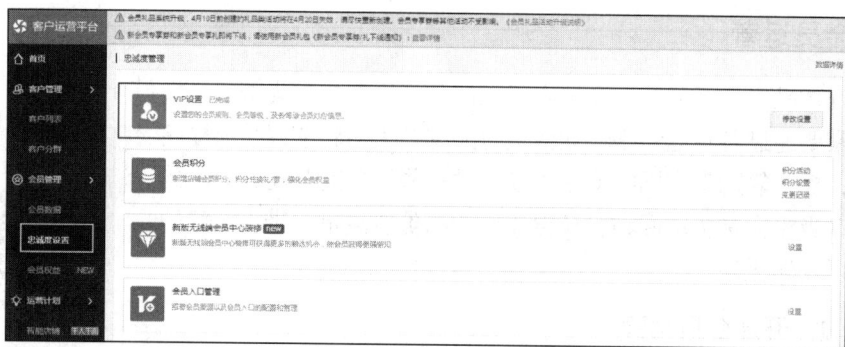

图 9.32　VIP 设置（一）

在打开的页面中，设置会员卡名称、选择需要设置的会员等级。例如，选择高级会员，可点击"高级会员（VIP2）"右侧的"设置"，即可进入"高级会员（VIP2）"的设置页面，如图 9.33 所示。

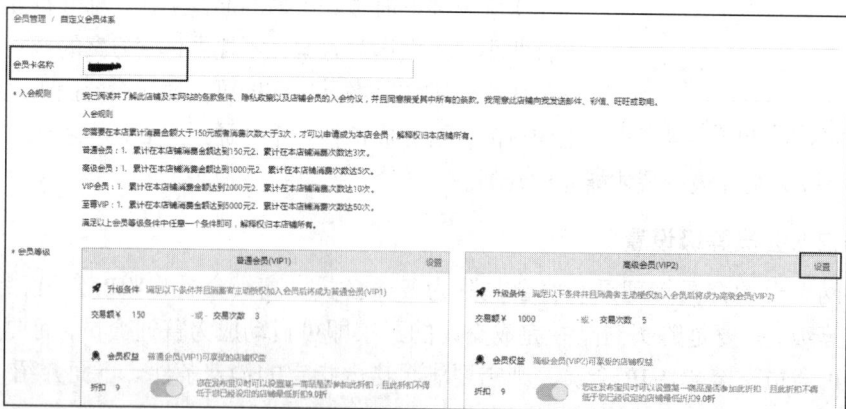

图 9.33　VIP 设置（二）

在"高级会员（VIP2）"设置页面，卖家可以设置会员卡交易额或交易次数、会员可以享受的折扣、会员卡外观等，设置完成后，点击右上方的"保存"即可，如图9.34所示。

9.3.1.3 会员权益设置

卖家可以通过设置会员权益实现新会员招募、老会员回购等目的，从而建立与维护会员的忠诚度。可设置的会员权益类型包含专享权益和会员活动。专享权益有新会员礼包、会员专享券、会员专享礼、积分兑券、积分兑礼、会员首单礼金、专属客服人工接待等，会员活动有周三会员日、会员优先购、会员早鸟价15天无理由退货、优先退款等，如图9.35所示。

图9.34 VIP设置（三）

图9.35 会员权益设置页面

1. 新会员礼包

新会员礼包适用于招募新会员场景。

新会员礼包中可设置优惠券和礼品，礼品需要0.01元+邮费购买，邮费需单独在千牛工作台设置，礼品需为赠品类目，目前只有天猫旗舰店可以设置礼品，C店和海外店无法设置。礼品可以备注"随单发货"等文字。

新会员礼包同一时段只允许存在于一个进行中的活动中，如果要同时设置优惠券和礼品，可以在一个活动内设置。而且，新会员礼包只有首次入会的会员在24小时内可以看到。

2. 会员专享券

会员专享券适用于老会员激活场景。

会员专享券作为店铺日常会员权益，卖家可以每月设置，且优惠力度尽量大于非会员券。

3. 积分兑券和积分兑礼

积分兑换类活动适用于日常提升会员活跃度，以维系会员黏性，激励会员在店内进行消费。

卖家可以采用常规兑换和活动兑换两种方式。常规兑换是设定一些不会频繁调整但会员有需求的奖励，如小面额优惠券；活动兑换是指在一些特殊日期（如会员日）推出特定兑换活动，奖励价值可以比较高，吸引会员抢兑。同时，卖家可以针对不同等级的会员，设置不同的积分兑换门槛，体现不同等级会员的差异化特权。

积分兑礼是默认 0.01 元+积分的形式，给会员兑换。礼品需为赠品类目下商品。

4. 周三会员日

"周三会员日"是为卖家提供的周期性会员营销活动，通过每周活动式产品形态，培养会员主动回访心智，帮助卖家促进会员活跃及分层转化。

每周三店铺会员可抽取全店会员大额专享券，前六天（上周四至本周二）为活动蓄水期，会员可订阅活动。会员大额专享券作为店内最大力度优质会员权益，将在抽奖中辅以算法控制，派发给有购买潜力的会员，以提升其转化率。

9.3.1.4 会员任务

官方为卖家提供了会员运营小工具，通过设置"签到""浏览商品""发表优质评价"等互动任务，如图 9.36 所示。采用互动赠送积分方式，增强会员中心的可玩性，提升会员的参与度和活跃度，有效帮助卖家持续激活会员。

图 9.36　会员任务

9.3.1.5 客户列表

客户列表可以查询部分客户的信息，如"会员级别""交易总额""当前可用积分"等，如图 9.37 所示。

图 9.37　客户列表

客户分为以下三种类型：①成交客户，指在店铺内有"交易成功"的订单，如果是首次下单的客户，若未确认收货，不属于成交客户；②未成交客户，指在店铺内有"交易关闭"的订单，且无"交易成功"的订单的客户；③询单客户，指在旺旺上有过聊天记录的客户。

在客户列表中，可以选择客户查看其详情或在店内交易记录；可以设置分组，手动为用户打标签，官方提供有两个默认的分组：禁止购买和短信黑名单（见图 9.38）。这两个分组有特殊作用，禁止购买分组下的客户无法购买店内商品，短信黑名单分组下的客户将不会收到本店铺的营销短信。禁止购买分组只有 C 店可以使用，天猫店无法禁止客户购买。卖家可以选择客户进行批量设置标签或会员等级，并且开展送优惠券、送支付宝红包、送流量等营销活动。

图 9.38　客户分组

9.3.2　老客运营

为了提升老客复购率，卖家可以采用老客运营工具来进行运营，促进老客回购。老客运营工具无须参与考核，下面介绍在千牛工作台的客户管理页面对老客运营进行操作的具体方法。

（1）登录千牛工作台，点击"…"→"用户"进入用户运营页面，选择"老客运营"，打开"老客运营"页面，如图 9.39 所示。在该页面可以看到老客运营的核心数据，如新增老客人数、老客复购率、老客进店率和老客成交金额等。

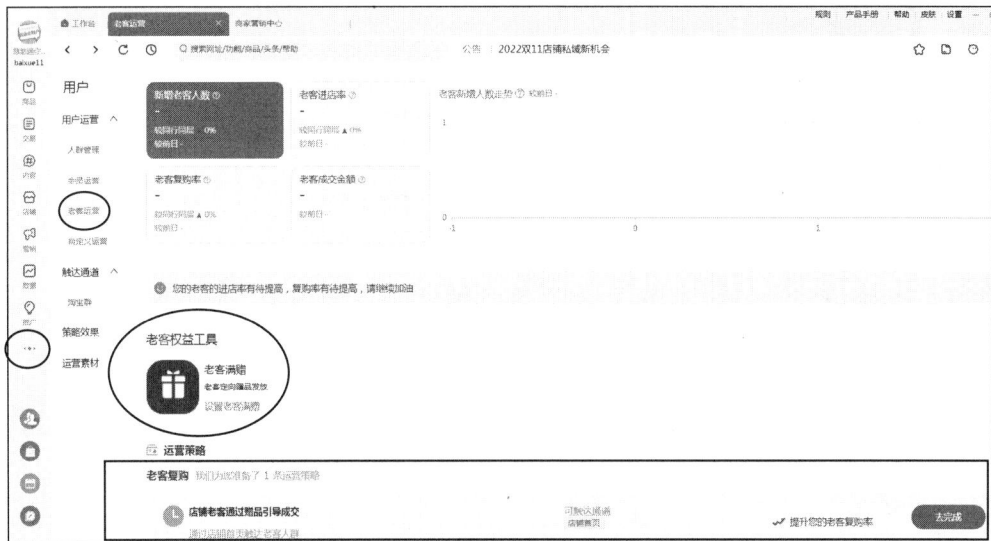

图 9.39　"老客运营"页面

（2）点击"老客权益工具"下的"设置老客满赠"，然后按照步骤点击进入设置老客满赠权益的页面，如图 9.40 所示。

（3）图 9.40 中相关信息设置完成后，点击"下一步"，进入"优惠门槛及内容"的设置，然后"选择商品"，完成老客满赠活动的设置。

图 9.40 设置老客满赠权益的页面

9.3.3 自定义运营

卖家可以自定义人群，并针对不同的人群采取不同的运营策略。在进行自定义人群运营时，卖家首先要新建人群圈选，然后再进行策略投放。

1. 人群管理

人群是通过标签圈选后支持各类渠道应用的客户组，卖家可通过人群列表进行人群可用性的管理，并且实现快速进行人群的洞察分析及策略发起。人群类型包括官方推荐人群、渠道同步人群、行业定制人群和自定义人群。

（1）官方推荐人群：即通过平台/行业算法直接推荐的人群，通过平台数据能力推动卖家直接在主推人群上进行投入。

（2）渠道同步人群：即来自淘系数据产品的同步人群，例如达摩盘、数据银行及天猫超市等一系列淘系产品中创建的人群。

（3）行业定制人群：即通过行业定制的策略人群。

（4）自定义人群：即通过提供的人群标签进行自主的交叉并形成的可应用人群。

> 📖 **小贴士**
>
> **标签与自定义人群**
>
> 标签是基于消费者的元数据（包括行为、特征等）聚类出来的一系列特征，是创建人群的基础元素。自定义人群是通过标签特征或标签间的组叠形成的一组具有一致运营目的的人群。

卖家可以在图 9.41 所示的"人群管理"页面中点击"新建人群圈选"来创建自定义人群，进入"创建人群"页面，如图 9.42 所示。

选择标签并设置具体标签内容，即可筛选出指定人群。点击"立即保存人群"即可创建人群。

图 9.41 "人群管理"页面

图 9.42 "创建人群"页面

2. 自定义人群运营

创建人群之后,可以针对某类人群进行推广,如图 9.43 所示。

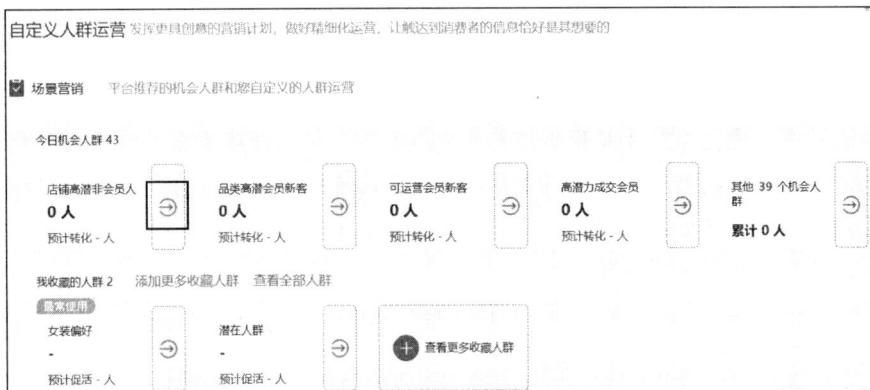

图 9.43 场景营销选择

点击人群后面的 ⊖ ,可以对该人群实施精准营销。先设置基本信息,并选择优惠券,再选择投放渠道,然后点击"一键推广"即可完成,如图 9.44 所示。

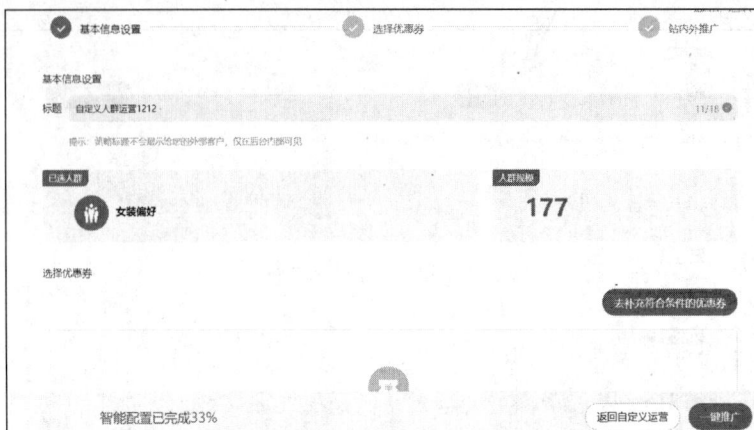

图 9.44　人群运营设置

人群运营的工具主要有店铺人群海报、复购提醒、短信触达、店铺人群优惠券、新客触达等，如图 9.45 所示。其中店铺人群海报、店铺人群优惠券、新客触达在运营时需要在手机店铺首页装修加入对应模块，才能推送给客户；复购提醒是针对购买过店铺复购率较高商品的客户，通过消息盒子等方式推送复购提醒信息；短信触达是以短信形式推送交易进程、售后客服等最新消息，卖家需要提前进行短信充值。

图 9.45　人群运营工具

本章小结

客服和客户运营是网上开店的两个重要环节。网店客服是网店与买家之间的纽带和桥梁，优质的客服对网店的良性发展起着非常重要的作用，本章从网店客服的沟通技巧开始，对客服工作中的售前客服人员、售后客服人员应该具备的技能和知识进行了梳理，同时介绍了淘宝网店客户接待与客户运营的方法。希望读者通过本章的学习，可以快速、有效地提升个人工作技能，最终提升网店销售额。

课后习题

一、名词解释

售后服务　阿里店小蜜　客户忠诚度　标签

二、单项选择题

1. 在向买家推荐商品时，客服人员的正确做法是（　　　）。
   - A. 推荐网店最热销的商品，因为好评多买家容易接受
   - B. 推荐网店利润最高的商品，因为利润赚得多
   - C. 引导买家说出需求，推荐买家所需要的商品
   - D. 推荐自己认为好的商品

2. （　　　）属于售前客服工作内容。
   - A. 催付　　　　　B. 退/换货处理　　　　　C. 评价处理　　　　　D. 以上都是

3. 买家对商品的价格有异议时，想让客服人员优惠一些，客服人员的正确做法是（　　　）。
   - A. 满足买家的需求，答应买家的议价，爽快地给买家优惠
   - B. 婉转地拒绝买家，用商品的卖点引导买家，突出商品的价值，转移买家对价格的关注度
   - C. 直接拒绝买家，告知买家网店一概不议价，这样不浪费时间
   - D. 以上做法都不对

4. 关于优化阿里店小蜜的目的，以下哪个说法是正确的？（　　　）
   - A. 提升客户体验　　　　　　　　　　B. 降低阿里店小蜜转人工率
   - C. 提高询单转化率　　　　　　　　　D. 以上都是

三、简答题

1. 简述网店客服的沟通技巧。
2. 简述会员运营如何开展。
3. 针对新老客户可以分别采取哪些运营策略？

四、复习思考题

1. 买家 A 从某网店买了一件衣服，收到货后发现衣服上有一个破洞，于是给了网店一个中评，评价内容为："衣服质量不错，但是有一个破洞。"遇到这样的问题，售后客服人员应该如何处理？

2. 买家 B 联系客服人员，说衣服没有收到，但是物流跟踪记录显示已经签收，请分析有哪些情况会造成这样的问题，以及应该如何解决这样的问题。

3. 网店与买家 C 约定 48 小时内发货，但是 3 天了货还未发出，网店是否违规？为了避免客户投诉，客服人员应该如何与买家沟通？

4. 谈一谈应该如何做好自己淘宝网店的客户运营。

5. 如果阿里店小蜜已命中买家问题但未解决该问题，可以通过什么方案进行优化？

📖 **实训任务** ═══════════════════════════════

实训任务一：催付工具的使用

找出自己淘宝网店中全部等待买家付款的订单，挑选出金额最大的未付款订单，进行如

下操作。

1. 针对这个订单，通过查看聊天记录等方式找出买家未付款的原因。

2. 选择合适的催付工具，组织好催付话术，选择最合适的催付时间进行催付。

实训任务二：阿里店小蜜基本功能的设置

进入自己淘宝网店的阿里店小蜜，进行如下操作。

1. 在跟单助手中，对"追单-单后推荐关怀"设置千牛自动；对"物流-折包发货通知"设置智能外呼、小蜜自动。

2. 在商品知识库中，新增自定义知识。

3. 在店铺问答诊断中，根据智能诊断结果优化商品知识库内容。

实训任务三：千牛工作台的使用

1. 将千牛好友根据需要进行分组。

2. 在签名中放置网店营销信息，设置并且运用快捷短语。

3. 在接待工具中设置自动回复。

实训任务四：客户运营平台的应用

进入自己淘宝网店后台的客户运营平台，进行如下操作。

1. 对自己网店的现有客户信息进行维护，如会员状态、分组等。

2. 尝试针对不同级别的客户进行营销活动，如送优惠券、人群海报等。

📖 **视野拓展**

淘宝用户运营技巧　　淘宝客服话术　　淘宝客服促成下单小技巧

第10章 网店运营数据分析

【知识框架】

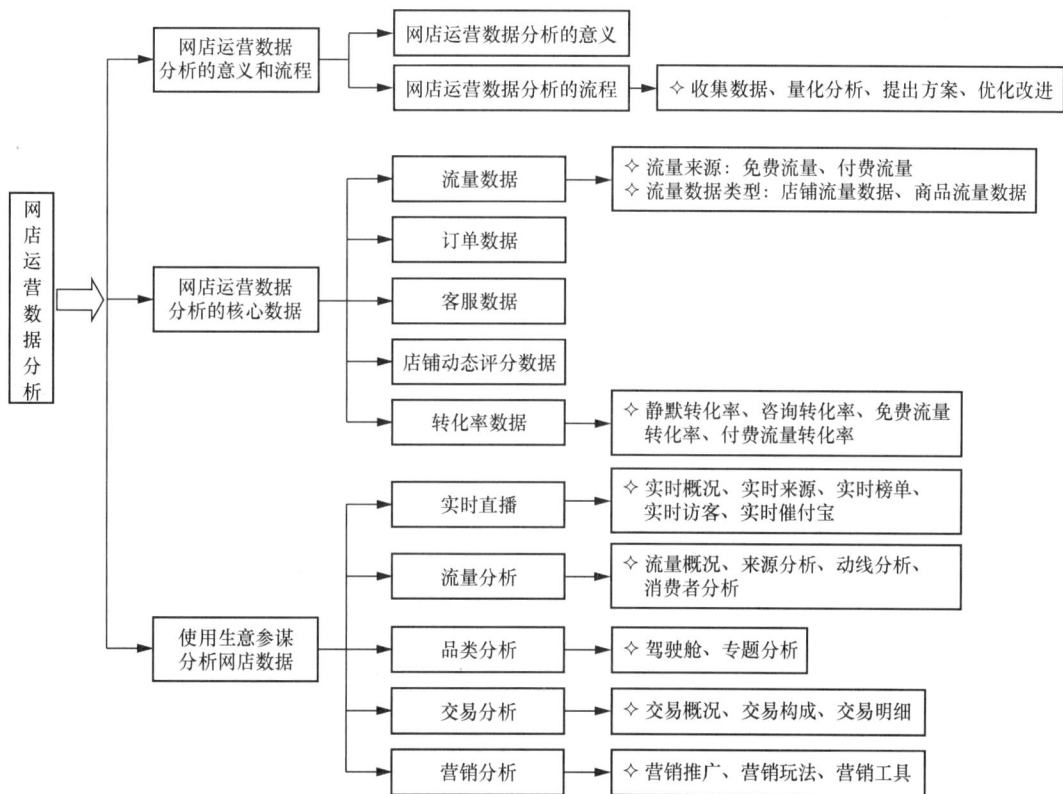

【学习目标】

1. 了解网店运营数据分析的意义和流程。
2. 学会对网店运营中的核心数据进行分析。
3. 能灵活使用生意参谋对网店运营数据进行分析。

随着各大网店平台的逐步规范化及专业化，网店竞争变得异常激烈。怎样才能使自己的网店获取更多的流量和销量，成为卖家重视的问题，越来越多的卖家意识到数据是网店运营坚实可靠的后盾。在网店运营越来越专业化的情况下，只有重视数据分析，才能有效开展网店运营。

网店数据分析是通过数据的形式把网店各方面情况反映出来，使卖家更加了解网店的运营情况，便于卖家调整网店的运营策略。卖家要随时关注网店最核心、最重要的数据。为了更方便地进行数据分析，卖家还要善于运用数据分析工具（如生意参谋等）进行数据分析。

10.1　网店运营数据分析的意义和流程

网店的运营从选择行业、进货，到商品上架、设定价格，再到"爆款"打造、库存管理等，都离不开相应的数据分析。数据分析可以帮助卖家做出正确的判断，采取适当的行动。

10.1.1　网店运营数据分析的意义

数据分析在网店运营中扮演了多重重要的角色：它可以是预测师，帮助网店选款、预测库存周期、预测未来风险；它可以是规划师，通过数据分析合理规划网店品类布局、装修样式等；它可以是医师，诊断网店的状况，对"已生病"的网店找出"病源"并对症下药；它可以是行为分析师，通过买家购买的物品、单价、花费、活跃时间、客服聊天反馈等分析买家的行为特性；它可以是营销师，通过对现有资源的合理分析，做出最优的销售计划，促进销量增长。

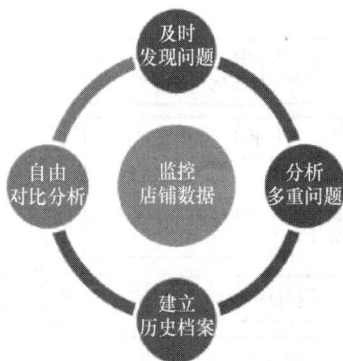

图 10.1　监控网店数据的作用

监控网店数据有四大作用：及时发现问题、分析多重问题、建立历史档案和自由对比分析，如图 10.1 所示。卖家需要随时监控全店各类数据，发现异常数据应及时采取对策，以减少网店的损失。数据分析最大的作用就是可对多重问题从多个维度进行分析。成功的网店几乎都是经历了长时间的经验积累后才逐步发展起来的，而这些经验的积累都基于对历史数据的保留与分析。对每件商品进行长时间的数据统计就一定会发现规律，好好利用这些规律就能提高商品的销量。与网店有关的数据种类有很多，收集整理好这些数据就可以方便对其进行对比分析。

10.1.2　网店运营数据分析的流程

网店运营涉及的数据非常广泛，网店运营数据分析的流程如图 10.2 所示。

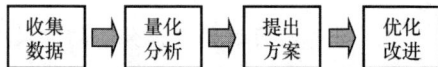

图 10.2　网店运营数据分析的流程

1. 收集数据

在分析网店数据之前，首先需要收集数据，尽量获得完整、真实、准确的数据，做好数据的预处理工作，以便于量化分析工作的开展。收集网店数据的途径主要有如下几种。

（1）网店后台的数据。网店后台可以获取的数据有买家数据（购买时间、用户性别、所属地域、来访次数、停留时间等）、订单数据（下单时间、订单数量、商品品类、订单金额、订购频次等）、反馈数据（客户评价、退货换货、客户投诉等）等。

（2）搜索引擎的数据。通过电商平台的搜索引擎可获取的数据有网店在"店铺"搜索中的排名及关键词在"宝贝"搜索中的排名情况等（利用淘宝网首页中搜索引擎的"宝贝"和"店铺"标签搜索）。

（3）统计工具的数据。网店的统计工具有很多，如淘宝网的生意参谋等。使用统计工具可以获取访客来自哪些地域、访客来自哪些渠道、访客来自哪些搜索词、访客浏览了哪些页面等数据信息以及广告跟踪信息等。

（4）调查问卷收集的数据。问卷调查是最常用的一种数据收集方法，它以问题的形式收集用户的需求信息。卖家可自行设计问卷进行调查。

2. 量化分析

数据分析不只是对数据的简单统计描述，还要通过数据发现问题的本质，然后针对确定的主题进行归纳和总结。常用的数据量化分析方法有以下几种。

（1）趋势分析。趋势分析是将实际达到的结果与不同时期报表中同类指标的历史数据进行比较，从而确定变化趋势和变化规律的一种分析方法。具体的分析方法包括定基比、同比和环比三种：定基比是以某一时期为基数，将其他各期数据与该期数据进行比较；同比是将本时期数据与去年同一时期数据进行比较；环比是将下一时期数据与上一时期数据进行比较。

（2）对比分析。对比分析是把两个相互联系的指标数据进行比较，从数量上展示并说明研究对象规模的大小、水平的高低、速度的快慢，以及各种关系是否协调。在对比分析中，选择合适的对比标准是十分关键的步骤，标准合适，才能做出客观的评价，反之则可能会得出错误的结论。

（3）关联分析。如果两个或多个事物之间存在一定的关联，那么其中一个事物就能够通过其他关联事物进行预测。关联分析的目的是挖掘隐藏在数据中的事物间的相互关系。

（4）因果分析。因果分析是为了确定引起某一现象变化的原因，主要解决"为什么"的问题。因果分析就是在研究对象的先行情况中，把作为它的原因的现象与其他非原因现象区别开来，或者是在研究对象的后行情况中，把作为它的结果的现象与其他的现象区别开来。

3. 提出方案

将数据量化分析的结果进行汇总、诊断，并提出最后的网店运营优化方案。

（1）评估描述：对评估情况进行客观描述，用数据支持自己的观点。

（2）编制统计图表：运用柱状图和条形图对基本情况进行更清晰的描述，运用散点图和折线图等表现数据间的因果关系。

（3）提出观点：根据数据分析结果，提出自己的观点，预判网店的发展趋势，给出具体的改进措施。

（4）制作演示文档：基于以上三点进行总结归纳，列出条目，制作一份详细的演示文档，进行演示和讲解。

4. 优化改进

随着改进措施的实施，要及时了解运营数据的变化，不断优化和改进，力争标本兼治，使同类问题不再出现；持续地监控和反馈，不断寻找能从根本上解决问题的最优方案。

数据分析是一项长期的工作，同时也是一个循序渐进的过程，需要网店运营人员实时监测网店运营情况，及时发现问题、分析问题并解决问题，这样才能使网店健康、持续地发展。

10.2　网店运营数据分析的核心数据

涉及网店运营的数据类型有很多，但是最核心、最重要的数据有流量数据、订单数据、客服数据、店铺动态评分数据、转化率数据等。卖家应实时监控这些决定着网店经营好坏的数据，及时跟上市场发展的脚步。

小贴士

网店成功运营的日常
数据统计分析

10.2.1　流量数据

网店有销量的首要条件就是有买家进入网店，而进入网店买家的多少就代表了流量的大小。流量数据是网店的重要监控对象。

10.2.1.1　流量来源

按照收费方式，流量来源可以分为免费流量和付费流量。

1. 免费流量

（1）关键词搜索带来的流量，是指没有付费做广告推广，买家通过关键词搜索等途径进入网店的流量。这类流量是网店最想要的流量，成本低、精准度较高。卖家都希望自己的商品能展示在网站搜索结果页最显眼的位置上。因为显眼，点击量就大，网店获得的免费流量也就越多。但是，任何商品都有一定的周期，要想商品时时刻刻都排名靠前不太现实。多数卖家的做法是将网店中具有不同生命周期的商品分批上架，这样即使有一款商品进入衰退期，也会有新的商品跟上，进而维持网店的免费流量。

（2）自主流量，是指买家主动访问网店的流量，这样的买家通常之前在网店中已经有过成功的交易经历，因此才会通过直接访问、收藏商品/网店、购物车等渠道来回访网店，这样的流量十分稳定且转化率也很高。另外，买家会再次进店购物，正说明了他们对网店中的商品质量和价格比较满意，这时卖家只要维护好和老客户的关系，就会产生一定的复购或转介绍订单，这无形中又增加了新的流量。

（3）站外免费流量，大多来自贴吧、论坛、社区、微博、短视频等，可以靠卖家自己去发帖推广，也可以雇用别人去推广。这种流量的精准度不高，效果自然得不到保证。

2. 付费流量

付费流量是指通过投放广告、按点击付费等方法引入的买家流量。这样的流量精准度高，容易得到，只要花钱就会产生。淘宝网上常见的付费流量有淘宝客、钻石展位、直通车，以及淘宝的各种活动等。由于付费流量会增加成本，所以卖家需要仔细斟酌，以免投入产出比失衡。

流量关系到网店的生死存亡，然而流量入口众多，类型各异，网店流量出现了问题要有一个清晰的解决思路，如图 10.3 所示。当卖家发现流量在下降时，就要查看各类型流量数据，

图 10.3　解决流量问题的思路

分析不同类型流量的变化趋势，弄清导致这类流量出现波动的因素，找到问题关键，最后对症下药。

【例10.1】某网店主要出售果园现摘的时令水果，主打原生态品牌，以迎合消费者的喜好。起初网店有一些流量，但是好景不长，网店几天之内流量忽然少了一半。店主很奇怪，自己既没有修改过主图和标题，也没有编辑过页面，流量怎么忽然少了这么多？没有流量就没有销量，果园里的果子马上就要成熟了，正是销售的最好时节，这个时候没有流量，对网店的打击是非常大的。

不得已，店主开始仔细查看网店的经营数据。经过分析，店主发现网店的付费流量和自然流量都减少得非常厉害，并且一两个星期前就有了这种趋势。付费流量减少，可能是商品主图、商品价格、商品销量、商品选款或商品关键词出了问题。自然搜索流量减少，可能是行情有变、关键词有问题，也可能是某个引流商品的流量出了问题。店主依次对每个可能的因素进行分析排查。店主在查询了当前行业的热搜词和同类目网店的销售情况后发现，原来换季之后，买家纷纷开始搜索应季鲜果，之前网店主推的水果成了换季的"淘汰品"，搜索人数因此减少了一大截。市场行情变了，但自己网店的主推商品没有及时跟上市场的变化，不仅主推商品的流量损失了很多，还影响了网店的整体排名。

找出问题之后，店主立刻着手整改网店，重新优化当季鲜果的商品标题、主图、详情和价格等，又设置好商品上下架时间，通过数据分析工具密切关注优化后的流量动向，并慢慢进行调整，最终扭转了之前的劣势。

10.2.1.2 流量数据类型

在网店运营过程中，需要关注的流量数据包括店铺流量数据和商品流量数据两种。

1. 店铺流量数据

店铺流量数据包括店铺访客数、店铺浏览量、店铺跳失率、人均浏览量、平均停留时长、关注店铺数等。

（1）店铺访客数（Unique Visitor，UV），统计的是观看店铺自播直播间、观看自制全屏页短视频3秒及以上、浏览店铺自制图文3秒及以上、浏览全屏微详情、访问商品详情页及店铺其他页面的去重人数。

> 📖 **小贴士**
>
> **去 重**
>
> 去重，通常为去重计算、页面去重。去重计算指在不同的时间维度内，重复一个行为产生的数据只计算一次，按照时间维度去重包括按小时去重、按日去重、按周去重、按月去重或按自选时间段去重。
>
> 例如：访客数的去重计算是，同一个访客在所选时间段内产生多次访问行为，只记录该访客的一次访问行为，访客数记录为1。若选择的时间维度为"按天"，则即使同一个访客在当日内产生多次访问行为，访客数也记录为1。

（2）店铺浏览量（Page View，PV），统计的是观看店铺自播直播间、观看自制全屏页短视频3秒及以上、浏览店铺自制图文3秒及以上、浏览全屏微详情、访问商品详情页及店铺其他页面的次数。访客每打开一个网店页面就被记录为一次，多次打开同一页面浏览量累计。一个访客可以多次产生浏览量。

（3）店铺跳失率，指的是在统计时间内访客中发生一次点击行为（收藏、加购、咨询、点击评价、点击超链接等行为）就离开的人数/访客数，即一次点击人数/访客数。跳失率越低表示流量的质量越好。多天的跳失率为各天跳失率的日均值。

（4）人均浏览量，人均浏览量=浏览量/访客数，人均浏览量越高，表示访客质量越高。

（5）平均停留时长，平均停留时长越长代表访客对网店越感兴趣，购买商品的可能性也就越大。

（6）关注店铺数，关注店铺的访客数越多，说明对店铺感兴趣的访客越多。

2. 商品流量数据

商品流量是指用户访问商品所产生的数据，商品流量数据是网店数据分析需要关注的重点，这些数据会直接影响网店商品的销量。商品流量数据主要包括商品访客数、商品微详情访客数、商品浏览量、平均停留时长、商品跳失率、商品收藏数和加购人数等。

（1）商品访客数，是指访问商品详情页的访客去重人数。一个访客访问商品详情页，不论重复访问了多少次都计为一次。

（2）商品微详情访客数，统计的是浏览商品微详情3秒及以上的去重人数，一个访客在统计时间范围内访问多次只记为一次。商品微详情访客数指标上升代表商品主图或标题等内容对访客的吸引力上升。反之，则代表商品主图或标题等内容对访客的吸引力下降，需要优化商品主图和标题等内容，如采用简单、清晰的头图，选择能突出商品特点、有热度的标题词语等。

（3）商品浏览量，统计的是商品详情页的被访问次数。访客多次打开或刷新一个商品详情页，该指标值累加。

（4）平均停留时长，平均停留时长=所有访客总停留时长/商品访客数，多天的平均停留时长为多天的日均值。

（5）商品跳失率，是指统计时间内访客在商品详情页发生一次点击行为就离开的人数/商品访客数，即一次点击人数/商品访客数。

（6）商品收藏数和加购人数，指标值越高说明该商品的意向消费者越多，这部分消费者促成成交的概率也就越大。

10.2.2 订单数据

订单数据所反映的是某一时间周期内的店铺销售情况，订单数据包括下单买家数、支付买家数、支付金额、UV价值、客单价、退款率等。

（1）下单买家数，是指统计时间内拍下商品的去重买家人数。该数据反映店铺销售情况，通过下单买家数的同比和环比数据，可以了解本网店的销售变动情况。

（2）支付买家数，是指统计时间内完成支付的去重买家人数。该数据反映店铺销售情况，通过支付买家数的行业排名，可以了解本网店在行业中所处的地位。

（3）支付金额，是指统计时间内买家拍下商品后支付的金额总额。支付金额未剔除售后退款金额，预售阶段付款在付清当天才计入内，货到付款订单金额在确认收货时计入内。

（4）UV价值，计算的是统计时间内全店的支付金额/访客数的值，表示每位访客能带来多少销售额。如果UV价值提高，表示人均消费金额增加，一定的流量获得了更多销售额。反之，则表示人均消费金额减少，商家应当关注影响客单价下降的商品，考虑是否需要进行单品的营销推广。

（5）客单价，计算的是统计时间内每一个买家的平均支付金额。客单价可以衡量统计时间内每位支付买家的消费金额大小，客单价是构成网店销售额的重要指标。如果网店的客单价低于行业平均水平，则说明本网店在关联销售、商品促销等环节存在不足，需要改进。

（6）退款率，是指统计时间内成功退款笔数/成交笔数。该数据反映店铺商品的品质好坏、商品的性价比以及服务态度，直接影响店铺的搜索排名。如果店铺的退款率高于行业平均水平，则说明网店的售中和售后服务存在问题，应及时予以处理。

10.2.3 客服数据

客服是影响网店销量的重要因素，并且网店做得越大就需要越多的客服人员，因此必须重视对客服人员的培养与激励。想检验网店每个客服人员的工作态度如何、业绩如何，就需要监控客服数据。监控客服数据，不是简单地了解每个客服人员每天的业绩是多少，而是需要精准地统计客服数据，其中有以下要点。

（1）对客服个人、客服团队、网店整体数据进行全方位的统计分析。

（2）统计客服人员的销售额、销量和销售人数。

（3）统计客服人员的客单价、客件数和件均价，分析客服人员的关联销售能力。

（4）多维度统计客服人员的转化成功率，包括询单到最终下单的成功率，下单到最终付款的成功率，以及询单到最终付款的成功率。

为了公平、有效地评价客服人员的工作业绩、工作能力和工作态度，及时纠正偏差，改进工作方法，激励争先创优，优化客服团队，从而全面提升客服质量和网店效益，许多网店都会制定客服人员 KPI 考核方案。淘宝客服人员 KPI 考核是指淘宝网卖家通过对客服人员进行目标式的量化考核，使网店的总体运营目标可以分解成可操作性强、分工明确的个体目标。同时，淘宝客服人员 KPI 考核明确规定了客服人员的任务和业绩衡量指标。

📖 **小贴士**

KPI

关键绩效指标（Key Performance Indicator，KPI）是通过对组织内部流程的输入端、输出端的关键参数进行设置、取样、计算、分析，衡量流程绩效的一种目标式量化管理指标，是把企业的战略目标分解为可操作的工作目标的工具，是企业绩效管理的基础。KPI 可以使部门主管明确部门的主要责任，并以此为基础明确部门人员的业绩衡量指标。建立明确的切实可行的 KPI 体系是做好绩效管理的关键。KPI 是用于衡量工作人员工作表现的量化指标，是绩效计划的重要组成部分。

表 10.1 是某网店制定的客服人员 KPI 考核表，可供读者参考。

表 10.1　某网店客服人员 KPI 考核表

考核年月：＿＿＿年＿＿＿月　　　　　　　　　　　　　　　　　　　　　被考核人签字：

序　号	关键绩效指标	权　重	详细描述	标　准	分值	得分
1	询单转化率（X）	40%	询单最终付款人数/询单人数×100%	$X \geqslant 65\%$	100	
				$60\% \leqslant X < 65\%$	90	
				$55\% \leqslant X < 60\%$	80	
				$45\% \leqslant X < 55\%$	75	
				$X < 45\%$	65	

序　号	关键绩效指标	权　重	详　细　描　述	标　准	分值	得分
2	支付率（F）	25%	支付宝成交笔数/拍下笔数×100%	F≥95%	100	
				90%≤F<95%	90	
				85%≤F<90%	80	
				80%≤F<85%	60	
				F<80%	0	
3	落实客单价（Y）	5%	客服人员落实客单价/网店客单价	Y≥1.18	100	
				1.14≤Y<1.18	90	
				1.12≤Y<1.14	80	
				1.1≤Y<1.12	60	
				Y<1.1	0	
4	首次响应时间（ST）	10%	首次响应时间/秒	ST≤15	100	
				15<ST≤20	90	
				20<ST≤25	80	
				25<ST≤30	60	
				ST>30	0	
5	平均响应时间（PT）	10%	平均响应时间/秒	PT≤30	100	
				30<PT≤35	90	
				35<PT≤45	80	
				45<PT≤55	60	
				PT>55	0	
6	其他	10%				
7	总得分	100%				
评级			差评处理情况			
业绩奖金			差评奖金	总奖金		

10.2.4　店铺动态评分数据

店铺动态评分是指买家在淘宝网上购物成功后，针对本次购物给出的评价分数。当前的淘宝网和天猫的店铺动态评分系统包括"描述相符""服务态度""物流服务"三个方面。店铺动态评分代表了网店的服务质量和实力，可以帮助买家判断网店的可信度。店铺动态评分是需要引起卖家重视的网店运营的重要指标。

1. 查看店铺动态评分的方法

（1）卖家可在千牛卖家中心后台中选择"交易"→"订单管理"→"评价管理"，查看店铺动态评分，如图10.4所示。

（2）进入淘宝网商品详情页，可以看到店铺动态评分。如图10.5所示。

（3）在淘宝网店首页的网店名称右侧可以看到"描述""服务""物流"的分数，将鼠标指针移到上面可以看到店铺动态评分的详细情况、与同行店铺相比的情况，如图10.6所示。

2. 提高店铺动态评分的方法

店铺动态评分与网店商品的搜索排名关系密切，因此，提高店铺动态评分是每一个卖家的愿望。只要卖家认真做好销售服务，保证商品质量，站在买家的角度考虑问题，提高店铺动态评分并不难。具体来说，卖家可以从以下几方面做起。

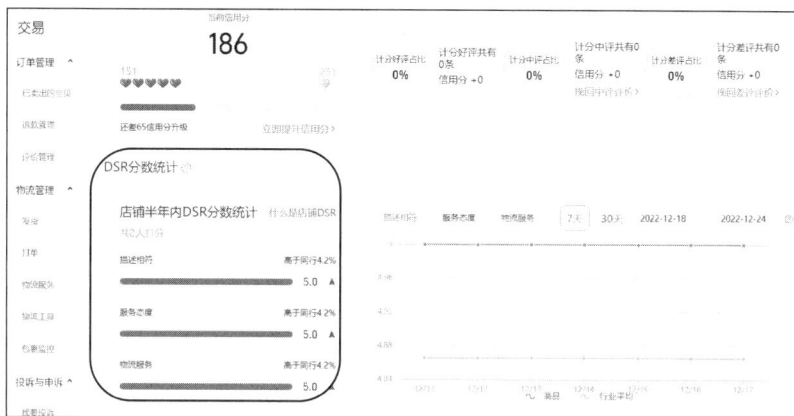

图 10.4　在卖家中心的"评价管理"中查看店铺动态评分

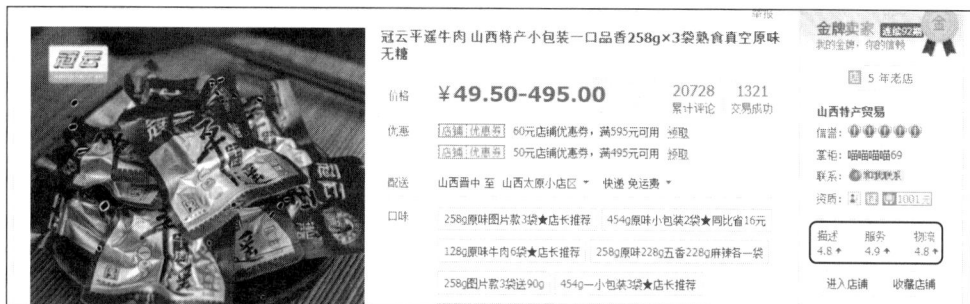

图 10.5　在商品详情页中查看店铺动态评分

图 10.6　在淘宝网店首页查看店铺动态评分

（1）商品详情页的准确描述。买家之所以下单购买商品，一个重要的原因就是被商品详情页的内容打动。买家在浏览商品详情页时都会在心中描绘商品的样子，而这个样子与商品详情页传递给买家的信息关系紧密，这也就是为什么很多买家在收货后会以与商品详情页不符为由给出差评。所以卖家在设计商品详情页时要注意，商品详情页不仅要足够吸引买家，还要从实际出发，不能给买家太多的许诺，也不能对商品品质过分夸大。实事求是的商品详情页可以给买家一个比较贴近事实的想象空间，不会让买家在收货后产生心理上的落差，这时买家给出 5 分好评也就不难了。

（2）发货后第一时间通知买家。在商品的销售过程中，卖家的服务和商品的质量占据着同等重要的位置。网上购物与实体店购物不同，实体店购物可以让买家在第一时间拿到商品，而网上购物则需要等待快递送达，所以买家在付款成功后，会希望尽快收到商品。因此，从买家的心理出发，卖家应该在发货后第一时间通过旺旺消息或手机短信通知买家，好让买家心中有数，这样一个小小的举动也会让买家感受到卖家的贴心服务。

（3）跟踪物流并提醒买家收货。如今，卖家给买家发送发货通知已经是很普遍的做法了，要想在众多卖家中脱颖而出，卖家就要别出心裁，更加用心地服务。因此，卖家在发送发货通知后，可以进行物流跟踪，在商品运送到买家所在城市时发送信息提醒买家准备收货。这样做的目的有两个：一是让买家感受到卖家的服务质量，二是提醒买家给出 5 分好评。

（4）使用质量好的商品包装。商品包装从表面上看无关紧要，但是如果包装不当或包装质量不好，就会让买家对卖家的服务质量产生不好的印象。图 10.7 和图 10.8 所示分别是优质的商品包装和劣质的商品包装。卖家在包装商品时要尽量使用较好的包装材料，并且要包装整齐，让高品质的包裹彰显出商品的质量及卖家的用心。

图 10.7　优质的商品包装

图 10.8　劣质的商品包装

 小贴士

包装材料的选择与注意事项

1. 包装材料的选择

（1）纸箱。只要尺寸合适，纸箱几乎可以作为绝大多数商品的外包装（如礼品饰品、衣服、电子产品、食品、化妆品等）。如果是易碎品（如玻璃制品等），可以在纸箱中填充和包裹气泡膜或气囊。

（2）快递袋。有些商品，如不怕挤压的服装、床上用品、毛绒玩具、靠垫、书、杂志等，可以使用快递公司提供的一次性塑料快递袋来包装。

（3）牛皮纸袋。有些商品可以使用牛皮纸袋包装，如书籍、手机卡等薄而不易碎的商品。

2. 商品包装的注意事项

（1）易变形、易碎的商品可用泡棉、报纸等缓冲撞击，玻璃制品可用木架框起。

（2）液体类商品的瓶嘴要用胶带缠住，瓶身用泡棉包裹，以减少震动冲击。

（3）卖家可在包装商品时放几张自己网店的名片或一些小礼品，这样往往可以让买家体会到卖家的用心，从而成为回头客。

（4）必要时，卖家可在包装商品的同时放一张印有产品使用提示的小卡片，以有效减少客服人员的工作量。

10.2.5　转化率数据

网店转化率是指进店的所有买家中成功交易的人数所占的比例。提高转化率有助于提升业绩，要想使网店有销量，就要让进店的买家下单购买商品。网店的转化率是衡量网店运营状况健康与否的一个重要指标。与转化率有关的网店数据主要有全店转化率、单品转化率、转化的金额、转化的笔数和退款率五个，如图 10.9 所示。转化率数据中，不仅要注意转化的金额和转化的笔数，还要注意退款率。如果转化率很高的同时退款率也很高，那么出现退款情况的交易不仅等于没有转化，反而还会影响网店的声誉。

网店的转化率跟商品的价格、网店的装修、客服人员的应答等因素都有密切的关系。总之，转化率对网店经营非常重要，卖家一切行动的终极目标就是消除进店买家的疑虑，促其下单购买商品，从而提高转化率，为网店带来更多的收益。

转化率根据买家行为的不同，可以分为静默转化率和询单转化率；根据收费方式的不同，又可以分为免费流量转化率和付费流量转化率。

1. 静默转化率

静默转化率，顾名思义就是进入网店的买家中，没有咨询客服人员而是直接下单的买家比例，这样的买家一般以老客户居多，或者是之前就收藏过商品或网店的买家。静默转化率的产生过程如图 10.10 所示。静默转化率是卖家最喜欢的一种转化率，卖家当然希望静默转化率越高越好。

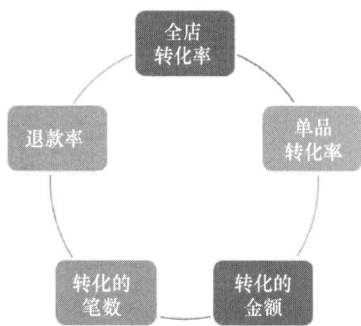

图 10.9　与转化率有关的网店数据

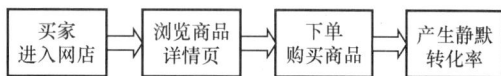

图 10.10　静默转化率的产生过程

与静默转化率相关的因素如图 10.11 所示。①价格。商品的价格不仅影响着商品的搜索权重，还决定了进入网店的买家最终是否会下单。卖家要想消除价格对静默转化率的不利影响，就要围绕"什么价格最有可能让买家下单"来进行分析。②评价。稍微有点购买经验的买家都会在下单前查看商品的评价，所以说评价的数量与内容在很大程度上会影响商品的静默转化率。③商品描述。买家对商品质量的判断在很大程度上依赖于商品描述。商品描述的整体颜色、版块的布局设计都要尽量做到让买家消除在商品质量方面的疑虑而放心购物，卖家要格外重视商品描述是否符合商品的真实情况。④网店装修。网店装修对网店静默转化率的影响也很大，如果一个网店装修得美观、专业，就容易让买家从心理上产生信任感，这对提高静默转化率大有裨益。⑤活动因素。考虑到买家都喜欢买实惠的商品的心理，商品的打折促销、买就赠等活动往往会对买家产生较大的吸引力，所以促销活动也是影响静默转化率的重要因素。

2. 询单转化率

询单转化率是指进入网店的买家中，通过咨询客服人员而成功下单的买家所占的比例。询单转化率的产生过程如图 10.12 所示。它的计算公式是：询单转化率=（咨询客服人员后的下单人数/咨询客服人员的总人数）×100%。询单转化率反映的是客服人员的谈单能力。卖家想要查看网店的询单转化率方面的数据，可以使用客服绩效管理工具，如赤兔实时绩效、雷达绩效、E 客服绩效等。卖家可以系统地对客服人员进行培训，让客服人员能快速、准确地响应买家的咨询，有效地促成交易，提高询单转化率。

图 10.11　与静默转化率相关的因素

图 10.12　询单转化率的产生过程

3. 免费流量转化率

免费流量转化率，顾名思义，就是不用付费引入的流量成功转化为交易的比率。免费流量主要是通过搜索关键词而得到的访问流量。因此要想获得更多免费流量，就要在商品标题的关键词、商品价格、展示图片等方面下功夫，也可以在站外多宣传自己的网店。一旦将流量引入，也就是说使买家进入网店，卖家就要靠网店各方面的因素来提高转化率。免费流量转化率提高的过程如图 10.13 所示。

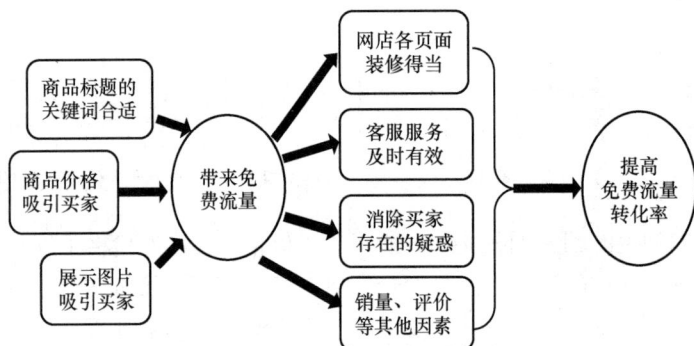

图 10.13　免费流量转化率提高的过程

4. 付费流量转化率

与免费流量相对的就是付费流量。付费流量最常见的来源就是淘宝直通车。直通车是按点击次数付费的效果营销工具，可以实现对网店中商品的精准推广，为网店带来流量。提高直通车转化率的注意事项如图 10.14 所示。

（1）卖家要具备一定的经验。新手卖家由于没有经验，所以最好谨慎使用直通车，前期可投入较少的资金，及时总结，有了经验后再加大对直通车的投入力度。

（2）商品图片要足够美观。不要让买家通过直通车进入网店却因为差劲的商品图片而未能成功下单，从而让投入打了"水漂"。

（3）商品价格要适中。要想提高直通车转化率，就要选择买家容易接受的价格。价格太高，很多买家不愿购买，

图 10.14　提高直通车转化率的注意事项

价格太低，又会使买家怀疑商品的质量，所以价格太高和太低都不利于直通车转化率的提高。

卖家可以在淘宝网首页中输入商品的关键词，查看大部分买家能接受的类似商品的价格（将鼠标指针放到最高的柱形上，价格范围就会自动显示出来），如图 10.15 所示。

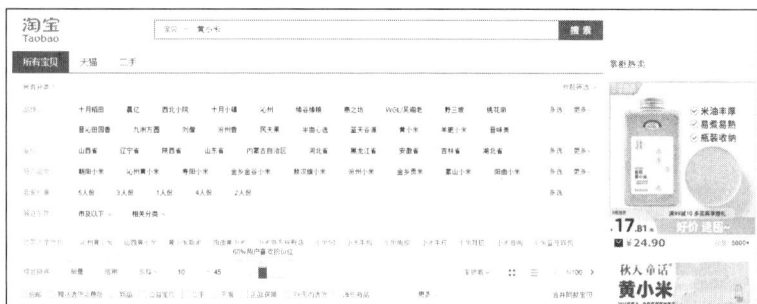

图 10.15　查看大部分买家能接受的价格

（4）商品要有一定销量。买家如果通过直通车进入网店后却发现没有什么交易量，就很难放心购买，直通车转化率自然也就不能提高了。反之，如果买家通过直通车进入网店，看到商品的销量很高，自然会产生一种信任感。

（5）要量力而行。这一点主要是针对卖家的规模而言的。直通车的点击量越大，费用也就越高，如果引入的流量没有带来较高的转化率，卖家就很有可能"赔本"。所以对于中小卖家来说，最好不要用太热门的关键词，这类关键词虽然会带来流量，但是同款商品的竞争也会很激烈，不利于促成交易。

卖家对转化率数据有了一定的认识后，就可以对其进行分析了，图 10.16 所示是解决转化率下降问题的基本思路，这个思路是从大处入手，再将问题细化，最后找到症结所在，从根本上解决问题。如卖家监控网店的转化率数据，发现全店转化率下降，那么接下来就要先分析内因，因为内因是最可能导致网店转化率下降的因素，也是最重要的因素。卖家只有找到内因，才能进一步去分析外因。

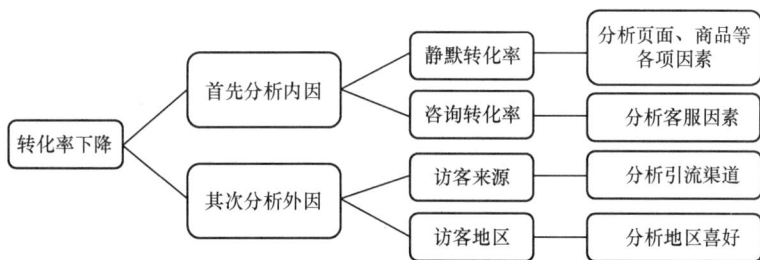

图 10.16　解决转化率下降问题的基本思路

10.3　使用生意参谋分析网店数据

为帮助卖家对网店的经营数据进行分析和总结，淘宝网为卖家提供了多种数据分析和管理工具，其中最常见的就是生意参谋。生意参谋是阿里巴巴推出的首个统一的官方数据产品，向全体卖家提供一站式、个性化、可定制的商务决策体验。生意参谋不但秉承"数据让生意更简单"的使命，而且致力于为淘宝网卖家提供精准实时的数据统计、多维的数据分析和权威的数据解决方案。卖家可以通过生意参谋了解网店目前的经营情况，进行流量来源分析和装修分析等，并且可以按照小时、天、周、月或者按照网店首页、商品页、分类页，记录网店的流量、销售、转化率、推广及装修效果等数据，由此完善经营策略，提升销量。生意参谋首页如图 10.17 所示。下面主要介绍生意参谋的几个常用功能模块。

图 10.17　生意参谋首页

10.3.1　实时直播

市场瞬息万变，作为卖家，实时洞悉网店运营情况很有必要。卖家可以通过实时直播（见图 10.18）观测实时数据，及时调整策略，抢占生意先机。生意参谋实时直播中的数据对于网店的运营和发展有很大的作用。卖家通过实时直播，一方面可以跟踪宝贝的推广引流效果、观测实时数据，发现问题并及时优化、调整策略；另一方面可以实时查看宝贝具体效果，如果转化率和点击量情况不理想，同样可以及时加大推广力度。下面介绍生意参谋实时直播的具体功能。

图 10.18　实时直播

1. 实时概况

实时概况提供网店实时的概况数据，主要包括实时访客数、实时浏览量、实时支付金额、实时支付子订单数、实时支付买家数及对应的排名和行业平均值，还提供小时粒度的实时趋势图，并提供历史数据对比功能，所有数据都可以按照所有终端、PC 端和无线端等三种模式查看。

2. 实时来源

实时来源提供网店无线端流量分布、电脑端流量分布及地域分布情况。图 10.19 所示为"实时来源"中的"无线端流量分布"。流量来源数据可以为卖家提供各个流量来源的详细报告，这对网店运营是极为有利的，便于卖家了解哪些方面的流量来源多，哪些方面的流量来源少，进而反思在流量来源少的方面是否做得不足，对流量较大的方面还可以再进行优化。分析地域分布数据，根据支付买家数与访客数的比值，可以得出各个不同地区的转化率，对于流量大且转化率较高的地区应该加大推广力度。

图 10.19　实时来源

3. 实时榜单

实时榜单主要提供商品 TOP50 榜单，即根据访客数、加购件数、支付金额三种方式排序的前50 个商品，展示其浏览量、访客数、支付金额、支付买家数、支付转化率这五个维度的数据，并且还提供搜索功能，支持查询卖家想知道的商品实时销售效果数据。图 10.20 所示为实时榜单。对于流量款，一定要注意它的流量、转化率及库存的变化，做好解决可能发生的一切问题的准备。

图 10.20　实时榜单

4. 实时访客

实时访客主要提供网店的实时访问记录，能帮助卖家实时了解网店访客的浏览情况，如

图 10.21 所示，进而通过实时访客找到潜在买家的信息并分析其浏览习惯。

图 10.21　实时访客

5．实时催付宝

实时催付宝可实时更新在网店拍下商品而没有付款的买家。实时催付条件很苛刻，催付对象是下单未支付、未在其他网店下单且是潜力 TOP50 的买家，所以催付成功率很高。特别是在活动大促的时候，可以专门安排一个客服人员来负责实时催付。

10.3.2　流量分析

流量分析提供了全店的流量概况、来源分析、动线分析、消费者分析等功能（见图 10.22），可以帮助卖家快速了解流量的来龙去脉，在识别访客特征的同时了解访客在网店页面上的点击行为，从而评估网店的引流、装修等的健康度，进而更好地进行流量管理。网店流量主要分为电脑端流量和无线端流量，在生意参谋中可以分别查看不同终端的流量情况，并可查看与本店历史数据及同行的对比情况。

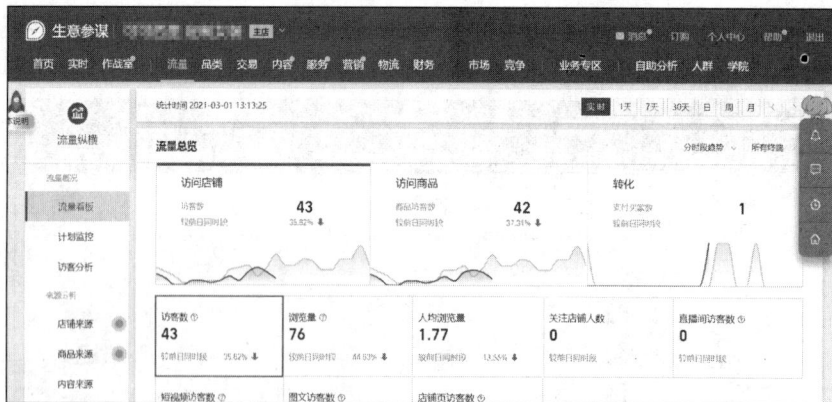

图 10.22　流量分析

1．流量概况

流量概况提供流量看板、计划监控和访客分析等三种功能。

（1）在流量看板中可以查看流量总览、我的关注、流量来源排行 TOP10 及商品流量排行 TOP10。流量看板能够帮助卖家了解网店整体的流量规模、质量、结构，以及流量的变化趋势：从流量总规模知道网店的浏览量、访客数及其变化；从人均浏览量、关注店铺人数等，了解入店访客的质量高低。

（2）在计划监控中可以制订年度运营计划并进行监控。

（3）在访客分析中可以查看访客分布的相关数据，包括访客时段分布、特征分布、行为分布等。通过对访客的相关数据进行分析，卖家可以更好地开展营销推广活动、设置商品上下架时间等工作。

在时段分布中，通过选择日期、终端，卖家可以查看对应统计周期内各类终端下的访客和下单买家数，以便更好地掌握网店访客来访的时间规律，验证广告投放、调整引流时段策略。通过选择日期和终端，可查看对应统计周期内各类终端下的访客数占比排行榜和下单买家数排行榜，还可查看各地域的转化率，以验证或辅助调整广告定向投放策略。当推广转化率降低的时候，可以根据地域分布数据去筛选推广地域，以有效提高转化率。

在特征分布中，通过选择日期和终端，可查看对应统计周期内各类终端下访客的会员等级、消费层级、性别、店铺新老访客分布情况，以验证或辅助调整广告定向投放策略。由会员等级可以看出买家是什么等级，会员等级越高代表其网购数量越多；消费层级代表的是买家之前的购买能力；从性别可以判断出买家是以男性为主还是以女性为主；在店铺新老买家中，老买家越多越好，这会大大提高转化率。

行为分布展示来源关键词TOP5及浏览量分布情况。通过对来源关键词进行分析基本可以判断出网店核心词，时长选择30天会更加准确，这样得出的关键词是网店引流最重要的关键词。浏览量分布展示访客在店内的浏览量分布情况，卖家可通过增加关联页面、加强客服引导等方法增加页面浏览量，提升转化率。

在"访客分析"页面选择"访客对比"，在打开的页面中可以查看访客对比的相关数据，包括消费层级、性别、年龄、地域TOP、营销偏好和关键词TOP等。

2. 来源分析

来源分析提供了店铺来源、商品来源、内容来源、媒介监控和选词助手等五种功能。在店铺来源中可查看网店流量来源的构成、流量来源的对比及同行流量来源。在商品来源中可添加竞品进行对比分析，也可查看本店商品排行榜。内容来源包括直播间来源和短视频来源，可选择特定时段内商家自播直播间或短视频以分析流量来源，也可查看本店排行榜。媒介监控可用于分析淘外媒介推广效果，如今日头条、微博、优酷等。选词助手是生意参谋中的专题工具之一，分别为电脑端和手机端提供了反映用户需求的店内引流搜索关键词、给网店引流的竞店搜索关键词、与关键词相关的行业内搜索关键词，另外还提供了这些关键词的搜索热度、引导效果等。选词助手可以帮助卖家快速了解搜索来源的关键词，验证和调整关键词投放策略；了解访客在店内的搜索行为，明确访客的确切需求；通过行业搜索词的拓展，找到更多适合网店的可拓展关键词，用于调整广告投放策略、标题优化或品类规划。

3. 动线分析

动线分析可提供店内路径、流量去向、页面分析和页面配置四个功能。店内路径分别提供电脑端和手机端的流量入口、页面访问排行及店内路径明细，可以分别对网店首页、商品详情页、网店微淘页、商品分类页、搜索结果页、网店其他页的访客数、下单买家数、下单转化率进行查看，还可查看页面访问排行，或根据需要分别以周、日为单位查询流量来源。通过对这些数据的查询，卖家可以了解当前网店的流量结构，对于流量不足的情况，需要更换推广方式提高网店流量；对于转化率不高的商品，需对商品详情页、价格、网店装修、商品展示技巧、商品形象包装、促销活动搭配等因素进行分析，找到转化率不高的原因。在流量去向中可查看离开页面排行及离开页面去向排行。在页面分析中可对网店的首页、自定义承接页、商品详情页流量相关及引导转化的各项指标进行分析，也可对网店装修的不同页面进行装修诊断。在页面配置中可定制添加自定义页、承接页、商品详情页等页面，以进行日常监控或实时监控。

4. 消费者分析

消费者分析属于付费功能，订购后卖家可根据不同的消费者人群分层，追踪客户分层营销效果，对不同客户人群特征进行对比分析，对客户质量进行评估。

10.3.3 品类分析

品类罗盘是一款专为零售卖家量身打造的品类经营分析工具。品类罗盘通过构建商品和品类的360 度全景洞察档案，帮助卖家沉淀商品和品类经营的分析方法，并结合商品和品类的典型经营场景，提供场景化、定制化的智能数据解决方案，帮助卖家实施商品和品类的精细化运营策略，可满足热销商品实时监控、新品上市效果追踪、商品价值评估、品类结构布局评估、货源工厂推荐、高级自定义分析等经营诉求。品类罗盘可提供驾驶舱和专题分析两大模块功能，如图 10.23 所示。

图 10.23　品类罗盘

1. 驾驶舱

驾驶舱可提供宏观监控、商品排行、商品 360 和品类 360 等四个功能。

宏观监控可实时展现商品核心关键指标，秒级洞察商品转化情况。

商品排行可以针对某一类目商品，选择五个数据指标，对昨日、今日不同时段的指标表现进行对比，帮助卖家了解各商品的流量及转化情况。

商品 360 可以针对某一单品从单品诊断、销售分析、流量来源、内容分析、客群洞察、关联搭配及服务体验等维度剖析商品，从而助力卖家有效管理商品。

品类 360 可紧跟行业热销商品属性现状，分析店铺类目不同属性表现情况；还可对商品价格进行分析，检测商品价格趋势、剖析不同价格带货表现，指导卖家合理定价；提供商品所在类目市场的价格带分布情况，对标本品价格所在水平。品类 360 需要开通专业版才能使用。

2. 专题分析

专题分析包括异常预警、连带分析、新品追踪、商品诊断和销量预测等五个功能。

异常预警可以查看当前表现异常的商品，包括流量减少、支付转化率低、跳出率高、支付金额减少、零支付、低库存等情况。生意参谋会针对商品的异常情况给卖家提出大致的建议，帮助卖家优化商品。

连带分析通过大数据模型，智能预测与商品高黏度的其他商品及连带支付件数，引导卖家提前制定组合营销策略，提升商品销量。

新品追踪提供新品时间轴，方便卖家浏览近期上新、全年上新及新品活动等情况，还可进行新品深入分析以诊断新品表现。

商品诊断通过专业的商品及品类分析方法和智能诊断模型，帮助卖家对商品和品类进行结构划分和评级，快速诊断商品和品类价值。

销量预测可查看系统对商品效果的预测及商品的定价参考。

10.3.4 交易分析

交易分析主要提供交易概况、交易构成和交易明细等三个功能（见图 10.24），可从网店整体到不同粒度呈现网店交易情况，以帮助卖家及时发现网店的问题。

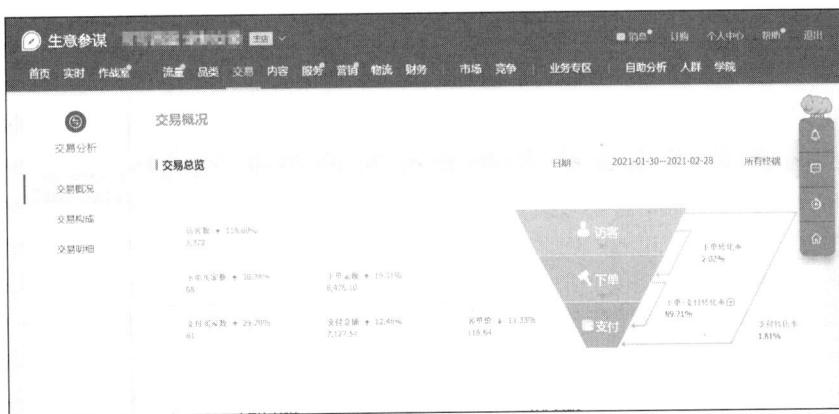

图 10.24 交易分析

1. 交易概况

通过交易概况卖家可从整体上了解网店的交易情况，并对交易总览和交易趋势的数据进行查看和分析。通过交易总览，卖家可以了解任意天数的网店交易额、支付买家数、客单价和转化率等数据，还可在"交易趋势"栏中查看与同行平均支付金额的对比情况。

2. 交易构成

交易构成可以从不同粒度呈现网店交易构成情况，主要有终端构成、类目构成、品牌构成、价格带构成和资金回流构成五个方面，可以帮助卖家了解终端、类目和品牌等各方面的交易数据，以便有针对性地进行完善和优化。终端构成主要用于分析网店电脑端、手机端的交易情况。类目构成主要从类目的角度出发，分析网店类目的交易情况。价格带构成主要分析网店商品各个价格的构成，哪个价格段更受买家喜欢，转化率如何，并从商品价格出发分析网店交易的数据。品牌构成主要分析网店各个品牌的交易构成，哪个品牌更受买家喜欢，从商品品牌出发分析网店交易的数据。

3. 交易明细

交易明细中可以显示任意一天的全部订单明细或当天任意一个订单的交易明细。

10.3.5 营销分析

营销分析包括营销推广、营销玩法和营销工具等三个模块，如图 10.25 所示。

图 10.25 营销分析

1. 营销推广

营销推广包括推广中心、万相台、直通车、引力魔方及极速推等五个子栏目。

（1）推广中心展示店内推广的效果数据，包括账户优惠券、推广概况、店铺机会等。

（2）万相台是一个"一站式数智经营操作系统"，能够根据卖家拉新、测款、新品"打爆"等每一种细分需求自动匹配营销方案并达成目标。万相台展示在万相台创建的推广计划所产生的数据，包括推广概况和推广详情。

（3）直通车、引力魔方和极速推三个栏目分别展示的是应用对应工具所产生的效果数据。

1）直通车的系统选品会基于商品的已有数据和未来效果在全店范围内进行筛选，结合商品类目核心搜索词及店铺核心人群画像做动态匹配，生成算法优化词包；投放中，系统会按卖家设定的周期的目标自动进行优化，初期先获取稳定的流量，获得一定流量后再不断优化计划投入产出比，坚持投放，周期越长效果越好，可帮助卖家提前了解流量效果，对选品、选词和出价进行优化，从而实现精准投放。

2）引力魔方是一种数据分析工具，可以帮助企业更好地分析和利用数据。利用引力魔方卖家可以看到商品的销售数据、客户数据、市场数据等很多不同的数据，通过数据可视化、数据挖掘和统计分析等方法更好地分析这些数据并得出有用的结论。

3）极速推是一款专门快速增加商品曝光机会的工具，从商品推广的操作流程上极大地降低门槛，快速获取潜在消费者，从而提升商品曝光率，帮助卖家快速验证商品的市场竞争力，通过分析数据，加速商品的销量上升。

2. 营销玩法

营销玩法主要对创建购物金的商品及已参加的"笔笔返红包"活动进行效果分析。

3. 营销工具

使用单品宝、店铺宝、搭配宝、N 元任选、店铺券和商品券这六种营销工具进行分析，从支付件数、支付买家数、支付金额和客单价这几个维度分析营销效果，可帮助卖家及时发现营销中的问题。

本章小结

对网店数据进行分析可以帮助卖家发现网店运营中的问题，并且找到问题的根源，最终通过切实可行的办法解决存在的问题，同时基于以往的数据分析，预测网店发展趋势，为网络营销决策等提供支持。本章首先介绍了网店数据分析的意义和流程，然后分析了网店运营中的核心数据，最后介绍了常用的网店数据分析工具——生意参谋。通过本章的学习，读者可以对网店的数据分析有初步的认识，学会对网店运营中的核心数据进行分析，学会运用数据分析工具对网店进行基本的数据分析。

课后习题

一、名词解释

趋势分析　静默转化率　网店客单价　店铺浏览量

二、单项选择题

1. 已知某淘宝网店当日通过搜索获得的访客数为 50，通过直通车获得的访客数为 80，一共完成了 26 笔交易，那么下列说法正确的是（　　）。

    A. 网店当日的转化率为 20%　　　　　　B. 网店当日一共有 80 个访客

    C. 网店当日的浏览量为 130　　　　　　D. 网店当日的跳出率为 10%

2. 以下选项中和店铺动态评分关系最大的是（　　）。

    A. 页面设计　　　B. 品类规划　　　C. 售后关怀　　　D. 商品图片

3. 淘宝店转化率的计算方法为（　　）。

    A. 转化率=产生购买行为的访客人数/所有到达网店的访客人数×100%

    B. 转化率=点击次数/展现次数×100%

    C. 转化率=成交的总笔数/进店买家总数×100%

    D. 转化率=进店买家总数×成交率×单笔平均成交率×100%

4. 下列选项中，（　　）属于买家自主访问流量。

    A. 通过淘宝搜索进店的流量

    B. 买家从自己的购物车、收藏夹进店的流量

    C. 通过直通车进店流量

    D. 从淘宝网首页进店的流量

5. 在淘宝网数据中，UV 价值是指统计时间内的（　　）。

    A. 页面浏览数　　B. 支付金额/访客数　　C. 关键词被搜索次数　　D. 浏览量/访客数

三、简答题

1. 卖家最应关注的网店运营数据有哪些？

2. 生意参谋的主要功能有哪些？

四、复习思考题

1. 随着网店规模的扩大，淘宝网卖家小王很多时候一个人根本无法回复多个买家的咨询，导致错失了很多的潜在买家。因此，小王决定招聘三名客服人员，在客服人员的协助下，小王的工作量一下子减少了很多，于是，他有更多的时间进行网店相关数据分析。一段时间后，小王发现，统一的薪酬很容易打击客服人员的工作积极性。可是，小王不知该如何制定客服人员的考核标准。请你结合本章所学知识，为小王制定一套完整的客服人员的考核标准。

2. 淘宝网卖家小张经过学习，网店的流量和人气都有所提升，但是他发现有不少的访客浏览了一个页面就离开了，且商品的成交转化率较低，其中有一小部分买家只把商品加入购物车，却没有付款结算。请帮助小张分析出现这种情况的原因，并建议小张应该从哪些方面去改善和提升商品的成交转化率。

3. 通过生意参谋查看网店数据，总结网店存在的问题并参考系统建议进行解决，写出网店数据分析报告。

实训任务

实训任务一：查看网店运营的核心数据

通过淘宝网千牛卖家中心后台和网店数据分析工具（如生意参谋等）查看自己网店的核心数据。

1. 在千牛卖家中心后台查看网店的实时数据，如支付金额、访客数、支付买家数、浏览量、店铺动态评分、市场与竞争数据、网店行业排名、交易概况、纠纷数据等。

2. 在生意参谋中查看网店运营的详细数据，如实时数据、流量数据、商品数据、交易数据、服务数据、物流数据、营销数据、财务数据、市场数据、竞争数据等。

实训任务二：运用数据分析工具对网店进行数据分析

1. 简述网店运营数据分析的流程。

2. 进入卖家服务市场查找数据分析工具，必要时订购相应的工具。

3. 运用数据分析工具对自己的网店进行分析。

视野拓展

店铺核心数据
提升方法

生意参谋里决定店铺
生死的服务数据

淘宝运营数据分析

主要参考文献

[1] 白东蕊，2021. 网店运营与管理（视频指导版）. 2 版. 北京：人民邮电出版社.

[2] 陈志轩，马琦，2019. 大数据营销. 北京：电子工业出版社.

[3] 陈志轩，张运建，张艳格，等，2019. 淘宝网店运营全能一本通（视频指导版）. 2 版. 北京：人民邮电出版社.

[4] 凤凰高新教育，2017. 淘宝、天猫、微店开店、装修、运营与推广从入门到精通. 北京：北京大学出版社.

[5] 雷莉，黄睿，2021. 网店运营与推广从入门到精通. 北京：人民邮电出版社.

[6] 刘祥. 2020. 网店运营与推广. 北京：电子工业出版社.

[7] 欧阳红巍，王晓亮，2021. 淘宝网店运营与管理（微课版）. 北京：人民邮电出版社.

[8] 淘宝大学，2018. 网店运营（提高版）. 北京：电子工业出版社.

[9] 淘宝大学，2018. 网店运营、美工视觉、客服. 北京：电子工业出版社.

[10] 曾弘毅，2017. 淘宝天猫 SEO 从入门到精通. 北京：中华工商联合出版社.

[11] 赵丽英，聂淼，2022. 网店运营实务（微课版）. 北京：人民邮电出版社.

更新勘误表和配套资料索取示意图

说明 1：本书配套教学资料完成后会上传至人邮教育社区（www.ryjiaoyu.com）本书页面内。下载本书配套教学资料受教师身份、下载权限限制，教师身份、下载权限需网站后台审批，参见以下示意图。

更新勘误及意见建议记录表

说明 2："用书教师"，是指学生订购本书的授课教师。

说明 3：本书配套教学资料将不定期更新、完善，新资料会随时上传至人邮教育社区本书页面内。

说明 4：扫描二维码可查看本书现有"更新勘误记录表""意见建议记录表"。如发现本书或配套资料中有需要更新、完善之处，望及时反馈，我们将尽快处理。

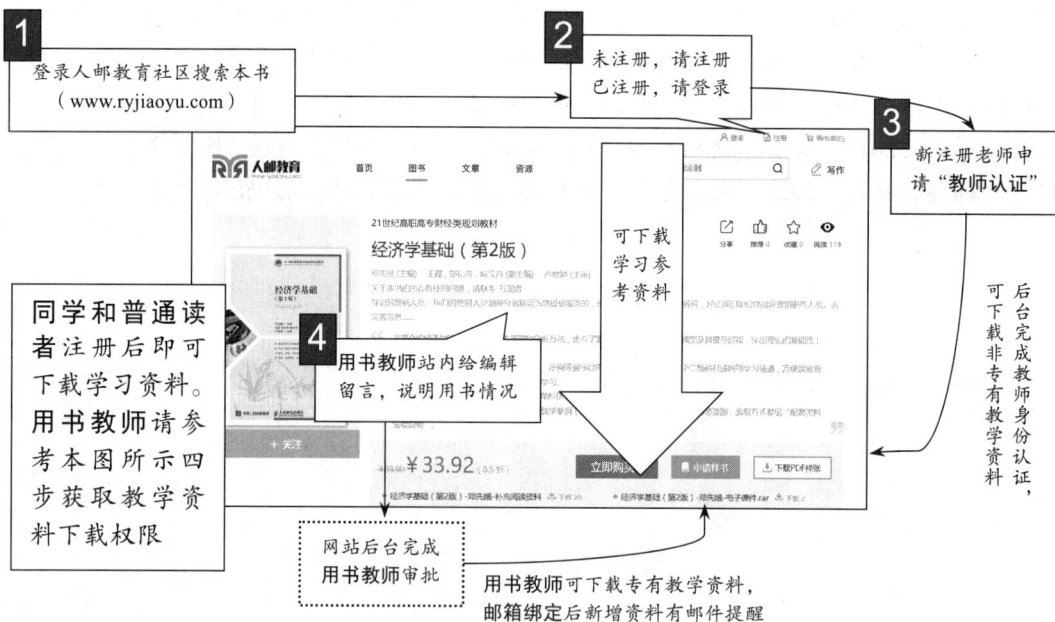